国际名人看中国

China in the Eyes of
International Celebrities

My First Sixty Years in China

我在中国的六十年

金诗伯 著 秦亚青 译

北京出版集团
北京出版社

图书在版编目（CIP）数据

我在中国的六十年 / 金诗伯著 ; 秦亚青译. — 北京 : 北京出版社, 2018. 6
（国际名人看中国）
ISBN 978 - 7 - 200 - 13500 - 8

Ⅰ. ①我… Ⅱ. ①金… ②秦… Ⅲ. ①金诗伯—自传
Ⅳ. ①K825. 4

中国版本图书馆 CIP 数据核字(2017)第266413号

国际名人看中国

我在中国的六十年

WO ZAI ZHONGGUO DE LIUSHI NIAN

金诗伯 著 秦亚青 译

*

北京出版集团 北京出版社 出版

（北京北三环中路 6 号）

邮政编码：100120

网 址：www. bph. com. cn

北京出版集团总发行

新华书店经销

河北环京美印刷有限公司印刷

*

880 毫米×1168 毫米 16 开本 21. 5 印张 260 千字

2018 年 6 月第 1 版 2021 年 7 月第 4 次印刷

ISBN 978 - 7 - 200 - 13500 - 8

定价：38. 00 元

如有印装质量问题，由本社负责调换

质量监督电话：010 - 58572393

总　序

党的十九大报告指出："世界正处于大发展大变革大调整时期，和平与发展仍然是时代主题。""我们呼吁，各国人民同心协力，构建人类命运共同体，建设持久和平、普遍安全、共同繁荣、开放包容、清洁美丽的世界。"北京出版集团出版"国际名人看中国"丛书，不仅是系统全面地介绍和纪念为成立新中国做出巨大贡献的国际友人，也是秉承"不忘初心，牢记使命"，在构建人类命运共同体的新时代，通过传承他们的国际主义精神广交国际朋友，让更多的外国人来讲述中国故事，在国际舞台上去展现今天的中国发展，向世界说明真实的中国。

"国际名人看中国"丛书收录了多个国家的著名人士的作品。这些作者在20世纪亲历、见证了抗日战争、新民主主义革命和新中国社会主义建设的进程，他们通过在华参加中国革命和建设的切身感受，深刻地诠释了历史和人民选择中国共产党领导中华民族伟大复兴的事业是正确的，中国共产党领导中国人民开辟的中国特色社会主义道路是正确的，中国共产党和中国人民扎根中国大地、吸纳人类文明优秀成果、独立自主实现国家发展的战略是正确的，必须长期坚持、永不动摇。我们今天再次阅读这些国际友人传世的经典著作，会更加深刻地体会在新时代中国特色社会主义建设中，保持艰苦奋斗的作风，坚持变革创新的精神，才能不忘初心、继续前进。

“国际名人看中国”丛书中，有很多国际友人，在今天仍然对中外人文交流起着重要的作用。80 年前，这些国际友人跨越了文化和意识形态的差异，将当时中国的真实情况介绍给世界，向全世界介绍了中国共产党领导的革命根据地的真相。向世界说明真实的中国，让世界把目光投向中国——80 年前斯诺他们做到了，今天我们更有必要做到向世界说明中国的和平发展，使更多友好的目光投向中国。不同的国家、不同的人们，在不同的时期对中国的看法都不相同。今天的中国，应该以更加开放的胸怀，努力引导各方面客观理性地看待中国的发展和国际作用。现在，越来越多的外国人来到中国，甚至融入中国，我们无法回避。我们相信，只要秉持包容精神，推动不同文明相互尊重、和谐共处，通过文明交流互鉴增进各国人民友谊、推动人类社会进步、维护世界和平，不同文明间就能够相互促进，共通共融。

2017 年 4 月 20 日，习近平总书记在致中国工合国际委员会、北京培黎职业学院的信中强调指出：“希望你们发扬传承艾老‘努力干，一起干’的工合精神，积极开展国际文化交流，谱写国际友谊新篇章，为促进世界和平与发展、构建人类命运共同体做出新的贡献。”路易·艾黎和宋庆龄、埃德加·斯诺、海伦·斯诺等人发起成立的工合国际，与中国人民风雨同舟，他们在华工作 60 年，为支援中国革命和社会主义建设做出了重要贡献，为中国人民和新西兰人民架起了友谊之桥。在人文交流中，这些有着共同记忆的人物一直是构建平台的主线，因为历史不会忘记那些为人类的和平与友谊做出贡献的人。习近平总书记在英国女王于白金汉宫举办的国宴上讲话时特别提到：一位中文名字叫作何克的英国记者，积极投身于中国人民抗日战争，不仅撰文揭露日本侵略者暴行，还担任陕西双石铺培黎学校校长，为带领学生向安全地区转移献出了年轻的生命。近年来，在何克就读的英国圣乔治中学和李约瑟就读的英国奥多中学，由英中了解协会和北京大学中国埃德加·斯诺研究中心共同主办的论文比赛已经开展了三届，这些英国的中学生已经开始通过论文写作来了解今天的中国。在美国，来自斯诺家乡的肯尼迪教授将开始《红星照耀中国》出版80周年的全球巡展；中国问题专家麦金农教授筹备的以史沫特莱研究为主题的大型展览也将在北京大学图书馆举办。

习近平总书记说过："中国梦是历史的、现实的，也是未来的；是我们这一代的，更是青年一代的。中华民族伟大复兴的中国梦终将在一代代青年的接力奋斗中变为现实。"在这个新的时代，中外关系正在出现新的特征，因而对人文交流的目标和内涵提出了新要求。人文交流的背后也不仅仅是为了获得世界的了解和尊重，更是引领各国民众为了世界的持久和平与发展"相向而行"。阅读这些国际友人们的作品，能够让我们更加深刻地体会到什么是"国之交在于民相亲"。衷心祝愿国际友人们的伟大精神历久弥新，让中国人民与世界各国人民的伟大友谊万古长青！

孙　华①

2018年6月于北京

---

① 孙华，博士、教授，北京大学中国埃德加·斯诺研究中心主任。

目　录

前　言

这是我的传记，背景是中国人民半个世纪的革命斗争。

我不是专业作家，但是，六十七年的沧海桑田，六十七年的理想抱负，使我从一个国度来到了另一个国度，从一个时代迈进了另一个时代，从一种社会跨入了另一种社会。我不善于观察生活，但是，我的经历丰富多彩，我的道路曲折坎坷，我对过去记忆犹新。

萧伯纳说过："所有的自传都是谎言……"他如此断言，自有其解释："真实地讲述亲友同事之经历，没有人会这样愚蠢。"想必我是愚蠢之甚，因为我讲的恰恰都是实话。我真实地记下了周围的人，真实地记下了自己亲身经历、亲眼看到的事情。如若个别地方有误，也绝非美化掩饰之类动机所致。

我在提笔写传之时，深感困难重重。凡自传作家能遇到的困难，我都遇上了。诸如，如何大体上按年代顺序组织材料，又不至于过分庞杂；如何妥善处理个人与背景的关系；如何恰当解决艺术表现手法与真实性的矛盾；等等。或许最棘手处莫过于如何防止以老人、成人的口吻和语气讲述童年、青年的思想情感。

困难还有许多，我没有把握将其一一处理得恰到好处。但总的来说，回顾一生的道路，撰述一生的事件，重新评价它们的作用，确实令人感到分外激动、分外高兴。能为自己作传，也使我无比欣慰。我唯一的希望，就是这本传记不会使出版社的同志和广大读者感到失望。

说到书名[①]，有人对“第一”二字困惑不解，问我难道还想再活上第二个六十年？是的，我想力争，力争只能是有益无害。即便我活不了第二个六十年，想必也不会有人为此兴师问罪吧。

然而，有一点我确信无疑：我的祖国给了我所有的一切。只要一息尚存，我的一切就完全属于我的祖国——中国。

金诗伯

① 本传记用英文写成，于 1982 年由新世界出版社出版。原书名直译应为《我在中国的第一个六十年》。——译者注

第一章　屈辱童年

一

我出生在西伯利亚的赤塔市，一岁时随父母到了中国的满洲里。我的孩提时期就是在满洲里度过的。

我父亲是个俄籍犹太人，他出生在白俄罗斯东南部的一个小镇，也是在那里长大的。在父亲的家乡，残害犹太人是常事。后来，德国法西斯分子又在那里屠杀了成千上万的犹太人。

父亲很少对我讲起他的童年和青年时代，也许他讲过，但我已经忘记了。我不知道他的父母是谁，只知道他不满二十岁就自己谋生，做的是木材生意。那时他年轻，又有事业心，总觉得在俄国的欧洲部分对犹太人强加的种种限制束缚了他的手脚。1903 年，父亲离开了白俄罗斯的犹太人区，跑到西伯利亚的赤塔市，继续做木材生意。就是在这里，他认识了一位年轻的姑娘，并向她求婚。这位姑娘就是我的母亲。也就是在这里，我于 1914 年 9 月出生了。

1908 年，父亲离开赤塔去满洲里。自从中东铁路在 1904 年完工之后，满洲里的贸易和工业都有了很大的发展。父亲在那里待了十五年，中间只在第一次世界大战之前回过赤塔一次，探望他的岳父、岳母。他断断续续地替满洲里赫赫有名的大亨斯克德尔斯基管理过铁路枕木、梁木、木板的整个加工工序。斯克德尔斯基得到中国军阀的许可，在方圆几千里的林区享有特许权。父亲整天四处奔波，组织生产、监督工程、检查工作。他从未在一个地方安安稳稳地住上一两年，全家也只好跟着东奔西走。

虽说难得见到父亲回家，可我还清楚地记着他的模样。父亲身材瘦小，宽额头，浓眉毛，脸刮得干干净净，只留着一撮小胡子。他总是穿一身西装，喜欢坐在桌子上首，手里端一个银茶托，茶托上放一杯滚烫的茶。他大口喝着香茶，时而嚼上一块方糖，脸上汗津津、亮光光的，全然一副心满意足的神态。

要是能有机会多见父亲几面，多和他接近，我也许会很爱他的。遗憾的是他很少回家。即使回到家里，他也不是太忙，就是太累，根本无暇顾及家庭和孩子。很久之后，我才感到父亲值得尊重和爱戴，他有许多令人尊敬的品质：善良可亲、谨慎诚实、勤勤恳恳。他全心全意地工作，却从不自命不凡。

我母亲十六岁结婚，比父亲小十五岁。她也是出生在一个俄籍犹太人家庭，一家姊妹五个，她最小。我对母亲的家庭并不很了解，只知道她父母很看重宗教传统，坚持让孩子们遵守犹太教的一些礼仪。

母亲非常漂亮，长而卷曲的头发，闪闪发光的大眼睛，很像非犹太作家司各特①笔下的那种犹太美人。她是个出色的女低音，若不是外祖母极力反对，她可能会成为一名歌唱家。外祖母说：“你难道不知道自己是个犹太姑娘，竟要学那些街妞儿，在陌生男人面前演戏露脸？”于是母亲学了牙科。她虽然已是三个孩子的母亲，

---

① 沃尔特·司各特（1771—1832），英国小说家、诗人。代表作有《艾凡赫》《惊婚记》《红酋罗伯》《肯纳尔沃思堡》等。——编者注

仍以优秀成绩毕业于鄂木斯克医学院。

我隐隐约约地记得，母亲曾告诉过我她为什么不等四个姐姐出阁，就同意嫁给一个比她大十五岁的人。在母亲家中，外祖母是当家的。外祖母自己就比外祖父差不多小二十岁。那时她整天对着母亲唠叨：“你真好运气。看这小伙子，又正派，又稳重，壮壮实实的还通情达理，跟了他保准会过好日子。你要错过这样的机会，那才是个大傻瓜呢。”

母亲提议把她姐姐介绍给父亲，谁知不中父亲的意。他只要玛尼娅，别人谁都不娶。

恋爱时间颇短，两人很快就结了婚。父亲比母亲年龄大将近一倍，既不潇洒风流，也不爱读书、听音乐，对社交生活毫无兴趣，全然不是母亲意中的伴侣，这样的结合造成了母亲终身的悔恨、埋怨和痛苦。

不管命运如何，在我的记忆中，母亲是一个精神饱满、意志坚强的女人。她对父亲一心一意、忠贞不渝。虽然她想当歌剧演员的希望破灭了，虽然她想找个如意郎君、过高雅生活的美梦消散了，但她鼓起勇气，正视生活，陪伴父亲去巡视林区，和父亲一起住在“红胡子”① 猖獗、军阀出没的边远地带。

二

我们兄弟三个，我排行第三，只有我是在俄国出生的。

在我童年的记忆中，充满了各种声音，飘荡着各种气味。其中有些悦耳宜人，有些却是能忘记为最好。

最悦耳的是母亲浑厚的女低音。她会许多歌剧中的唱段，有时

① 即土匪。——译者注

轻轻地哼，有时高声唱；她的歌声有时欢乐轻快，有时幽咽悲凄，有时缓慢庄重，全凭着她的情绪而定。母亲特别喜欢赖哈尔和卡尔曼的轻歌剧《风流寡妇》《西尔瓦》《寺院舞女》。那时，这些歌剧在哈尔滨相当流行，渐渐地我也迷上了这些歌剧。

我酷爱音乐，这还是从母亲那里继承下来的。我常常自怨没有母亲那样一副好嗓子，可朋友们安慰说我有一对好耳朵，欣赏能力强。人们倒是常常这样来恭维嗓音不佳的人，这种人的嗓子正像莎士比亚笔下"五音不全的小铃"。

还有些声音也很动听：从我们房前飞驰而过的四轮马车和雪橇上叮叮当当的铃声，冬天俄罗斯壁炉中木柴噼噼啪啪的燃烧声，还有总是给我家餐桌增彩添色的大茶炊煮茶的咝咝声。

破坏这曲和谐交响乐的是各种各样的家庭教师发出的喉音、鼻音、咝音。他们有男有女，有老有少，有德国人、美国人，也有英国人。这些人陆陆续续来到我家，各有威力无比的武器，诸如戒尺、勺子、指节铜套等等，借此向我们兄弟三个反复灌输各自的文化和规矩。说起来，只有母亲给病人钻牙的声音才比家庭教师的唠叨声更加刺耳。

对于这许许多多的家庭教师，我早已记不清了。只有最后一个还有点儿印象。那是个德国中年妇女，整天大惊小怪的。她不爱孩子、不爱游戏，也从来没有笑脸，唯独对礼仪规矩顶礼膜拜。她那喉音很重的德国话老是在我们耳边响起，提醒我们该这样做，因为绅士先生总是这样做；数落我们不该那样做，因为绅士先生从不那样做。她的规矩比摩西十诫[①]还令人生畏。每次发号施令，她总要

① 摩西，犹太人的古代首领、先知。后来奉神命率犹太人出埃及。耶和华曾降临在西奈山上向摩西传授了十条诫令，并命他颁布这十条诫令。此典出自《圣经》。——译者注

先喊一声“孩子们”，这喊声对我来说真是刺耳扎心。她除了干别的事之外，还教我们德语。究竟她给我们灌了多少德语，我自己也不知道，但至今我一张嘴仍能说出德语：“孩子们，洗手！”这足以证明她的工夫没有完全白费。

今天，我仍然记得童年时喜欢的气味。我喜欢窗外飘飘的雪花那沁人心脾的清新；我喜欢雨后大地和小树充满活力的呼吸；我喜欢新烤的面包那扑鼻的香气。

当然也有令人讨厌的气味，那就是鱼肝油的腥味儿。那时我患贫血，吃了大量的各种鱼肝油。水剂的喝，胶囊装的吞，油剂的就当黄油抹在面包上吃。吃喝之中鱼肝油无处不在，渐渐地我开始讨厌鱼肝油，一看到鱼肝油就恶心。现在的鱼肝油什么怪味儿都没有，今天的孩子可真幸运！

还有发霉的荷兰奶酪，那味道也不叫人喜欢。但这是后话了。

学龄一到，我就考上了商业小学。学校这样取名是因为校址在商业路上。

小学的岁月已记不得多少了。然而我没有忘记，自己的小学生活是幸福的。我成绩优异，喜欢上课，喜欢老师、课本。当然最喜欢的还是那身校服——竖领的乌克兰式制服，外加一条宽皮带，皮带的铜头很漂亮，还有一顶帽子，挺括的帽舌闪闪发光。

三

我对自己最早的记忆是和哈尔滨联系在一起的，那是 1919 年到 1922 年之间。

19 世纪 90 年代，哈尔滨还是松花江畔的一个小渔村。从 1897 年到 1904 年，随着中东铁路建设，哈尔滨开始兴旺起来，成为一个有几十万人口的城市。城区分为靠河的河堤区、与之毗邻的新城区和离河最远的当地居民区三部分。

河堤区和新城区连在一起，有“东方巴黎”之称，大部分居民是俄国人，有些是十月革命前逃出来的，有些是十月革命后被赶出来的，总共十万来人，许多都是中东铁路公司的职员和工人。这些俄国人不会讲汉语，也不愿学汉语，而这个地区的中国人却不得不学俄语，有的竟说得相当流利地道。就连人力车夫、小贩、店员、理发师傅也能讲，当然他们讲的俄语南腔北调，已是很不成样子了。所有的商店标牌都是俄语，建筑物也是俄式的，总之整个生活都是俄国风味。最耐人寻味的是，这里的一条主街竟取名为“中国街”。

1917 年 3 月，这里曾成立过一个工人代表苏维埃和一个士兵代表苏维埃，但在同年 12 月就被白俄①联合中国军阀的部队镇压下去了。1918 年我们到哈尔滨的时候，那里已是满城皆“白”了，并且越来越“白”。因为大量涌来的是那些丢兵弃舰的前陆军将领、海军元帅，那些保不住爵位的原公爵、男爵，那些一文不名的前百万富翁。

这些人一到，都是大讲特讲“杀人嗜血”的布尔什维克的“滔天罪行”，说那些布尔什维克不信上帝、不怕沙皇，让他们千秋万代受到诅咒吧！

这些讲了一遍又一遍的故事，倒也引来听众几句同情的话，有时还会招来听众的几滴眼泪。

尽管如此，哈尔滨仍不失其东方巴黎的美名。摩登饭店是全城

---

① 白俄，在俄国十月革命和苏俄国内战争爆发后离开俄罗斯的俄裔居民。——编者注

的社交中心，这里的灯光引来哈尔滨俄国人区里所有的蛾虫；影院剧场，上映着著名影星维拉·赫劳德雅和伊凡·英斯如亨的片子；在无数的咖啡馆、酒吧里，哥萨克兵挥剑狂舞，吉卜赛人引吭高歌，歌声里充满了激情，燃烧着妒火；年老的绅士先生，戴着礼帽和白手套，哼着威汀斯基[①]的新作——悠悠的怀旧曲，怀念彼得堡的白夜，怀念烟卷儿上缕缕淡青色的烟，怀念壁炉里即将熄灭的灰火。从前的贵妇人当娼妓，从前的将军当招待，他们又相互搔首弄姿，眉来眼去……哈尔滨可真是一片乐土。

然而，哈尔滨的俄国人区里也有另一种生活。有一天晚上，已经很晚了，我跟父亲母亲一起回家，就亲眼看到了这种生活。一个醉汉从肮脏的小巷里跌跌撞撞地走出来，一个浓妆艳抹的女人，长裙拖在地上，拉着醉汉，娇滴滴地劝他回去再享欢乐。他们的样子真叫我害怕。我紧紧抓住母亲的手，快步走开了。

就在那些岁月之中，中国发生了重大的事件，重写了中国和世界的历史。在中国的许多地区，“五四”运动的余焰未尽。湖南、北京、上海、湖北、山东等地都出现了共产主义小组，为中国共产党的成立奠定了基础。工人运动在反帝反封建的斗争中发展壮大，风起云涌。

对于这一切，哈尔滨的俄国人区却是漠然置之。在这里，人们关心的是与俄国人统治区有关的事，是考尔卡克、西苗诺夫、卡尔米考夫，以及其他白军将领、哥萨克首领之间的争斗厮杀，是中东铁路上层官员的撤职换班，是“红胡子”对俄国富翁的绑架，是“爱国志士”对亲共记者的暗杀，是歌剧、轻歌剧、话剧的首场

---

① 威汀斯基，俄国浪漫作曲家。第一次世界大战期间，其作品在俄国风行一时。十月革命后逃往哈尔滨，后来又到上海。——原注

演出。

对于哈尔滨的俄国人，中国是不存在的。

四

大约是在1922年夏天，我们离开哈尔滨，迁居一面坡。一面坡离哈尔滨一百多公里，是个风景优美的小镇，四周环绕着繁茂的森林，一条小河潺潺流过，一派原始的自然景色。我打心眼儿里喜欢这个地方。

在我幻想的世界里，这条小河就是汤姆·索亚和哈克贝里·费恩[①]奋勇探险的小河，因为他们的故事我刚刚读过。河水宁静安谧，有时出现一两个漩涡和几道微波。河的两岸覆盖着绿草，绿草上点缀着朵朵鲜花。稍远处就是一片密林。河上原来没有桥，直到我们去的那一年，中东铁路的总经理奥斯特如莫夫才吩咐架了一座桥。桥轻巧美观，但不结实。不久之后，一场大雨就把桥冲走了。

在一面坡，母亲挂牌开业，当牙科医生。我们兄弟三人继续上学。我在这里参加了少先队，还自豪地佩戴上少先队的徽章。

也正是在一面坡，我第一次听到人们说："该死的犹太人!"这话若不是当面冲我说的，我真不会把自己与这句难听的话联系在一起。我父母虽是犹太人，但他们认为自己首先是俄国人，然后才是犹太人。他们在重大节日到犹太教堂去。逾越节[②]时，他们也吃发酵的面包和传统的革鲱特鱼，这种鱼是盛在专门的盘子里，一年中

---

① 汤姆·索亚和哈克贝里·费恩，美国19世纪著名作家马克·吐温《汤姆·索亚历险记》一书中的两位小主人公。——译者注

② 逾越节，犹太民族和犹太教的三大朝圣节期之一。——译者注

只在逾越节才动。然而这些只不过是习惯而已。

但是，那一次这句骂人的话确实是冲我来的。一群俄国孩子，个个比我年龄大。他们把我团团围住，打我、推我，骂这些难听的话，根本不是开玩笑。有个孩子向我身上吐唾沫，我至今还记得唾沫顺着我的褂子淌下来的情景。他们扯下我的红领巾，撕去我的徽章，把我摔倒在地上。有位“勇士”竟骑在我的肚子上，使劲打我，逼我告诉他们为什么把耶稣钉在十字架上，问我为什么在逾越节杀基督教徒的孩子、喝他们的血。凭我当时的处境和知识范围，当然是怎么回答都无法让他们满意的。

在一面坡发生的这件事使我开始思考。我无法形容自己仰面倒在泥土里的感受，无法描绘自己事后向母亲诉说时的心情。当时闪过的是恐惧、厌恶、憎恨。这件事使我模模糊糊地意识到，我生活的世界并不像自己想象的那样美好、平安，人与人之间的关系，在某些因素的影响下，竟是如此复杂。这些因素，我当时还无法理解，但对一个七八岁的孩子来说，有了这样的思考，也不能不算深刻了。

过去，我天真活泼，爱交朋友。这件事发生之后，我开始变得内向起来，只愿和书本打交道了，因为，书不会歧视我、不会侮辱我，也不会打我。

五

1923 年年初，我在一面坡的生活结束了。

第一次世界大战后的大萧条开始了。父亲的资助人斯克德尔斯基去世，父亲的经济状况也像俄罗斯谚语所说的那样——“产生了奇异的变化”。他想换换运气，就改做荷兰奶酪的生意。有好几个月，我家里满屋都是奶酪味儿。结果生意冷清，奶酪发霉。父亲运气很不好，不过这倒也许是件值得庆幸的事。

奶酪生意碰了壁，父亲只好另找生路，最后决定到海参崴去。那时，海参崴刚从日本侵略者手中解放出来，父亲是想到那里去重操旧业。

第二章　当家做主

一

晚上，我和母亲及两个哥哥乘火车到达海参崴。父亲早到几天，正在车站等着接我们。我们上了马车，缓缓驶过大街。路旁房子里的灯都已熄灭，街上车疏人稀。四周静悄悄的，偶尔从铁路那边传来两三声汽笛响，断断续续飘过一句半句陌生的歌。刚刚离开灯火通明、喧哗热闹的哈尔滨，相比之下，海参崴显得死气沉沉、冷冷清清，几乎令人望而生畏。

我们在一所旅馆前停下。这是一幢四层楼房，坐落在海参崴的主街斯威特兰卡大街和第一海洋大街的拐角处。父亲说这是城里最好的旅馆，因海参崴濒临金角湾，这所旅馆也就取名为“金角旅馆”。

旅馆的门厅里灯光昏暗。一个睡眼惺忪的店员查看了父亲的证件，给他办理了登记手续，然后把我们安排在顶层的一个房间里。反锁上门，我们全家都松了一口气，似乎这样一来，外面潜在的凶险就无法危及我们了。究竟是什么凶险，我们也说不上来，但在哈尔滨，人们纷纷传说布尔什维克“杀人嗜血”，对这些传言，我们也并非全然不信。

要不是和一个警察发生了一点儿不愉快的误会，我们在海参崴的第一夜就平安无事了。倒霉倒在用痰盂上。谁都不愿摸黑穿过走廊去上厕所，于是就用痰盂代替便盆，随后又顺手朝窗下的排水沟里一泼。谁知这时正巧有个警察从窗下走过，严冬之夜，突然“大雨”浇头，使他大吃一惊。于是他决定过问一下旅馆里唯一开着灯的房间。他走进屋里，问我们为什么干这种好事，口气倒还算客气。接着又问了我们一些其他有关的问题。全家人一再道歉，并保证再也不往窗下倒痰盂。好说歹说，他总算走了。事后回想起来，觉得滑稽有趣，可当时我一点儿都没感到好笑，只觉得害怕。

警察临走之前，又用怀疑的眼光扫视了一下整个房间。他走之后，全家没人再说过一句话，好像再也无话可说。我爬上床，觉得冰冷孤独，还有点儿伤心。这就是我在海参崴度过的第一夜。

二

第二天早晨我醒来时，太阳已经老高了。一缕阳光穿窗而入，我冲向窗口，外面的景象真令人神往。右下方是一望无际的冰原，在阳光下闪闪烁烁。冰原上，一艘破冰船划冰而过。那边是金角湾。远处，有一座小岛锁在海湾之中，小岛的大部分都覆盖着洁白的冰雪。窗子的左下方是斯威特兰卡大街，一直延伸到我的视野尽头，一边傍水，一边临山，宽阔、美丽、欢快、熙熙攘攘。

我央求父母领我出去逛逛。他们带我走上斯威特兰卡大街。许多楼房上面都飘着红旗，大概是政府机关的办公楼。楼门口有红军战士站岗，他们身穿长大衣，头戴尖顶帽，帽子上都缀着一颗红星。每当我们停下来看他们时，他们就粗声粗气地说：“公民们，走开，走开。”我们只好从命，但刚到另一所大楼门口，就又停下来观看。

大红的有轨电车（我以前从未见过有轨电车）在起伏不平的大街上叮叮当当地驶过。红色，是这里的主要色彩。在人们身上、在砖房子上、在商店的标牌上、在斯威特兰卡大街旁边那个别致的小公园的大门上，到处都有红色。红色，给这个地方增添了一种节日般的欢乐气氛。

每隔不远，就有一条街横穿斯威特兰卡大街，一直伸向海滩。其中的一条街叫彼得大帝街，不久之后，我们就搬到那条街上去住了。

路上行人的表情严峻、坚定，也很愉快。他们的衣着不如哈尔滨人。但在这里，看不到“阔佬”（这是嘲弄富人的称呼，我在海参崴第一次听到，后来自己也常用它）和穷人之间的差别，而这种差别在哈尔滨是相当明显的。我们常见到中国人，有些在市场上摆小摊，有些大概是雇员。后来我听说许多在海参崴的中国人都是来自中国东部的山东省，特别是山东省东北部。

大约二十五年之后，也就是1948年，我在山东一个小集市上遇到一个卖苹果的老农。他认出我是个“老毛子”（新中国成立前中国人对俄国人的称呼），就用半生不熟的俄语和我打招呼。他告诉我他祖籍黄县[①]，1915年，他因不愿把女儿送给地主当童养媳而出逃，最后逃到苏昌（伯力附近）的煤矿区。他加入了在苏昌山区作战的游击队，参加过解放海参崴的战斗，以后又在那里住了很多年。20世纪40年代中期，他听到家乡解放的消息后就立刻赶回故乡。那个地主已在土改中被镇压了。这位老农分到村边上的六亩好

---

① 黄县，今山东省龙口市。——编者注

地、一头骡子和几件农具。

我问他对海参崴、对苏联人有什么印象。他笑了。啊！那是个好地方，就像咱青岛一样漂亮！人也好，忠实、勤劳，和蔼可亲。为了表示他喜欢苏联人，他硬塞给我几个“自家屋前种的”苹果。

我们沿街往前走，忽然听到远处传来嘹亮的歌声，歌声越来越近，我们停了下来。几分钟之后，一队红军战士出现在大街拐角处，他们四人一排，由一个军官带队。战士们活泼健康、朝气蓬勃，唱的进行曲节奏明快、曲调和谐、振奋人心。每段都是男高音开头，副歌合唱结尾；还有口哨声，自始至终，随着歌声飘忽起伏。我站在那里看得入迷，直到完全看不见队伍为止。一个行人告诉我们，战士们是到澡堂去，他们每星期洗一次澡。后来，红军高歌行进的场面对我来说就不新奇了，可第一次见到的这种情景却使我终生难忘。

我们来到一个市场，在小摊前闲逛。水果和蔬菜不多，只有冻土豆和洋白菜。但有各种各样的鱼，许多我都叫不出名。有的一米多长，有的和鲱鱼差不多大。我们听说这个城两头各有一个市场，这是其中之一，叫马尔兹伏斯基市场。还有一个叫森永诺夫斯基市场，专卖蔬菜。

回旅馆的路上，我们走进一家面包店。这里没有哈尔滨面包店里那些高级糕点，只有面包圈、小面包和大块的黑面包。整个面包店里充满了黑面包的酸味儿。母亲走到柜台前买面包，从里面传出一个女人尖厉的声音：“女公民，跟别人学着点儿，排队去。”母亲这才注意到人们都在排队，她急忙站到队尾。出了面包店，我们仍回味着“女公民”这个称呼和排队这件事。对我们来说，这可是两个崭新的概念。

我们走进斯威特兰卡大街旁边的小公园，在长凳上坐下，正对着下面的金角湾。破冰船在闪闪发光的冰原上破冰前进。远处，冰雪锁海岸，几只渔船和汽艇傍岸而泊。耀眼的冰面上有几个人影在闪动，也许那是些滑冰的人。这景色使我们全着了迷。平素父亲并没有欣赏自然美景的兴致，可是这一次，他竟然也陶醉在这绝妙的景色中了。

突然，耳边传来一声响亮的口令。原来是一群年轻人在我们附近停下，他们共三十来人，男女都有，每人肩上扛着铁锹或镢头。队长是个十七八岁的姑娘，围着一件围裙，头发上扎个红头结。她正在给大家讲话，我没去听她说什么，可我在想，这些年轻人英姿飒爽、秩序井然，一点儿也不像在一面坡欺负我的小霸王。我真想加入他们的行列，去执行那位精明强干的女队长对大家发出的号令。

在这个城市里，我对一切都感到陌生，感到新奇。在海参崴的日子里，这种新奇感一直伴随着我。

三

母亲在士兵俱乐部附属医院找到工作，成了政府工作人员，于是我家就在彼得大帝街上的一所公寓里分到了一间房子。

这幢大楼又杂又乱，着实需要好好修缮一番。公寓里大概有一百多间房子，住了几千名房客。他们是谁？从哪里来？现在干什么？这些都无从得知。但从外表上看，大致可分为三类人。第一类是党政官员，这些人大多数都是一身皮制品：皮夹克、高筒皮靴、皮帽子，外加皮包。他们总是匆匆忙忙的，但从不大惊小怪。他们有一种肩负重任的神气。

第二类是工人。他们身体结实、目光坚定，一向从容不迫。这些人穿着打过补丁但很整齐的工装。他们是祖国的主人，显然也深知自己的价值。

第三类人数很多，后来我听到人们叫他们“被剥夺权利的人”。他们是旧时代的遗老遗少：旧军队的军官、警官（白军[①]士兵和普通警察不包括此列）、地主、牧师、工厂主、房主、店主等。这些人的衣着上，仍残存着昔日尊贵显赫的痕迹。这是他们想掩饰却又掩饰不了的。和前两类人不同，这些人总在公寓里匆匆忙忙地转来转去，很少出门。他们经常在走廊上三三两两地凑在一起，叽叽喳喳地激烈争论。这些人好像总带着一副心神不定的表情，需要时就换上一张阿谀逢迎的面孔。

这就是我们住的地方。按照当时的水准，已经挺不错了。我记得只有一件事使我们深感头痛，那就是十几家人合用一间厨房。一日三餐，一周七日，这间厨房每时每刻都是“战场”。还有下水道也总是堵塞不通。

我们初来乍到，还不敢贸然确定自己属于哪一类人。父亲从未开过工厂，也从未有过开工厂的资本，但他可能被划为资本家。母亲政治地位当然好些，属于和苏维埃政权合作的知识分子。我们不愿明确表态，也不想和公寓里的其他人多打交道。

我家唯一的常客是父亲替他管理锯木厂的那个人。他常常在晚饭后来，进门、摘帽、脱大衣，然后把这些东西和那根从不离手的拐杖一起放在衣架上。这是位身材高大、神色忧郁、满脸胡须的老人家，进门不打招呼就坐在桌旁的椅子上，一坐就是好几个小时，

---

① 白军，苏俄国内战争时期（1918—1920）反对苏联共产党的军队，主要由支持沙皇的保皇党、军国主义者、自由民主分子和温和社会主义者组成，与苏俄红军对立。——编者注

独自思忖，一杯接一杯地喝茶。他似乎对什么都视而不见，但很快我们就发现他视力极好。有时我们朝他做鬼脸，模仿他的举止动作，给他画漫画，每到这种时候，他就转脸瞪眼瞧着我们，严厉而又不慌不忙地说："你们这些调皮鬼，别觉得我看不见你们在干什么!"于是，我们这些"调皮鬼"只好慌忙退下去。

母亲是个出色的牙科医生。她热爱这份事业，工作也很努力。倒霉的是负责牙科的那个医生是个狂热的反犹分子。他是个波兰人，总是要把母亲惹恼才高兴。不止一次，母亲发现他向工会官员汇报，说母亲犯有这样那样的"罪行"。由于他的汇报，母亲在一次工会会议上平白无故地挨了批评。有好多次，母亲都是噙着泪水回到家里的。

可是，一旦工作顺心又不太累的时候，母亲总是情绪很高。她回家后，一面忙着烧饭，一面哼着歌，然后微笑着听我们讲述一天里所做的事。有时大哥背诵一些苏维埃诗人的近作——别德内依的《大街》、马雅可夫斯基的《列宁》。有时我们还在地毯上摔跤。我们声称按柔道规则进行，可压根儿就不知道柔道规则到底是什么。兄弟三个，哼哼哈哈、大汗淋漓。尽管我年龄最小，但摔得漂亮。在同年龄的孩子中间，我显得特别结实、灵活。

偶尔母亲弄到票，带我们去看戏、看电影，这才是最令人开心的时刻。

在哈尔滨时，我常站在戏院门口，眼望着时髦的男男女女，身穿裘绒绸缎，傲然地走进门厅，不免感到几分有趣，几分忌妒。在这里，在海参崴，观众也穿皮衣戴围巾，抵御风寒。但这些衣服不是用貂皮、水獭皮、银鼠皮制成的。这些衣服同样暖和，还很便宜、耐穿。这里的人不是来炫耀自己，他们是来看一出好戏、听几首优美的乐曲，买票的钱都是他们勒紧腰带节省下来的。

我们看过《蝴蝶夫人》，几个月之后，蝴蝶夫人的动人故事仍在我脑海里萦绕。使我大为吃惊的是，海参崴的老百姓在日本人的统治下受了许多年的苦，而剧中的主人公正是日本人。尽管如此，这部动人心弦的歌剧仍在观众中引起了热烈的反响。即使观众中有口哨声和起哄现象，那也是对美国人，而不是对日本人来的。

我们还看过一些俄国和美国电影，其中有一部是十月革命前的片子，由广告上称为“无与伦比”的著名演员莫斯朱金主演。还有一个是美国西部无声电影《火车大劫案》。要是我当时知道一句半句英语的话，我一定会说：“嘿！这片子棒极了！”我们还看过一部根据德国史诗《尼伯龙根之歌》改编的电影，片子很美，但有些冗长乏味。

四

我开始上初中，学校在克塔斯卡亚，名叫“切里帕诺夫斯卡亚”。这名字听起来很像俄语“乌龟”的发音。放学回家的路上，我常听到孩子们跟在我后面喊：“乌龟！乌龟！”这所学校很好，不久之后，再听到孩子们这样叫喊，我反倒觉得十分自豪了。

这所学校不同于我在哈尔滨上的学校。首先大部分学生显然是劳动人民子弟，很少有知识分子的孩子。在上层阶级家庭出身的学生里，我看到有几个中国孩子，这使我很惊奇。在哈尔滨我上过学的学校里一个中国孩子都没有。

另一点不同是，这所学校的纪律不是那种死板苛刻的，不用训斥学生、罚学生“面壁而立”、打板子这些惩治学生的办法来维持。来到这所学校几个月之后，我渐渐感到这里的纪律是一种在一个集体中自觉自制、同志式的纪律。教师和学生都是这个集体的成员，享有平等的权利。

还有一点很大的不同，就是这里有一种迫切的求知欲，一种对大千世界强烈的好奇心，一种希望成为有用之材的心愿。大部分学生刻苦努力，他们废寝忘食地读书、思考、提问、辩论，学校里的气氛激荡人心。特别是在"红角"，这种气氛更加浓厚。

我惊奇地发现，"红角"并不是一个角落。这是一间大教室，里面装饰得很漂亮，有列宁和斯大林的画像，有红旗、标语、图画。这是进行各种政治、教学、娱乐活动的地方。我们在这里听报告、听专题讲座，包括中国问题的讲座。苏联人民对中国革命怀有极大的兴趣，我刚从中国来，兴趣当然更大。讲演者都是些热情洋溢的年轻人，他们热爱边界那边辽阔大地上"受压迫受剥削的阶级兄弟"。他们讲到中国的军阀，军阀的混战割裂着中国；他们讲到帝国主义者，英国、日本、美国都从自己的利益出发，支持中国不同派系的军阀；他们也讲到年轻的中国共产党，领导中国人民以武装革命反对武装的反革命；他们还讲到苏联对中国革命的无私援助。他们不是富有经验的演说家，但是他们的热情吸引了大家，在观众中引起阵阵热烈的掌声。

在"红角"，我们演剧、看戏，包括十分流行的滑稽剧。在这里，学校合唱团每逢节日就演出；在这里，学生们根据爱好组成小组，有爱好标本的，有喜欢历史的，有音乐迷，有小木匠，每个人都在自己的小组里劳动着、创造着。

我参加了合唱队。合唱队共有四十多个男女学生，大家认真努力，唱得也很出色。我们唱《同志们，勇敢地前进》《我们是红色的战士》《华沙娘》，也唱《国际歌》《马赛曲》，我们还唱悲壮的《光荣牺牲》——这是列宁十分喜欢的一首歌。

五

列宁于 1924 年 1 月 21 日逝世。我们第二天知道了这个消息。

直到今天，那些日子里的情景仍然记忆犹新。

我们正在上课，老师在黑板上写字，教室里静悄悄的，只有粉笔摩擦黑板发出的吱吱声。

突然，一种声音响彻天地——一种我们从来没有听到过的声音。汽笛、警笛、哨子、喇叭、铃……一切可以发声的东西一起奏出了这首悲壮的交响乐。

老师冲出教室。过了一会儿，也许是一分钟，也许是半小时，他回来了，走到讲台后面，站在那里，一声不响。泪水沿着两颊流下来，他好像根本没有觉得。老师呆呆地站着，他脸上的肌肉在不受控制地抽搐着。我们望着他。就这样，像是过了很久很久，他终于开口了："孩子们！"他停下来，努力控制了一下自己，又继续说，"孩子们，列宁去世了！"他哽咽着再也说不下去了，无声地哭了起来……

那时，我年龄太小，也不熟悉几年来海参崴发生的事情。因此，我无法估计列宁的伟大。但是，我能看到，也能懂得他做的好事和他给人民带来的幸福。他是苏联人民的父亲。人民哀悼他，就像孤儿哀悼慈父。我从周围一张张面孔上看到了深切而真诚的悲哀，这深深地打动了我那颗孩子的心。如果一个人的去世会得到这么多人的哀悼，那么，他一定是个好人。

记得第二天开了追悼会。那是我参加的第一个群众集会。主席台设在山坡上，群众集合在山脚下。成千上万的人参加了追悼会，有红军战士、工人、农民、政府工作人员和学生。他们排着整齐的队伍，默默地走进会场，默默地按指定地点站好，没有一个人窜来窜去。会场十分安静，只有人们重重的脚步声和断断续续的呜咽声。军乐队奏起哀乐《光荣牺牲》。随着哀乐，人们抑制在心中的巨大悲痛迸发了出来。

发言者一个接一个走上讲台，他们的言辞朴实感人。他们之中谁也没见过列宁，但列宁却从未离开过他们的心。

那天，我家所在的公寓里也出奇地安静。没有争用厨房和厕所的口角，没有乒乓的关门声，也没有叽叽喳喳的走廊议论。我们有个邻居，个子矮小，为人卑鄙。我觉得“该杀而未杀的资产阶级分子”这个绰号对他最合适。这时，他钻进我们屋子，幸灾乐祸地说：“嘿嘿，这下够他们受的了。”那声调真令人作呕。他看看母亲的脸色，没再吭声就溜走了。

六

在我的记忆中有那么难忘的一天，不时地在我眼前重现。

那是1924年5月1日。早上5点半，所有的教师和学生在校园里集合，我们要去参加星期六义务劳动。政治指导员讲了义务劳动的重要意义，列宁很重视这种义务劳动，说它是一个“伟大的创举”。他还告诉我们今天的任务：为未来的海产罐头工厂清理场地。

我们沿斯威特兰卡大街前进，政治指导员走在长长队列的最前头。《同志们，勇敢地前进》那振奋人心的旋律在沉睡的大街上回荡。我们和着音乐的节拍，迈着有节奏的步伐前进。

队伍在离目的地一百米的地方停下重新编队，然后队列整齐地开进了工地。政治委员和几十个工人在那里欢迎我们。队形一下子乱了，我们忙着和他们握手，工人们拥抱我们，不断地拍着我们的肩头。

这地方堆满了破砖、碎石、木板、泥灰、垃圾——白军和日本人撤退时炸毁了这里的建筑，留下了这些残垣断壁。

我们分了工，领到筐子、扁担、铁锹，然后开始劳动。活儿很重，但是清新的春风、工人们和蔼可亲的微笑，加上我们想把工作干好的愿望，这一切使大家干得十分带劲。不久大家就浑身疲乏、腰酸背疼，觉得若再不休息一下就真的干不动了。这时，不知是谁唱起了《伏尔加船夫曲》，大家一起和着副歌，顿时我们又觉得有了力量，劳动顺利地进行下去。

中午，大家就着热茶吃了点儿面包和煮土豆，然后半倚在大石块上休息。到处都听见人们在谐谑逗趣，到处都是欢声笑语。一位老工人卷了支烟递给我，稠密的大胡子里闪出一丝微笑。我知道他是开玩笑，就说："谢谢您，老爷爷。我不吸烟。"我的话又引起一阵笑声。

休息了一小时，大家又继续劳动。天渐渐黑下来，很快就到了收工的时间，但还有一个角落没有清理。胳膊发疼，手掌也火辣辣的，大家都感到很热。突然，夜幕中传来手风琴演奏的《国际歌》……

"同志们，完工了！"我们像真正的工人一样，把工具擦干净，交给了负责同志。

几分钟后，我们回到了斯威特兰卡大街上，感到疲劳，也感到分外高兴。对每个人来说，这都是难忘的一天，因为我们为列宁的事业做了一点儿有益的事情。

七

在学校里我功课很好，我欣喜地感觉到自己的知识在不停地增长。新的事物、原理、公式扩大了我的知识范围，我感到惬意、满足。晚上睡觉前，我总爱回想一下这一天都学了些什么，得意地计算着自己新的收获。

我喜欢所有的学科，包括有些同学认为枯燥乏味的代数。但我最喜欢的是文学和历史。对我来说，这两门课和谐地融为迷人的故事，讲述了不同国度、不同时代人们的生活。上文学课和历史课就像度假日，每逢上这两门课的日子，我总是早早醒来，兴奋地盼着快点儿到上课的时间。

我完全陌生的课程是“政治基础知识”。这门课讲的是共产主义、无产阶级专政、阶级斗争、革命、社会主义等。任课老师都是在实际工作和斗争中学通这些概念的人，他们能把最抽象的概念变成活生生的事实。他们从国内外已发生的和正在发生的事件中，从远东为赢得苏维埃政权的斗争中举出例子。我能听懂的只是一部分，但我相信的是全部道理。

1924 年年末，大哥开始在部队图书馆工作。每天晚上他都背回一大包书。于是我开始接触俄罗斯古典文学和世界著名作家的作品。我逐步读了托尔斯泰、屠格涅夫、果戈理、陀思妥耶夫斯基、狄更斯、司各特、马克·吐温、爱伦·坡、大仲马、塞万提斯、雨果、凡尔纳、勃兰特·哈特、雷德贝里、库柏，以及其他许多名家的作品。我贪婪地读惊险的故事和历史小说。我也喜欢普希金和涅克拉索夫，觉得他们的诗歌精妙优美。我的阅读既无条理又无方法，但我有一种急切渴望、永不满足的求知欲，直到今天，仍然如此。有时我也“换换”脑子，大声朗读，只求陶醉在享受语言音乐美的快乐之中。无论多么厚的书都吓不倒我，我读了《战争与和平》《基度山伯爵》，一点儿也不觉得篇幅太长。

广泛的阅读使我们产生了写作的欲望，结果屋里出现了两份墙报。大哥独自担任一份墙报的编辑，另一份的编辑是我和二哥。由于缺乏记者，墙报不定期出版。一旦出来，就“大有文章”，墙报上载满了社论、杂文、故事、诗歌、讽刺小品、漫画等等。

讽刺小品大部分是讽刺“我们尊敬的同行”的。常常是这样写：“某某编辑堕落到如此地步，竟然粗暴地攻击某某……”

有一个评奖委员会评判我们的墙报，评奖委员会的成员只有母亲一人。一期优秀墙报或一个特别突出的项目得奖五戈比，另一份墙报也得五戈比，算是安慰奖。

我喜欢自己所写的一切，有一首名叫《拿破仑在厄尔巴岛》的诗更是我的得意之作。诗很长，形式是自由体，充满了反问句和惊叹号。开头大概是这样的：

在厄尔巴岛的岩石上，
他岿然屹立，
孤独清凄，
遥望大海，无边无际。
啊！他会看见
他总会看见法兰西。
他给法兰西带来光荣，
他使法兰西成为奇迹?!

这首诗的奖赏是五戈比。

八

我们要去乡间别墅避暑。

乡间别墅区都在海参崴—苏昌铁路沿线的五六个车站附近。这条铁路沿着阿穆尔湾的东岸，全长约十五公里。整条铁路紧靠着金沙覆盖的海滩。我们住在一个叫“十九俄里”的车站附近。

乡间别墅在树林边上，离海岸一二百米。我们走出房子，穿过灌木丛和交错横生的高大树林，眼前豁然开朗，大海出现了——宽阔、碧蓝，在太阳下闪闪发光。这里有海风、海草、退潮的海浪，我们的鼻孔里充满了海的气息。

父亲不在家。母亲每天乘早车去海参崴，乘末班车回来。大哥大部分时间也不在家，于是这里就成了我和二哥的天地。我们俩想方设法玩个痛快。我们最爱扮演鲁滨孙。这不仅仅是个游戏，每当我们到树林里去，总会有新的重大发现：这里蘑菇丛生，我从来不知道蘑菇的种类和名称，但为了弄清哪样能吃，哪样不能吃，我着实拉了几次肚子；这里你也能采到满篮子山莓、酸莓、草莓、野橘。有些我们当场就吃个干净，有些带回家做上好的果酱。有时还会找到鸟窝，窝里或是有蛋，或是有等着母亲喂食的雏鸟。我们从不动鸟蛋和幼鸟。只有一次，仅仅为了表示自己的勇敢，我用弹弓打死了一只小鸟。后来有好几个星期我都为这次杀戮无辜而深感后悔。还有一个重大发现就是脚印，每天都能见到脚印。好在只看到了脚印，不然这块地方就会“土人星期五”[1] 泛滥成灾了。

每天下午我们都去游泳，在水里一泡就是好几个钟头。我们比

---

①《鲁滨孙漂流记》中的人物。——译者注

灵活、比速度、比谁的鬼点子多。上面是暖洋洋的太阳，周围是暖洋洋的海风，暖洋洋的大海轻抚着我们的身体，使我们感到平静安逸。我们游累了，就钻出大海，在滩头点起一堆火，把水壶吊在火上，然后到石缝里抓些海蟹扔到水壶里。不一会儿，鲜美的蟹肉就只待下肚了。

我们这些调皮鬼还常常袭击一下邻居的果园。战利品是苹果，有熟透的，也有半生不熟的。

九

有一位邻居的果园最使我们眼馋。这位邻居叫莫洛佐夫，五十来岁，独自一人住在他的乡间别墅里。他早上进城，晚上回家，常常和母亲坐同一班车。

有一天，已经很晚了，我正在偷袭莫洛佐夫的果园，不巧迎头碰上了他。我手中的苹果是抵赖不了的罪证。意外的遭遇这么突然，我一下子竟想不出一句为自己开脱的话，只好被莫洛佐夫抓了俘虏，带到他的屋子里。

到了屋里，莫洛佐夫在桌旁坐下，悠然地装烟丝点烟斗，还不时透过夹鼻眼镜扫视我两眼。

“不错，小伙子，你干的好事。半夜三更跑到别人家的果园里游来逛去，你想干什么?”我本来想纠正他的一个关键性错误：现在才9点，不是半夜，转而一想，还是不说为妙。

我这个小伙子站在那里，一声不吭，耷拉着脑袋，极力表现出一副诚心悔过的样子。可老人家好像并没注意到这些。

“你难道不知道偷东西不光彩吗？你难道不知道小偷总是没有好下场的吗?”

“你难道不……”一个接一个，真叫我觉得自己是个罪大恶极的小坏蛋了。我满眼是泪，说不出话来。这折磨什么时候才算完？我可怜巴巴的，抬头看看老人家的脸。他摘下眼镜，眨眨眼睛，然后伸出手，抚摩着我的头。

“孩子，只有资产阶级才偷东西，劳动人民从来不偷偷摸摸，因为我们国家的一切都属于劳动人民。我们是主人，一个人还能偷自己的东西吗？你想吃苹果，尽管来拿好了，只是别在夜里来，懂了吗？”

他的声音温和可亲，深深打动了我。他让我回家去，说：“你妈妈在家里一定着急了。”

一个孩子和一个老人之间的友谊就这样开始了，此情此景，我永远不能忘怀。

莫洛佐夫给我讲了他的经历。

格利高里·莫洛佐夫是位老教师的独子，这位老教师一生致力教授伊尔库茨克地区的农民子弟，是一位契诃夫[①]在短篇小说中以喜爱、尊重的心情刻画的那种优秀的俄国知识分子。

老教师希望子承父业，莫洛佐夫也曾试图履行父亲的意愿，但很快他就发现自己不喜欢这个职业。他想当医生，自愿在医院打杂、干勤务、当护士。他细心观察医生的工作，向医生提出许许多多的问题，同时自己拼命读书。不久他就成了一位手艺高超、精通各科的医生。他给一切需要他的人看病，常常不取报酬。他在矿

---

① 契诃夫（1860—1904），俄国作家、戏剧家。与莫泊桑、欧·亨利并称“世界三大短篇小说家”。代表作有《变色龙》《小公务员之死》《凡卡》等中短篇小说，《伊凡诺夫》《海鸥》《万尼亚舅舅》等戏剧作品。——编者注

工、猎人、伐木工和他们的家属中出了名，大家都知道他是个一丝不苟的医生，是个体贴病人、诚实正直的人。

他四处奔波，步行、骑马、滑雪、乘雪橇，急人之难，治人之疾，慰人之苦。

那时，他还不是一个革命者。对政治既不感兴趣也无暇参与。他相信医生的职责是救死扶伤，不用管病人信仰如何。但在1915年，“政治”却找上门了。一天，有人来请他到离城四十俄里①的地方出诊。他收拾好药箱，告诉妻子几天后回来，就骑马上路了。一路上跋山涉水、越沟穿壑，要不是有向导，他早就迷路了。最后他们到了一个大掩蔽所，里面有两个人躺在床上，都是身负枪伤。莫洛佐夫一句话没问，只是尽力给他们治伤。有一个很快脱离了危险，另一个的伤口却不断恶化。莫洛佐夫设法给他取出了子弹，但伤势仍不见好转。伤员躺在床上，眼光老随着医生转，好像有话要说，但又说不出口。莫洛佐夫知道他的伤口很疼，但他却很少呻吟。他又活了两个多星期，在这最后的日子里，他坚强勇敢，毫无怨言。到了第十七天，他离开了人世，临死前只是喃喃地说：“啊，大夫，别让我死，我还有许许多多的事要做呢。”

同时，新伤员不断送到。这个地区正在打仗，这些人是游击队员，他们伤亡惨重。莫洛佐夫很忙，麻醉剂和止痛药都不够用。伤员们总是说：“大夫，我可以不用，我壮实，把药给他吧，他比我更需要。”伤员中有个男孩子，和莫洛佐夫的儿子差不多大，他肺部受伤，几乎没有治愈的可能。晚上，别的伤员都睡了，他就让莫洛佐夫坐到他床边，向莫洛佐夫讲他的父亲、母亲、小妹妹；讲他家屋前的苹果树……他告诉莫洛佐夫，他梦见战争结束了，他上了工人

---

① 俄里，俄制长度单位，1俄里约合1.0668公里。——编者注

高中。“大夫，你说我能上高中吗?”莫洛佐夫总是信心十足地说：“你一定能上高中。等我们打败了白军，建立了自己的政权，你就能上高中。”也许莫洛佐夫自己并没觉察到，在这里工作的两个月中，中性的称呼“你们”“他们”已变成了亲切、鲜明的“我们”。

后来他回到伊尔库茨克。邻居告诉他，他妻子因为没说出他的去向，被白军杀了；儿子出逃，也不知逃到什么地方去了。第二天，莫洛佐夫被扣上“红匪”的帽子，囚入监牢。1917 年 12 月，伊尔库茨克建立了苏维埃政权，把他从监狱里救出来。他出狱后成了一名信仰坚定的布尔什维克。

1918 年，他担任了一所医院的领导，全心全意地献身于自己的工作。

次年 5 月，他被请去为阿列克赛·尼古拉维奇·卢茨基做手术。(那时，莫洛佐夫知道卢茨基是伊尔库茨克地区游击队的领导人之一)。手术很成功。出院时卢茨基热情地拥抱了他，并把自己的表留给莫洛佐夫做纪念。可是，他再也没见过卢茨基。1920 年 4 月，卢茨基被日本侵略军逮捕，受尽了惨无人道的折磨，然后又被扔到火车头的火炉里活活烧死了。

1922 年 10 月，红军游击队解放了海参崴。日本人被赶走了，成群的白军逃到朝鲜和满洲里。莫洛佐夫随军进入海参崴，一个月之后，他被任命为卫生局副局长。

这就是莫洛佐夫给我讲的他那感人的经历。后来，我以“会见一位老布尔什维克”为题，在墙报上发表文章连载。这故事是我们那份墙报的独家新闻，也是墙报编者的一份珍贵记忆。

十

父亲在海参崴建立企业的梦想终于成为泡影。

到 1926 年，苏维埃政权结束了内战，打退了帝国主义干涉，胜利地完成了从战时共产主义到新经济政策的过渡。由于税收很高，工人委员会又不断要求增加工资，资本家的日子很不好过。父亲不是资本家，但在资本家手下当经理。很长一段时间，这些难题都得由父亲出面处理。

终于有一天，父亲不得不告诉工人委员会，若是再没有进款，锯木厂只好停工。回答出乎他的意料，但却合情合理："国家没有钱给锯木厂投资，你为什么不到国外去想想办法?"

很快他就启程去上海，并且再也没回苏联。因为外国资本家不愿和布尔什维克打交道，他们希望布尔什维克政权垮台，并认为这只不过是时间问题。

大哥是第二个离开家的。那时他刚刚以优异的文学和地理成绩从师范、图书管理、宣传综合学院毕业，他想继续深造。

母亲申请离境护照，好带两个孩子去上海找父亲，但没被批准。那时边境仍然开放，对移民没限制条件。但是年轻的苏维埃共和国需要各种专门人才——医生、工程师、教育家等等，因此不愿让这些人离开苏联。最后，母亲终于通过我们今天所说的"后门儿"弄到了护照。1926 年 10 月 24 日，我们坐上一艘去上海的四千吨级的挪威货船。我们是最后一批以合法手续离开苏联的。1926 年年末，边境关闭了。

十一

行李堆放在海参崴码头，我们坐在行李上，等候上船。天下着雪，这是那年的第一场雪。

母亲很高兴能离开海参崴，在这里三年半的生活相当艰苦。我仔细看着母亲的脸，发现她瘦了，眼周出现了明显的黑眼圈。她只有三十岁，看上去却像四十多岁的人。

是啊，她饱尝了生活的艰辛，除了要忍受工作中遇到的各种不愉快的事以外，她还承担了大部分家务劳动。

即将开始的大规模建设要求严格的纪律，需要人们做出牺牲。大部分食品都是定量，只有面包和鱼类敞开供应。但要买一块黑面包、几条鲱鱼就必须排长队。煤炭要用来发展工业，剩不下多少给居民家用，住房更是大难题，在公寓里弄到一间房子就算很幸运了。排队上厕所、用厨房，更是屡见不鲜。

海参崴气候寒冷，温度常在零下三十五摄氏度到零下四十摄氏度。冷风从水面上嗖嗖袭来，上学和上街买东西都成了名副其实的极地探险。

这里的物质生活，比起我们在哈尔滨时差多了。所以，母亲想离开这里，我一点儿也不感到奇怪。

几百米外停泊着一条大船，我们就要乘它去一个陌生的国度，仅此就足以令人激动了。我和二哥不断地指着船上我们能叫得出名字的部位，激烈地讨论船的“排水量”、“水手”人数、每小时能航行多少“海里”。光说说这些从约瑟夫·康拉德和儒勒·凡尔纳小说中捡来的名词也够激动人心了。

然而，离开海参崴也使我感到伤心。我总觉得失去了什么，它美好，富有意义，而更重要的是它对我是崭新的。我曾经在那里生活，曾经是它的一员。告别它，我感到一阵心痛。

当然，那时我还无法看到，这三年半在海参崴的生活，竟在二十年后帮助我在选择正确的道路上起了重要的作用。

前面就是中国。那里，革命正在酝酿；那里，外国帝国主义正在争夺势力范围。那是一个内战四起、幅员辽阔、神秘而充满魅力的国家，那里有着伟大、勇敢却多灾多难的人民。

第三章　动荡之春

一

从海参崴到上海，轮船要在海上行驶三天。本来，这对一个十二岁的孩子来说该是一大奇观。谁知海上起了风暴。这场风暴似乎随时要把我们乘的货轮掀进海底。我们俯卧在铺上，祈祷苍天，保佑我们尽快结束这种折磨。船上的医生是个心地善良的挪威老人，他想让我们少受点儿罪，就给我们水果吃。水果并没有减轻我的晕船，倒使我第一次接触到英语，学会了两个英语单词“苹果”和“柚子”。同时，我还学会了吃柚子，柚子也要去皮才好吃，这可是吃了苦头才尝到的甜头。

一路上风暴不断，直到船进了长江口，风暴才减弱。海面平静下来，我们的感觉立刻好多了。进了黄浦江，母亲也觉得好多了。挪威医生在我们舱房外的甲板上给她准备了一张躺椅。母亲坐在躺椅上，脸上挂着一丝微笑，看着我和二哥从左舷跑到右舷。船在黄浦江上行驶，我们俩瞪大双眼，观看着两岸奇妙的景色。

块块稻田一望无边，像是一张大棋盘。时而有牧童骑着水牛蹚泥涉水，缓缓而过。七八层的小塔，曲檐尖顶；弯弯的拱桥，玲珑精巧，点缀着辽阔的田野。

有些泥砌的矮小茅棚旁边，竖立着高高的广告牌。有位俄籍船员正巧在我们身边，他解释说，这些广告有英美烟草公司生产的“海盗牌”香烟，有新加坡籍的华人大亨出品的“虎牌”万金油，还有当地资本家制造的万灵药“人丹”。

沿黄浦江两岸有无数的帆船和舢板，上面挤满了满身大汗的男人、尖声叫喊的妇女和哭哭啼啼的孩子。

那个俄籍船员见听众兴趣十足，更是津津乐道。他指着让我们看一个个的仓库、厂房、栈桥，这真是些庞然大物，沿江而立，岿然不动。他告诉我们这些都是外国人的资产，大部分属于英国企业，如怡和洋行、汇丰银行、沙逊洋行。这些企业个个神通广大，和上海及各地的主顾都有交道。

江面上还停泊着许多外国战舰，英国的、美国的、日本的、意大利的、法国的、荷兰的，有巡洋舰、驱逐舰、扫雷艇，一艘接一艘，船上挂着国旗，船身新涂的油漆和黄铜部件闪闪发光。

渐渐地，著名的外滩隐约出现在暮霭之中。长达半英里①的防护堤全是用花岗岩和大理石砌成。外滩的一端是华人不得入内的黄浦公园；另一端是豪华的上海总会，据说上海总会酒吧的柜台是世界上最长的。有一位英国人曾把外滩说成是世界上“最惊人、最美丽的城市入口”。

船靠了浮标，我们又乘小艇到了外滩和南京路口旁的长江海关。南京路那时就已是上海最繁华的大街了，现在仍旧如此。父亲和大哥在南京路口等我们。

上海给我留下的第一印象十分深刻，相形之下，其他的一切则

---

① 英里，英制长度单位，1 英里约合 1.6093 公里。——编者注

显得模糊了。当时，所有的气味，混杂于江中发出的熏天臭气；所有的声音，汇入了码头上装船卸货的苦力有节奏的嗨哟声；所有的色彩，都表现在五光十色的店铺招牌和霓虹广告上——红的、蓝的、黄的、绿的，穿透了雾气蒙蒙的暮霭。再就是留着大胡子，包着头巾的印度巡捕在指挥交通。

二

父亲和一个名叫布劳克的俄国人合办了一个锯木厂，布劳克提供资金，父亲负责技术业务。这个锯木厂坐落在苏州河中国地界的一边。苏州河是条肮脏的小河，一端连着内陆村镇，另一端从黄浦公园附近流入黄浦江。苏州河的另一边名义上也是中国人的土地，但实际上已渐渐为英国统治下的公共租界所侵吞。

锯木厂由青洪帮的一个分会保护，以免遭劫被盗或受到别的损害。为此锯木厂每月付钱，春节还要送礼。青洪帮派来一个值勤的，他不过是个象征性的人物，只要他待在门房里，即便是在那里酣然大睡，也说明工厂在强大的青洪帮保护之下，想搞破坏是不容许的。

我们在一所二层楼的木房子里住下。这里挺舒服，有现代化的家具。但苍蝇多，叫人心烦。除此之外，还有些讨人嫌的东西，最甚者莫过于苏州河的恶臭。每天，成串的舢板，满载大上海三百五十万人的粪便，沿苏州河驶向农村，运送肥料（后来我才知道，收集、出售上海市的粪便也是青洪帮垄断下大有油水的买卖）。再就是我们脚下地板的震动，地板一动，每个人、每件东西都跟着抖动不已，这当然是下面锯木厂的直锯和冲压机的功劳。

大哥那年十八岁，我和他之间的关系比在海参崴时更密切了。我们俩常常一起走过苏州河，走进在我家凉台上可以望见的沸腾世界。二哥只比我大两岁，他通常待在家里。

我们穿过桥，在锯木厂对面的小镇上闲逛。这里的生活气息倒是很浓厚：茶馆里生意兴隆，一两个挑担的剃头匠在树荫下给水手理发。杂货小贩，各人唱着各人的调子，高声叫卖。还有代人写信的老学究，鼻梁上挂一副粗腿眼镜；算命先生身前的地上铺一块布，上面摆满五花八门的占卜器具，煞有介事地向毕恭毕敬的乡下人述说着命运前程。时而跑过一辆人力车，车夫疲惫不堪、汗流满面，车上坐着大腹便便的商人，戴着太阳帽，斜倚在位子上，悠然自得。成群的乞丐，大多是男孩，破衣烂衫，身上满是脓疮，头上满是疤瘌，两条瘦腿，腆着一个大肚子。

若是细细观察，还会发现旧中国的许多怪现象。

一天，我们走出杰西菲尔德公园（上海最大的公园，现改名为中山公园），来到城西的愚园路上。突然一队人挡住了我们的去路。这些人在干什么，乍一看还真猜不出来。十几件乐器，吹吹打打，奏出欢快甚至有些轻飘的音乐，好像是庆祝婚礼或别的喜事。可在那一大队人中，却完全是一种送葬的气氛。有哭的，有号的，也有悲哀长叹的。可是，他们着白衣，系白带，扎白结，穿白鞋，这在我们看起来又不太像出殡。随后过来了十几个人抬轿子，好像是皇帝的巡回视察。

一口大棺材出现了。棺材造型讲究，罩着豪华的锦缎，由二十四个人用十二条长木杠抬着。这下不会错了，的确是出殡。

后来我才知道，在中国出殡时一律着白色，而不像西方人一样用黑色。发丧用欢快的乐曲，西方人听起来确实刺耳，但这既不是乐师的别出心裁，也不是出殡者的娱乐消遣，而是为了鼓舞死者飞向西天的灵魂。

出殡的队伍在狭窄的街道上缓缓而行，一会儿避开路两旁的人群，一会儿又和行人混成一片。我们猜着队伍里到底都是些什么人。当然首先是死者的远亲近戚，还有朋友、仆人、随从、雇员。这些人或是曾受过死者之恩，或是想从死者的家族捞点儿油水。队伍中也有穷人，他们想的只是葬礼完结之后的那顿美餐。另外还有些打哈哈看热闹的。

进城细看，就会发现中国人生活的另一个侧面。有一次，我们逛了竹市。竹市逢释迦牟尼生日举行庆祝仪式，每年一次。竹市在静安寺路最西头的静安寺附近，占了好大一片地方。竹市上小摊遍地，售卖各种家庭用具。早先竹市只卖竹制品，到我们逛竹市时(大约是1927年春)，这种限制早已不存在了。

刚近竹市，嘈杂声已是震耳欲聋，简直像到了一片混乱的巴别①。这里真是个无所不有的小天地，男的女的，老的少的，穷的富的，有商人也有学生，有农民也有市民，有买东西的也有闲逛的，人群中还夹杂着几个外国游客。小贩们吆喝叫卖，嗓门儿一个比一个高。

我们在一排排小摊旁闲逛。想买东西的人转来转去，四下看着、掂量着、盘算着，反复比较着货物。不时地，买主和卖主讨价还价，争得脸红脖子粗。可照我们看，买的卖的都把讨价还价当成

---

① 巴别，《圣经》中说，挪亚的子孙东移时，在巴比伦的示拿一地计划修一名为巴别的高塔，上可通天。但上帝不悦，就变乱了他们的口音，使其语言不通，并分散到世界各地。塔终未建成。现巴别转义为“嘈杂、混乱的地方”。——译者注

乐事。然后，“袁大头”① 和铜板到了手，买东西的讨个好价，得意扬扬，拿着货走了。小摊之间，鞭炮东一串西一串地响着。变戏法的也在招引顾客。我扔了个铜板碰运气，猜三个核桃壳里哪个有仁，自然是白扔了钱。一个青年妇女一手敲鼓，一手打竹板，嘴里还唱着民歌。说书的有的在讲《三国演义》中诸葛亮出师进兵；有的在讲《水浒传》中武松打虎；还有的在讲历史上的绝代佳人钟情于皇帝，为了皇帝而献身。算命的也是生意兴隆。还有练武卖艺的，打拳舞剑，灵活强健。

整个市场热闹非凡，五花八门，无所不有，只是要谨防震聋了耳朵。

这一次，我们没进静安寺，第二年却到庙中一游。据说，静安寺约建于公元250年。游寺之时，我对佛教一无所知，门口伫立的一些佛像代表什么我也弄不清。大哥说那是天府、地国、水宫的神王之类。我们走过几个庭院和亭子，沿墙全是木制金饰的神像，和真人一般高，一个擎球，一个持棒，一个无手无臂，一个脚踏卧虎，还有好几个像是无所事事。这些神像代表哪路神仙，我根本无心猜度。

我当时并不明白这一切有什么意义，但游览中国的名胜古迹，还是我平生第一次，这次游览激起了我对中国人民和中国历史的遐想。后来我读了一些关于中国文明史和中国革命史的书籍，这些遐想才变得具体了。而在当时，我只是意识到，中国不仅仅有租界、出殡、臭河，还是一个文明古国，有悠久的历史、丰富的文化，有多才多艺的人民。

---

① “袁大头”，辛亥革命后，袁世凯为解决军费和提高个人政治地位而发行的银圆货币，因这些银圆铸有他的侧身图像而得名。——编者注

三

上海的声音、气息、景色——谁人能够予以公正的评说?!

一大早，小贩们就开始张罗生意，各式各样的早点小吃，有合上海人口味的，也有广东人、宁波人喜爱的，如辣豆腐乳和其他豆制品；清汤面条；焦黄的炸糕，有的带馅，有的不带馅，有咸的，也有甜的；汤团粽子；鸡鸭翅膀、杂碎，浓浓的香气在清晨的空气中飘荡。

早晨，也少不了家庭主妇用竹刷子起劲刷马桶的声音，香味之中免不了要混杂马桶散发出来的臭气。主妇们先把马桶里里外外刷得干干净净，再把脏水倒在阴沟里。这项重大任务完成之后，她们便和邻居打个招呼，唠几句家常，然后各自回家，把马桶放在门口晾干。

我沿街走着，看到中国人自尊自重、不慌不忙的悠闲神态，不觉感到几分惊奇。刚刚离开海参崴，在那里大街上全是匆忙和激动的人群，相比之下，这里的情形就更令人费解了。有几次我碰到了吵架的，双方比比画画，像要打起来似的，可又从来不真的交锋。周围看热闹的也不少，专心听、专心看，但总是不偏不倚。

最叫我同情的，莫过于看到那些为活命不停奔波的人力车夫。他们夏顶骄阳，冬踏严霜。他们形容憔悴，衣不蔽体，拉车爬上苏州河上的陡桥，又不住脚地溜过下桥的坡。街上的孩子和瘦弱的老头帮他们推车上坡，然后就跑到车旁，伸手向车上的顾客讨个铜板，十有八九，坐车的是不愿赏这个钱的。

我无事闲逛，到过专门卖一种货物的小街小巷。有条街只卖旧衣服，每家店铺门前都倒竖着一口箱子，叫卖的人手里或是提一件棉衣，或是拿一件绸袍，或是拎一件皮袄，用无法形容的热情，大讲特讲衣服的实惠之处。有一条街专卖丝织内衣和绣花衬衫，这当然是招揽外国游客的。还有一条街专卖五金什件儿和建筑材料。在另一条街上，除书店、饭店之外还有妓院，各家照顾自己的生意，满足人们不同的精神、物质生活需要。

晚上出来散步，就会听到另外一些声音：饭店里醉醺醺的划拳声；姑娘伴着琵琶，用苏州方言唱着动听的小调；还有从窄小的亭子间里传出的一家人准备就寝的声音。

这就是五十年前我到上海时的最初印象。

1927 年早春，我还没去上学，闲暇时间颇多，于是就东逛西逛，我想看看究竟是什么推动着这座奇异神秘的巨型城市。我急于知道上海的情况——它的历史、地理、政治状况。我逛的时候，总是留心看、注意听，向能答疑的人提问题。后来，我设法弄到了一本介绍上海的小册子。这本小册子资料丰富，是一个俄国记者写的，他属于对革命怀有敌意的白俄。虽然我不同意他对布尔什维克和苏联所持的态度，但他手头有不少事实资料还是有参考价值的。

后来，我觉得准备得差不多了，就开始整理所收集的资料。我根据不同的主题，依照年代顺序，每次集中整理一个问题。

这是我第一次开始“系统”地工作，虽说干得不算出色，但我觉得样样东西都有条有理，这总归是不错的。

根据 1927 年的数字，上海是世界第六大城市，人口多达三百五十万，并会很快赶上第五大城市芝加哥。这三百五十万人中，大上海（中国地界）二百万，公共租界（一般称为外国租界或简称租界）一百万，法租界五十万。

在这众多的人口之中，外国人不到五万。公共租界中日本人人数最多，法租界中俄国人居首。

要了解上海，必须了解所谓的“领事裁判权”。在海参崴时，有人讲演说，“领事裁判权”是上海整个结构的基石。当时我觉得这个概念很模糊，现在我接触到许多事实，这个词的意义也就十分具体了。

若一个中国公民因比利时人欠债而和他打官司，这场官司必须在比利时领事馆里的法庭上进行。因为比利时公民享有“领事裁判权”，毫无疑问，原告败北，被迫缴纳法庭费用。若负债人是法国人、西班牙人或是享有“领事裁判权”的十四国中任何一国公民，也是同样处理。

有个巴西人开了个赌场，不论是在家里还是在街上，谁都无权逮捕他，因为有“领事裁判权”保护他。要想不让他坑人赚钱，唯一的办法是在他的赌场四周拦起铁丝网，以此禁止中国人走进赌场。后来查明，那个赌场老板根本就不是巴西人，他是个俄国人，买了一张巴西护照，以逃避中国法庭的管辖。（十月革命后，苏联自动放弃了“领事裁判权”）这里顺便一提，想弄张护照倒也不难，只要有钱、有门道就行。

享受特权、受到庇护的例子还有许多，当然都是“领事裁判权”的神通。1930 年 1 月 1 日，国民党政府正式宣布废除“领事裁判权”，但根除横行多年的整个特权体制并非易事。实际上，“领事裁判权”在以后多年中仍是名亡实存。

20 世纪 20 年代的上海被称为“冒险家的乐园”。用不了多长时间，人们就会发现“冒险家”都是些什么人——侨民、鸦片商、走私犯、赌场老板、妓院鸨母及形形色色的骗子。逃过法律制裁的罪犯也常常从世界各地聚集于上海，想在“领事裁判权”的庇护下轻而易举地发财致富。

把上海称为“冒险家的乐园”，只不过描绘出这座城市的一个侧面。上海还是一座具有光荣革命传统的城市，在这里可以很好地了解中国革命。

在海参崴时，我们同情中国革命，从道义上支持中国革命，并为之振臂高呼。但是，对于中国人民，他们的命运，他们的革命，我们却知之甚少。

我们曾经听说过中国近代史上的一些重大事件。首先是1911年10月10日伟大的革命家孙中山领导的辛亥革命（在海参崴时，我们办过一期墙报，专门登出了孙中山和列宁的通信。还有一期墙报是纪念孙中山逝世）。其次是1919年的“五四”运动，这是一场由革命知识分子发起的反帝反封建的伟大政治文化运动。还有中国“亲日”“亲英”的大总统接二连三地粉墨登场，段祺瑞、曹锟、袁世凯之流在辛亥革命后纷纷争夺军政大权。再就是从1922年到1925年共产党领导的政治大罢工。当时我们还曾在“红角”举行过大会，抗议干涉中国内政，支持中国人民。

近年来的事态发展我就知道得不多了。现在到了上海，可以补上这一课了。最使我感兴趣的是北伐革命。北伐军于1926年7月从广东出发，目的是消灭军阀，统一中国。北伐军向西、向北挺进，一路上所向披靡。但是，1927年4月12日，蒋介石发动了反革命政变，北伐革命被淹没在血海之中。

四

1927年的春天是一个动荡的春天。

父亲和合伙经商的布劳克之间常起纠纷。父亲总说要散伙，另找真懂木材行当并有钱投资的人。母亲急于重操牙科本行，大哥盼着到美国学新闻，我很想再进学校。二哥虽然不如我心切，但也想能继续上学。最后，全家决定搬到市中心去，找个容易解决这些问题的地方住下。

我们终于在租界北部找到了一套房子。这是我们到上海后的第一次搬家。后来，我在上海住了二十一年，在公共租界和法租界东搬西迁，一共搬了十五次家。

我家住的房子在赫司克路上，这是从租界最北端的老靶子路上岔出来的一条小死胡同。租界东、北两面紧挨着中国城，闸北是中国城的一个主要地区，我们住的地方和闸北只隔了几道矮墙，离上海北站也只有不到一公里。上海几次打仗，战场都在北站。

那时我十二岁半，不懂汉语，英语还说不成句，因此与任何行业的中国人都无法结交。可我来自革命的海参崴，对周围发生的事情，似乎比大部分同龄的孩子更为敏感。

那是个不平静的春天，事端突起，危机四伏。

我和大哥常在城里散步，一般都是先进老靶子路，再转入四川北路，然后一直走到南京路。

一天，我们仍旧沿着这条路线到了南京路和浙江路口。这里有两家大商店：一家是先施公司，一家是永安公司。我们正走着，突然一串鞭炮在我们前面一百米左右的地方响了起来。行人都放慢了脚步，大家一齐向上望去。我也抬起了头，只见许多小纸片，有白色的，有彩色的，从大楼顶上纷纷扬扬地落下来。这是传单！不一会儿，传单就被千百双急切的手抓住了。人群中有人高呼："打倒英帝国主义！""打倒反动派！"这时我们身后响起了警察的哨子声。几名印度巡捕和中国警察朝这边跑过来，在人群中挤着向前冲。他们手里的警棍不断地落在人们头上、胳膊上。顿时，人群中一片骚动。大哥一手抓着半张传单，一手拉着我的袖子，拖着我挤出了混乱的人群。

与此同时，楼顶上、顶楼窗子上、阳台上、屋顶上出现了各种旗子，有红色的，也有蓝白两色的国民党旗。一路上，我们不时遇上讲演的人。他们站在台阶上，向一群群听众做讲演。很快，我们就分出讲演者有两种：一种是工人和学生，他们的讲演铿锵有力、热情激昂，吸引的听众也很多，他们的口号激起了人们的热烈反响；另一种好像是便衣特务，听他们讲演的人很少，他们呼口号时也是有气无力的，常常是不等他们讲完，听众已三三两两地走开了。后一种讲演者大都带着宣传画，画上是被砍去脑袋的妇女儿童、烧焦的房屋、遭到侮辱的姑娘。这些画当然是吸引听众的。但这些人装腔作势、鬼鬼祟祟，像是蹩脚的演员扮演了既不适当又不熟悉的角色。有一天，我亲眼看见愤怒的人群紧紧围住一个这样的家伙。要不是警察出面干涉，那家伙还不知会被揍成什么样子。他落荒而逃，长袍被撕了个大口子。那些画儿他当然也顾不上带走了。后来我了解到，在这些冒牌的讲演者中，确实有些便衣特务，他们是想造谣惑众，诋毁北伐。我偶然发现，中国警察虽然总是驱散集合起来的人群，但他们显然只是在敷衍公务。北伐军已经逼近，当警察的也不能不给自己留条后路。

北伐军逼近了，而且越来越近。据说北伐军已占领了浙江全省和安徽省的部分地区，正向上海迅速挺进。

形势确实已使各国列强惊恐不安，这是有目共睹的。汉口和九江的工人已经驱逐了英国人，收复了那里的英租界。上海的工人阶级在两次武装起义失败后，举行了第三次武装起义，并在 1927 年 3 月 22 日取得了胜利，占领了上海（中国地界），建立了临时市政府。

外国军队也开始大批涌入上海。我说不上这些兵属于哪个军团，能分辨出来的只有苏格兰长枪队和皇家警卫团。苏格兰长枪队穿着格子呢短裙，他们沿南京路开向营房，队伍最前面是风笛开路。皇家警卫团头戴高顶皮军帽，全副武装、队列整齐，对路两旁的人根本不屑一顾。据说仅英一国，就往上海派遣了两万军队。

相比之下，美国第四海军陆战队倒显得随便多了。有些当兵的嘴里嚼着口香糖，对街旁的孩子们吹口哨，不时地喊“OK”，这倒赢得了上海年轻人的好感。

日本的海军陆战队，个个打着白绑腿，扛着上了刺刀的步枪，冷酷无情，一本正经。

还有些西班牙、葡萄牙的部队。他们倒也有些自知之明，知道自己代表的是小国。

3 月 18 日，这天下着毛毛雨，我们看到上海外侨义勇队从我家附近的一条街上走过。上海外侨义勇队是好多年以前为了“防卫”而组织起来的队伍。这支队伍装备精良，指挥有方。成千个精壮的士兵排成整齐的队列，最前面的是指挥官，军衔大概是上校，他骑着一匹白色骏马。后面是各个连队，另外还有装甲车、火箭筒、轻骑兵。队伍最后面是新成立的俄罗斯连，这个连全部由白俄军官组成。雇佣白俄军官，除防卫外，还为了镇压罢工和对付其他可能危及帝国主义利益的事变。全队之中，俄罗斯连显得特别训练有素、精明强干。

总的来说，上海外侨义勇队给人留下的印象最深，但我不大明白，这样的炫耀到底是在向谁示威。

很快，上海就成了一个庞大的军营。

五

8 月中旬前后，公共服务行业的工人开始罢工。白天，四川路上的电车声突然消失了。平时这条路上电车叮叮当当响个不停，突然安静下来，倒叫人觉得很不习惯。到了晚上，电灯会突然转暗，半明半灭，忽闪忽闪的。街口那边的邮局职员也罢工了。公共汽车倒是照常跑，只不过有武装警察护送，因为罢工工人可能袭击汽车，小勇士们也不断向汽车扔石子儿，命中率实在令人钦佩。

3 月 21 日一大早，我们就惊奇地发现在公共租界和闸北之间加了铁丝网和沙袋，所有通向中国地界的路口都安装了带刺的大门，我们正在匆忙吃午饭的时候，有人重重地敲门。我开了门，门外站着一队巡逻兵，他们都是些外国人，有过去的职员、会计、经理等。队长是个矮个子，长了个红鼻头，留着大胡子。我一见到他，就觉得他是个不祥之兆。他大概认为我们懂英语，就用极不纯正的英语解释说，这一地区正被封锁，让我们尽快撤离。他神情紧张，弄得我们也惶惶不安。

父亲出去找房子，即便能找个地方暂时躲几天也好。当天下午，我们听到离家不远的地方响起了枪声。枪声持续了十五分钟到二十分钟，子弹似乎就在我们周围嗖嗖乱飞。

父亲 5 点钟后才回来，他挺满意，因为在四川北路一家美国人开的药店里找了一个亭子间，离租界边沿有三四百米。我们把非用不可和便于携带的东西捆起来，锁上大门，以防那些在周围溜来溜去的可疑人闯进来，然后就匆匆忙忙地离开了家。一出家门，我们就和那些逃往租界的难民混在一起了。

我们刚到那家美国药店，就听见身后响起了激烈的枪声，大家一下子冲到了窗口。上海北站附近出事了，我们从窗口看见了一股股的浓烟。大家推测一定是在用重炮轰击一个固定目标。过了一会儿，目标变了，转向西面。不一会儿，我们在黄昏中看见远处的房顶上升起了黑色的浓烟，浓烟中夹杂着红色的火苗。炮击持续了一个小时。

第二天，我们得知这次炮击是军阀张宗昌①部队里的俄国雇佣兵干的。他们驻扎在北站，用一辆装甲车轰击北站附近的一个酱园，因为他们怀疑这个酱园里驻有北伐军的一支小分队。炸平酱园后，装甲车又开始炮击商务印书馆大楼。商务印书馆是中国最大、最有影响的出版社。当时军阀兵怀疑商务印书馆大楼是北伐军先头部队的总部，就放火烧了这所大楼。

我们不敢走出房门，只从房顶上观察南边和北边发生的事情。南边一片冷清，店铺上了门板，公共汽车停在人行道中间，偶尔有一两个行人、一两支巡逻队。往北看去，情景就叫人难忘了。租界和中国地界的交界处，设了一个大门，由中国警察、印度巡捕和一队英国警官指挥的上海外侨义勇队联合把守，搜查要进租界避乱的上千名中国人。他们对中国人从头到脚搜个遍，无论男女老少，一概搜身。不知为了什么，有些人就被赶了回去。很多家庭被拆散了：允许父母走过大门，却强迫孩子回去；再不就是孩子进了门，父母却还隔在门外；许多夫妇也是人各一方。于是，哭声、喊声、号叫声响成一片。警察的大棍对人们毫不留情，警棍所到之处，又是一阵骂声。有好几次，门锁上了，一个人都不准过。这时，只见

---

① 张宗昌（1881—1932），字效坤，山东省掖县人。奉系军阀头目之一。——编者注

门那边的人成千成百向前挤，有的恳求，有的叫骂，还有的想爬过大门或铁丝网，却又被警察推回去，打下来。

门这边全是警察。不时地有一队外国巡逻兵走过门口。他们既不停下，也不插手。南边还常常开来警车（这里人们称警车为“强盗车”）。警车在我家门口停下，警察和上海外侨义勇队俄罗斯连的士兵从车上跳下，在车旁站定。他们带着手枪和警棍，对那些胆敢侵犯租界“完整”的人是一种无言的威胁。还有车顶上的机枪，更为“强盗车”增添了几分杀气。

有一天，我亲眼看见“强盗车”抓人。一群人不知怎么混过了在门口站岗的警察，他们沿着四川北路拼命奔跑，根本没注意到“强盗车”。突然，我家门外响起了枪声。我们忙趴到窗口去看，只见一个人正在血泊里挣扎蠕动，另一个躺在地上，已经断了气。一个英国军官手里拿着上膛的枪，慢慢地向地上的尸体走去。

几天之后，宣布租界区从晚上 10 点到早晨 4 点实行戒严，并命令所有的外国人随时准备战斗，以防北伐军进攻租界。

六

3 月 21 日，北伐军从龙华进入上海。龙华地处上海西南，它之所以闻名，一是因为据说已有千载之久的龙华塔；二是因为在这里成千上万的革命志士死于军阀孙传芳和蒋介石的屠刀之下。

北伐军轻而易举地击垮了英军一个分队和张宗昌部一个连的抵抗，当天拿下了上海北站。

北伐军乘胜追击，在闸北消灭了张宗昌部的残余。同时，上海总工会下令举行总罢工，大上海完全瘫痪了。

当天夜晚，四周一片漆黑，我们躺在铺着褥子的地板上，耳边充斥着没完没了的激战声，眼前闪着闸北燃烧的熊熊火光。大家都怕出事，谁也不敢沉睡。

后半夜，我打了个盹儿，睁开眼时，枪声好像稀疏了一些。我摇醒了二哥，示意他别弄出响声。我们俩没有惊动父母和大哥，悄悄地溜到大街上。

街上完全变了样：房子上挂满了旗，人们转来转去，臂上戴着红袖章，脸上呈现出掩盖不住的喜悦。街口也有些讲演的人，被激动的人群层层围着，许多人流着眼泪。不时地有几十人几百人的游行队伍走过，人们都给游行队伍让路。不过让人感到有点儿奇怪的是，在人群中竟也可以看见上海外侨义勇队的巡逻兵。他们全副武装，钢盔一直压到眉毛上，还有摩托车，车斗里坐着外国巡捕、英国兵或是日本兵，慢慢地穿过兴奋的人群里。我们从令人毛骨悚然的黑夜走到了大街上，感到一切都是那样明亮、欢快、生气勃勃。

3 月 22 日下午 6 点，战斗全部结束，北伐军胜利了。

七

形势看起来是稳定了，我们一家也安下心来，想找一所能长期住下去的房子。我们在一幢三层的公寓里租了一个大单元。这个大单元的入口和公寓的其他单元是分开的。房子在老靶子路上，离北站不远（我家老是在北站附近转来转去，真有点儿像是命中注定的）。房子的后窗下面是一条弄堂，通向闸北。路对面是一排二层的小楼，后窗也对着闸北。

这个大单元内有十来个房间，我们一家住不了，房租也很高，但我们觉得租三四间出去不难，也不愁找不到搭伙住宿的。那时家境不太好，多些收入迟早总会有用。

一天一天过去，倒也平安无事。大规模的战事好像已经结束，小乱子却还没有完全消失。特别是在晚上，常常会听见闸北方向有零星的枪炮声。不止一次，我们一大早就从后窗看见下面的小弄堂里横七竖八地躺着些尸体。到了下午，尸体就不见了。死者是什么人？怎么死的？谁把他们抬走的？这些都无从知道。

3 月 12 日凌晨 2 点钟左右，风云突变。闸北枪声骤起，战火迅速蔓延，许多地方都发生了战斗。我们跳下床，挤在墙角暗处，连灯也不敢开。

战斗断断续续，直到第二天中午才见缓和。整个早晨，我们都惶惶不安地观看街上发生的事情。老靶子路上空无行人，只是有时走过警察巡逻队、日本海军陆战队，另外还有工人纠察队。奇怪的是这些工人纠察队队员都佩戴白袖章。

我家对面的墙上贴了一张好像是布告的东西，一群人围着看。我们感觉到他们的沉默之中带着忧郁。几分钟后，一个中国警察挤进人群里，把布告撕走了。

到处都是戴镣铐的人。从远处看，这些人有的像工人，有的像学生。有些拖着镣铐的人从一条弄堂里走出来，接着就被推进一辆刚刚开来的“强盗车”，随后有人又往车里扔了些成捆的东西。

到 13 日，这些神秘可怕的事情结束了，一切又都平静下来。我不明白到底出了什么事。蒋介石发表声明，指责共产党“与北洋军阀合谋，破坏革命事业”，但这根本无法解释清楚事件的真相。蒋介石到上海之后，整天与外国官员，与中国大亨，与帮会首领黄金荣、杜月笙密谋策划。我听到这样的消息，也觉得事情实在费解。蒋介石竟和这些人商量怎样“保全上海，使之免于共祸”。消息使人产生疑惑，疑惑又无法消除，于是仍旧是疑惑……

八

住在上海并不愉快。革命已经结束，欢乐、希望也随着革命消失了。我虽未置身其中，但可以感觉到，形势变了。

在那些日子里，家里的气氛也叫人不大痛快。父亲想在英国资本家开的胶合板厂当经理，正在商谈条件，可进展并不顺利，父亲为此烦躁不安。为了我们不得不招来的那几个搭伙的人，母亲整天忙来忙去，自然也是很不情愿。大哥拼命用功，准备考美国加利福尼亚的一所大学。

一家人不常碰在一起，可只要一见，话题不外乎两个：一是怎样在上海谋生，二是有朝一日离开上海，又该到哪里寻找出路。要在上海生活下去，不会英语就寸步难行。为此，我们禁止在家里讲俄语。另外还想了些别的办法，但都不是那么切实可行。国籍、相貌甚至姓名，都是些麻烦事。我们是俄国人，这一点是怎么也无法掩饰的。

不知为什么，我们全家都觉得早晚要离开上海。可离开上海又该往何处去，对此一家人各有主张。大哥一心想去美国，这主意早就在他心里生了根。其余的人就一个地方一个地方地盘算，为了这个国家、那个国家的长处短处争执不休。美国、加拿大、澳大利亚、比利时、巴西、阿根廷，都在我们的考虑范围之内。若要说我今天的地理知识还算不错的话，那还要归功于当时的争执讨论，因为在那些争执讨论之中，我们在地图上踏遍了这些遥远的国度。

争执非常热烈，讨论令人激动，然而总都带着几分不愉快的色彩。

无数革命志士为之流血牺牲的大革命，曾经给人们带来了希望。可是，革命失败了。该完结的完结，该领赏的领赏，蒋介石自会处理。

帕特里克·吉范斯，爱尔兰人，公共租界巡捕房政治部主任，由蒋介石亲自授予采玉大勋章，这是当时荣誉最高的大勋章。另外，上海公共租界工部局还奖给他一大笔退休金，使他能在心爱的爱尔兰山林湖畔安度晚年。

斯特林·费赛登，美国律师，上海公共租界工部局主席，上海外侨义勇队指挥官，又捞到了上海公共租界工部局秘书长这一实权在握的肥缺。

杜月笙得到了三等采玉大勋章，还被任命为禁烟局局长，这对他垄断长江下游地区的鸦片生意大有帮助。

虞洽卿，上海的大买办，上海公共租界工部局华董，得到了独占西藏路的馈赠。西藏路是上海市中心的一条大街，因为成了虞洽卿的私有财产，也就改名为虞洽卿路了。

这些事实，我是在不同的时间，通过不同的人了解到的，但说明的是同一个问题。

我的童年结束了。在中国的哈尔滨，我是个俄籍犹太孩子；在苏维埃的海参崴，我是个俄国孩子。现在，时间未过一年，我却成熟多了。我就要去叩西方文明的大门。对于未来，我有点儿害怕，我预感到前面会有困难和障碍，但我相信，困难是可以克服的，障碍也是能够逾越的。

第四章　深切同情

一

1927年秋，我又开始上学了。先上西童中学，后来又转到工部局学校。

和海参崴的学校相比，上海这两所学校的一切都显得十分枯燥、可笑。学校是典型的英国公学，严格奉行英国的那一套教育制度，课程设置和传统习俗都与英国的学校一模一样。凡读过《汤姆·布朗的求学时代》[①] 一书的人，是不难想象这种学校的情形的。

学校里从校长到教员全是英国人。西童中学的教师清一色的剑桥出身，工部局学校的教师则全是来自牛津大学。西童中学校长举止温文尔雅，行动有点儿迟缓。他身高六英尺[②]，满头金发，名字叫罗斯（英文是玫瑰花的意思）。他长得的确不错，名字与容貌倒也相配。

---

① 《汤姆·布朗的求学时代》，英国作家托马斯·休斯的作品，此书于1857年首次出版。——编者注

② 英尺，英美制长度单位，1英尺约合0.3048米。——编者注

工部局学校的校长名字可不好听，叫霍尔。这名字在英语中和“妓女”一词发音相同，拼法也只差一个字母，一不小心就会写错。他很自负，身材像拿破仑，矮矮的个子，面带几分愁容，对人倒是挺和善。这位校长总是穿一件又长又大的学士服，戴一顶学士帽。

两所学校各有学生四百多人，大部分是英国孩子。他们的父母有警官警察，有公共事业公司的职员，也有银行会计和海关低级职员。大商号的高级职员一般是把孩子送回英国就读伊顿公学、哈罗公学、拉格比公学等上等学校。在我就读的两所学校中俄国孩子极少，他们大部分在法租界上学。学生中也有几个欧亚混血儿，多是父亲为英国人或葡萄牙人，母亲是中国人，但他们在学校中无足轻重。父母让我进这两所学校，是想让我学到地道的英语。我呢，也有自己的想法，我是个犹太人，在一面坡就受到其他俄国孩子的欺负，我可不愿在上海再到俄国人学校里受气。

渐渐地，我开始讨厌学校的老师们。最可气的是英国文学老师，此人随心所欲，对莎士比亚的戏剧肆意歪曲。只要一经他的解释和朗诵，《威尼斯商人》《麦克白》《汉姆雷特》《奥赛罗》这些名剧的优美和乐感就无影无踪了。他命令我们死背这些戏剧，到了考试之时，他就随口让我们从“这里”开始，一直背到他让停下为止。学生背书，他就打盹儿。所以我们从来不知道要背到哪里才能算完。他也很少知道我们背了些什么。后来我的英语水平提高了，可以自己欣赏莎士比亚的戏剧，于是，我又重读了在学校里念过的那些戏剧，还读了莎士比亚的其他一些戏剧，才发现莎剧真是美得惊人，语言生动，内容丰富，只有普希金的作品才能与之媲美。

我讨厌历史老师，这位先生把一门趣味横生的课程讲得枯燥无味，全然成了日期、人名、地名的罗列。我们学的是英国历史，也只学英国历史，从 1603 年詹姆斯一世即位到 1702 年威廉三世逝世，前后共九十九年。老师为了把课上活，便从他那无疑是十分渊博的知识里，造出点儿逸事，讲给我们听。这些逸事，有的根本无处可查，那大约就是现编现卖的了，诸如詹姆斯一世最喜爱的颜色（绿色），查理二世的宠臣白金汉的宠妾的小狗的名字，詹姆斯二世统治时期策划阴谋和商量反阴谋的城堡的名字、地点和建筑，等等。

我讨厌教《圣经》的老师。我原来也想多了解一下宗教，因为在海参崴时，常听人们说马克思把宗教称为“毒害人民的鸦片”。总的来说，这门课我学得不坏。可有一天，指导我们学《圣经》的那位令人肃然起敬的神父突然问我是谁创造了我。这可是个悬而未决的问题：到底该说是在家的爸爸妈妈呢，还是说天父呢？我决定实话实说，就含含糊糊地说是我爸爸妈妈。还没等我说完，神父就大发雷霆，肥胖的手打在我的脑袋上。过了一会儿，我把头埋在课桌里伤心地哭起来。好在课桌盖可以掀起，让我能把眼泪流在桌洞里。

对于法语和地理老师，我不仅讨厌，而且还有些瞧不起。两人都是酒鬼。据说一个是情场失意，借酒浇愁；另一个纯粹是贪杯。法语老师是在巴黎蒙马特区学的法语，熟知无数关于巴黎夜生活的下流故事。这些故事我虽不甚懂，却能听出不是正经货色。此人脾气暴躁，上课时一见谁不专心听讲，就甩戒尺、扔粉笔头，虽说他常喝得醉醺醺的，但打学生时却总是弹无虚发。

地理老师常常是喝得路都走不稳当，磕磕绊绊地进了教室才问：“啊，先生们，咱们上次讲到哪里了？”“先生们”也总是异口同声地回答：“季风，老师。”光是“季风”这个题目，整整一个学期也没讲完。

在学校的两年里，我有两篇作文写得很出色。一篇的题目是“水”，记得开头是这样的：“啊，水！一滴，哪怕只有一滴也好啊!”通篇详细描写了我在沙漠里被同伙抛弃以后的痛苦经历。我爬过一个又一个的沙丘，终于，我看到了一大片水，谁知到头来只是一个幻景。

另一篇作文算得上我当时的得意之作。内容是拿破仑的战争。全篇共写了二十多张纸，间有地图和图解。由于这篇作文的主要来源是托尔斯泰的《战争与和平》，所以我笔下的拿破仑当然不会是战果辉煌的英雄。

这两篇作文都得到了老师极高的评价。

二

回顾学校的生活，我有时不禁自问，在这两所学校里，我到底学到了东西没有。我想是学到了。

首先，我掌握了英语。

其次，我懂得了“光明正大”和“堂堂正正”意味着什么。

那时班里有个英国男孩，又高又壮，比我高出一头。他父亲是个警官。这家伙总爱欺负我。有一次他实在欺人太甚，我横下一条心，哪怕惹出天大的祸来，也要和他算算账。我闭上双眼，一拳打过去。这一拳倒使我吃了一惊，原来他已经四仰八叉地摔倒在地上，鼻子直流血。他号啕大哭；我十分自豪，像是英勇的印第安人第一次战胜了对手。

第二天，班主任把我叫去，根本不容我分辩，就说我是个欺负人的小霸王，说我没有绅士风度，说我不懂打架的规则，说我不是个堂堂正正的男子汉，说我的行为不光明正大。老师训完话，就给我和那个英国男孩一人一副拳击手套，让我们俩在校园里当着老师的面对打三分钟。这一次，双方都没有受伤，因为那位英国少爷根本不敢靠我太近；我也不愿再次把他打倒在地，让人家说我不懂规则。这件事倒叫我得出了一个重要的结论：你若不是英国人，就永远别想取胜。这是定局，在这件事发生的前后，有多少次了，情况都是如此。

最后，我初步学到了一点儿社会学知识，虽然我正式接触这门学科是许多年之后的事。

这两所学校都是英国人为英国人而办的，这一点显而易见。但弄清学生中的等级地位，却费了不少时间。学生之中，最高一级的是英国孩子，苏格兰和澳大利亚的孩子次之，再低一级的是美国孩子、法国孩子和德国孩子。欧亚混血孩子又低一等，其中又分两级：父亲是英国人的比父亲是葡萄牙人的地位又稍高点儿。最底层的是俄国孩子，而他们要比俄籍犹太孩子的地位略高些。我和其他同样出身的孩子在学校里处于底层之底。

这些差别是摸不着的东西，似乎只从人们的态度上表现出来，一个面部表情，一个手势，一两句蔑视的话……或是对你丝毫不予理睬，好像你根本不存在一样。但这些摸不着的东西，却时时事事都能让人感觉到。等级地位在孩子们如此幼小的心灵里，竟是如此的根深蒂固，确实令人不可思议。

我没有正式毕业。就在毕业的前几天，我觉得这个学总算快熬完了，一高兴竟在早点名哨子响后忘了立正站好。于是，我被推推搡搡地拥进学生法庭。审判的过程我已忘得差不多了，只记得当时感到十分恐惧。判决我也没忘：藤杖挞之，由校长负责执行。第二天早上，我敲响了校长办公室的门。他直挺挺地站在壁炉旁，望着炉中的火苗，两只手倒背在身后。我无心细看校长，眼睛只盯着墙上挂着的那些粗粗细细、长长短短的藤杖。他听见我进来，就慢慢地转过身，对着我说：“来了？”我忍受不了这种歧视，第一次在冲动之下做出了决定——豁出去反抗生活中的不公。我转过身，走出了办公室。我没有后悔。后来，在一生之中，我多次在冲动之下做出决定，多次反抗命运的不公，也从未后悔过。

我没有拿到毕业文凭，但是我并没有为此感到不安。

既然已决定在上海谋生，我家的政治和法律地位成了个大问题。在上海的俄国人一般被称为“白俄”，《韦氏大词典》对“白俄”的解释是“在俄国内战中与布尔什维克（红军）作战的俄国人或同情这些人的俄国人”。我们当然不能算在“白俄”之列，因为内战时我们在哈尔滨，没在俄国。在哈尔滨，我们也没有参与任何政治活动。1926 年我们离开海参崴是合法的，并不是出于什么政治原因。

要是形势稳定，我想我家当时是会到上海的苏联领事馆登记的。可形势总不稳定。1927 年 11 月 7 日，俄国十月革命胜利十周年，当天一大群白俄暴徒袭击了上海的苏联领事馆，并扬言要杀死领事馆官员。到了第二天，一名白俄被杀，一名受伤，公共租界的警察也姗姗到达现场，装模作样地要保护领事馆财产和人员，这样白俄暴徒才撤走。

从那时起，我们一直持“中立”的态度，既避免加入白俄组织、参与其活动，也不去和苏联领事馆发生联系。

现在回想起来，虽然我们在上海住了多年，家里似乎没有一个人提起过这件事。不管我们的地位如何，这种地位对我们倒也挺合适。从来也没有人就此问题多管闲事或提出异议。直到 1966 年，过分“热情”的红卫兵才提起这件事。他们写了张大字报，说我是白俄，谴责我在十月革命时（那年我刚满三岁）残杀过共产党人。

三

1929 年，家中起了变化。父亲终于当上了英国人办的胶合板厂的经理。为了离工厂近点儿，我家搬到公共租界东部的杨树浦区。母亲重新开始当牙科医生，工作也很顺利。大哥实现了夙愿，进了美国加州的波姆那学院。二哥原来和我在一个班读书，这年他辍学了。他觉得功课太紧，无法应付，就找了个工作，帮助父亲推销分配胶合板，从中领取佣金。很快，二哥就得意扬扬地开上了自己的小奥斯汀轿车，那年头这种车在上海很盛行。我 4 月份上完高中，虽没拿到文凭，但门门功课成绩都很好。

我还不到十五岁，上大学不够年龄，可我也没有浪费时间，我尽量把这以后两年半的时间安排得满满的。

我开始学打字和速记，两样都学得很好。我参加了外国人的基督教青年会，这样我就能利用一个藏书很多的图书馆，还能出入橡皮球场和餐厅。在餐厅里，我吃到了圣代（一种带碎水果或果汁的冰激凌）和三层的三明治。这些东西对年轻人来说，可是既叫人高兴，又合乎口味。我参加了几个体育协会，专心致志地学曲棍球、网球、羽毛球、板球、乒乓球、橄榄球。虽然我只玩过一次橄榄球，对这种球的印象却特别深。记得那次玩橄榄球，我在扭夺之中抢到了球后，就拼命地跑起来，场地让雨水浸透，滑得很。突然，十几个对方运动员（也许只有三四个，不过当时我觉得足有十几个）跳到我身上，用力把我的脸往泥里摁，使我的脑袋动弹不得。我要是及时把球扔掉，处境也许会好些，但这些人显然也不仅仅是想抢球。这件事告诉我，不论是玩橄榄球，还是干别的，知道何时撒手、如何撒手，与知道何时插手、如何插手一样，也需要智慧。

大约也就是在这个时期，我开始接触了一点儿基督教，领略了一点儿恋爱情趣。

有个英国女人是母亲的朋友，她建议我参加一个戒酒团体，记得名字就叫戒酒会。这是个宗教组织，但她知道我家虽是犹太人，却并不死守犹太教规。于是，她毫不犹豫地把这件事告诉了我，并说参加戒酒会的活动能帮助我提高英语水平。我欣然同意。对我的全部要求就是保证不喝酒、不吸烟，这对一个十四五岁的孩子来说，并不是件难事。

我每星期参加戒酒会的聚会，一切都新鲜好玩儿。五六十个男孩女孩在一起唱赞美诗，举行其他十分神秘的仪式。每次开完会，还有一顿丰盛的英式茶点，这样的好事人人爱。

参加戒酒会后，我陷入了情网。有一次，正常仪式刚完，茶点还未开始，一个姑娘走过来向我伸出手说："我叫海泽尔。你能参加我们的活动，这真叫我高兴。"我瞠目结舌，握住她的手，望着她的脸，可姑娘好像在云里雾中，我什么也没看清。

我没有姐妹，上学的学校里也没有女孩儿，所以我和女孩子之间好像相距十万八千里。在我眼里，她们既漂亮又可怕……她们既能笑又能说，说笑声如仙乐一般优美动听。

现在遇到了海泽尔。她也许很美，但我看不清。她就像我眼前的幻影，闪闪发光。

反正我当时惊呆了。从那之后，整整五十四天（这些"海泽尔的日子"，我可是一天一天地数），我都默默忍受着恋爱的痛苦。除了每周的聚会外，我从没看见过她，我们两人之间什么交往也没有。但在我的心目中，海泽尔就是那个"她"。她使整个世界都呈现出玫瑰色，她闯进我的梦境，她时时处处伴随着我。可海泽尔呢，她有时对我微笑，有时对我冷淡；有时和我攀谈，有时又好像不屑一顾；有时跟我讲话，有时又忙着和别的男孩子交谈。这可真叫我一会儿幸福无比，一会儿备受折磨。

初恋很快即告结束。起初我还感到痛苦，后来反而觉得快慰了。有一个星期天，她回绝了我的第一次邀请，但我在电影院休息厅里碰见她和另一个男孩子在一起。没心肝的东西！

第二天正是戒酒会聚会的时间。这次我注意到她竟长了一口龅牙。我当时的感觉定然和安东尼发现克莉奥佩特拉①的鼻子太长时的感觉差不多。

于是，我的爱情之火熄灭了，戒酒会也显得索然无味。我倒不是想开始吸烟、喝酒，只是不再去参加戒酒会的活动了。

1931 年 9 月，我进了法国教会学校震旦大学。父母总想让我上大学，他们盼着孩子们能比自己有出息。对犹太父母来说，有出息自然意味着受高等教育。我本想学文，但没有这种可能，因为大哥是学新闻的，一家总不能兄弟两个学一样的本事。谁知世道会怎么变，还是几个孩子分别学几样东西保险，于是决定让我学土木工程。这真叫我伤心，对土木工程，我一无基础，二无兴趣，也没有什么天分。

我先单独跟一个法国女人学了几个月法语，这就使我能够进入预科。预科结业时，我参加了一次笔试。依照现在的标准，这次考试确实有点儿出奇。我只学了几个月的法语，考试内容却是作文一篇，题目是“我最喜欢的一本小说”。我恰好刚读过英文版的《基度山伯爵》，就以这本书写完作文交了卷，结果是大获全胜。

---

① 安东尼、克莉奥佩特拉，莎士比亚《安东尼与克莉奥佩特拉》一剧中的男女主人公。——译者注

还不到一学期，我就发现自己确实不是学土木工程的材料。我简直不明白，为什么要浪费成年成月的时间，证明“1 + 1 = 2”这样连小孩子都能脱口而出的问题。很快我就对那些法语数学书、数学上用的法语完全丧失了信心。终于有一天，我觉得课上得枯燥无味，叫人难以忍受，照俄国人的话说“连苍蝇都烦死”。于是我便自寻乐趣，偷偷画了一张漫画，画的是那位满脸大胡子的神父。画完之后我便得意扬扬地递给身边的同学看。谁知偏偏让这位令人尊敬的神父发现了，就罚我坐到板凳一头，以免打扰别人。这件事使我拿定了主意。回家后，我就对父母宣布我决心退学。因为我不能出国（当时大哥在美国的学费和生活费，对我家来说已是很大的经济负担了），不妨先找个工作干。

那年我十七岁。退学是我第二次在冲动之下做出的重要决定，像第一次一样，我从未后悔。

几天之后，我报到上班，给建筑工程师汉斯当速记员。他考了我一番，觉得挺满意。可是我又过了两个月才开始工作，这是因为我的雇主在第一次世界大战时是挪威工兵团的军官，现在受上海公共租界工部局的委托，负责建筑工事，以保卫公共租界，防备日军进攻。汉斯把办公室的钥匙交给我，让我常去看看，收收信件，应应急事。一连几个星期，我既没见到他，也没听到他的一点儿消息。

四

过去，我的消息主要来源于大哥。现在他走了，我只好靠自己。但这无大妨碍，和当年比起来，我年龄大了，懂的事也多了。另外，我还熟练地掌握了英文，可以从英文报纸上得到些消息。

脑子里琐事记得不少，这倒使我记不大清1931年“九一八”事变以及后来的情景了。再说那时我正为上大学拼命奋斗，特别是法语，比我想象的更难啃，这样一来，我实在无心顾及其他了。我只记得报童在9月18日早上扯着嗓子喊：“号外！号外！”“请看中国人轰炸南满铁路……”

我还记得一些英文报纸上登出了照片，照片上是被炸之后翻倒在轨外的车厢和被炸死的日本兵。

我还模模糊糊地记得，后来有人告诉我事情真相，说火车上的炸弹是日本人自己安置的。日本人一手策划了这一事件，为的是制造借口，建立伪满洲国，让溥仪做皇帝。

最后一件还能记着的事，就是国际联盟派英国外交官李顿勋爵率领调查团，到达中国对事件进行现场调查。这件事轰动一时，报纸上每天都有报道，宴会、聚餐、茶会、鸡尾酒会、舞会，一个接一个。所有这些，都是在李顿及调查团去满洲里调查之际对他们的款待。

然而有一天，我在南京路却看见一群人挤在一个商店橱窗前面。我挤进去，看到了一张很大的宣传画。在艺术家的笔下，一只老虎正在吞食一幅中国版图，口中还滴着血。一眼就可以看出，老虎是日本种。这只老虎已经吞下了中国的东北，正准备把血口伸向长城以南。人群中有人突然大笑起来，但笑声立刻就在阴郁的沉寂中消失了。一个年轻姑娘，看样子是个学生，她在哭泣，在痛苦地呜咽。我看着她的面孔，那里有哀怨痛苦，有深仇大恨，有坚定的决心，但没有失望，没有屈服，没有惧怕。直到今天，只要一听到《九一八》这首歌曲那激动人心的旋律，姑娘那张美丽无畏的面孔就跃然眼前。

我转而观察起巡逻队来。这是些不带武器的工人和学生。他们五六个人一起走进商店，检查出售的商品，仔细查看商标。我一下子就明白了，他们是在查日货。当时上海正在抵制日货。奇怪的是，除了有一次，我从未见他们查到日货。他们总是笑眯眯地走出商店，和老板握握手，显然对检查结果感到满意。有一次，我看见他们发现了捣乱的。一个店老板卖日货，屡教不改。大捆大捆的日货被从他店里拖到大街上，点上了火。老板站在一边，望着欢快的火苗，既不敢求情，也不敢顶撞。那家商店的橱窗上贴了一张告示，可能是讲明这个店老板的所作所为，告诫人们不要步其后尘。

还有一次，我看到学生们在街上募捐。过路的行人往小箱里投进一张纸币或几个铜板，那种情形是很动人的。捐钱的不仅仅是衣着讲究的人，也不仅仅是成年人，干苦力的、要饭的、中小学生也都要捐上几个钱。我看到有个人力车夫在人行道旁停下，放下车把，在腰里摸索了一会儿，然后掏出几个铜板，投在箱里。几个上学的小姑娘也一起走上前投进了一个铜板。还有个外国人，看样子是个美国人，他在人行道上站下，看着人们捐款，然后慢悠悠地掏出一个鼓鼓囊囊的钱包，从中抽出一张钞票，递给管箱子的女学生。他神色严肃地看着那位女学生把钱塞进箱里，说了声大概是谢谢之类的话，就走开了。我追上去，用英语问他这是怎么回事，他说人们募捐支援马占山。他见我不知道这个人名，就解释说马占山是一名英勇的中国将领，正在东北抗日。

我不止一次见到过小规模的游行，一二百名工人和学生，一面游行，一面喊口号。我最常听到的是口号的头几个字“收复失地……”，后面的字就淹没在此起彼伏的口号声中，听不清楚了。

有时，整个上海都呈现瘫痪状态，公共设施一下子全停了，大商号小店铺全部关门上板；街上满是学生和工人，还有没背书包的小学生。人们的行动完全一致，好像是有人指挥一样。

我家住在杨树浦，离闸北很远，所以不知道日本人这段时间在干什么。但大家都相信很快就要打仗了。上海的抵制日货运动使日本人大受损失。再说日本人厚颜无耻地占领了中国的东三省，他们自然也需要转移一下世界舆论的关注。对国际联盟委派李顿调查团就“满洲国”和中国局势进行“现场”调查一事，上海居民认为这样做并不会有什么用处。整个气氛使人们感到：战争已迫在眉睫。

五

1932 年 1 月 18 日，战争的序幕拉开了。事情发生在杨树浦地区华德路的一条小街上。工人纠察队发现在一家中国工厂门前有五个鬼鬼祟祟的和尚，这很令人奇怪，因为附近并没有寺庙，这个地区从来很少有和尚走动。纠察队队员问和尚到什么地方去，在这里找什么。一个和尚上前答话，彬彬有礼。纠察队正要放他们走，忽然有一个工人注意到和尚的袈裟下，竟露出了西装裤子。于是工人们让这些“和尚”脱下鞋子，见袜子前两个脚趾是分叉的，这是日本人的特征。这下子真相大白了：这些人不是和尚，也不是中国人。接着双方就是一场混战，三个“和尚”遭到了痛打，其中一个送进医院后死了，另外两个逃进附近的一家日本工厂。

出事地点离我住的地方不远，可巧那天我没在家，没能亲眼看到事情的经过。第二天，有个邻居的孩子告诉我华德路上又出事了。他约我去看“热闹”。华德路就在华德监狱附近，据说华德监狱是世界上最大的监狱。我们走在华德路上，老远就看见一家工厂的厂房里冒出烟来，厂门口闹哄哄地围满了人。走近一看，门口那群人全是日本人，他们手持刀子、铁棍、木棒，像是正在阻拦厂房里的工人，不让工人们走出工厂的院子。这是家中国人办的毛巾厂。不时有人从厂里爬到墙头上。日本人一见有人爬墙，立刻跑过去，把爬墙的人打回去。除了门口这四五十个日本人外，稍远的地方还停着三辆日本装甲车，车上挂着太阳旗，还架着机枪，机枪正对着厂门。火势渐渐小了，大概是工人正在灭火。这时远处来了一队中国警察，眼看就要出乱子了。我们俩决定赶快离开，免得发生不测。我们一面跑，一面还不时地回头看看。跑出一里多路时，后面传来了枪声，我们也没停下来看到底是谁向谁开的枪。

1 月 20 日，当地的英文报纸都用头版位置报道了两天来发生的事情。报道的细节虽有出入，但一致认为“和尚事件”和“毛巾厂事件”肯定有联系。据各家报纸报道，双方各有伤亡。有一两个目光敏锐的记者预言，更加严重的事件会相继而来。这一预言果真成为事实。

当天下午，一千多名日本侨民在日侨总会集会，声称中国方面进行挑衅，并提出抗议。日侨中的年轻人，就是那些好斗的“日本青年兄弟会”成员，在会上做了煽动性的发言，要求派遣日本军队进驻上海，保护日本侨民的生命和财产，这样就为集会定了调子。集会之后，日本人游行示威，到了日本领事馆，向总领事递交了请愿书。看来总领事的回答并没有使他们满意，于是他们折回来转向位于虹口公园旁的日本海军陆战队司令部。

这一切我都未能亲眼看到。后来游行队伍离开日本领事馆转入武昌路，走向四川北路时，我看见了他们。我站在电车的后平台上，游行队伍正好跟在电车后面。这时的游行队伍已成为一群发狂的暴徒，他们故意惹是生非，恣意妄为。不时有人从队伍里冲出来，大肆破坏，他们扔石头、打玻璃、砸路灯，还想掀翻汽车。那些来不及躲避的中国行人也遭到了毒打。等这群示威者转过路口，我就看不见他们了。这就是日本浪人在市区的第一次露面，他们是日本的预备役军人，是上海二万六千名日本侨民中最爱惹是生非的人。1937 年开战前夕，他们又来了一次表演，挥舞起垒球棒和木棍，甚至还动用了长枪。

六

据报纸报道，十九路军所属各部已从南京、常州、苏州、昆山等地调入上海。但我从来没有看到过十九路军的人。日本军队的调动却是显而易见。黄浦江里的日本军舰日益增多，“小东京”（人们对虹口区的别称，因为虹口是日本侨民最多的地区）的日本海军陆战队士兵也越来越多。有一次，我还看见一队日本兵牵着警犬巡逻。

传言纷纷，有关于战备的，也有关于日本浪人的暴行的。例如，一个男孩被他们用刺刀挑死，五个女学生被强奸，一家老小被枪杀在血泊里，居民区惨遭火焚，等等。后来报纸上登出照片，证实了这些传言。

记得在 1 月 27 日，我步行到学校去，途经狄思威路，这条路从我家住的地方通到四川北路最北端。在狄思威路上，我看到有些日本人正匆匆忙忙地把家里的东西搬出来装到大车上。他们正准备临时撤退。我看见有这么一家日本人：一对中年夫妇，一个老太太，还有两个孩子。妻子不顾一切地大哭，眼泪从抹着厚粉的面颊上流下来，她丝毫不掩饰自己的伤心。丈夫也在极力控制自己的感情。中国已成了他们的家，硬让他们离开这里，真像揪他们的心。这样的情景叫人看了难受。我看了一会儿，当时还不甚理解。现在完全明白了：要发动战争的是日本军国主义分子，而不是日本人民。

我走到狄思威路头，向南转入四川北路。这时街上挤满了中国难民。一家几口，大车小车，娃娃车、自行车，只要是带轮子的全都用上了。车上满载着家具杂物，最上面还常常坐着个哭哭嚷嚷的孩子。我从来没见过这种情景，也从来没想到过这种情景。这是名副其实的逃难，逃向苏州河上那一座座通向避难之地的桥，逃向苏州河南岸。难民们人挤人，根本分不出谁是谁。猛然间，人流中会冒出一张脸来，脸上的表情是焦虑、迷惑、害怕，是逆来顺受。眨眼间，这张面孔消失在无数张面孔之中。

我跟着人群走了一会儿，就挤出来转身向西走去。到了河南路上，我又看见了同样的逃难场面。

整整一天一夜，逃难的人流不断。千家万户都在逃，即使摩西再世，也阻挡不住这些逃命的难民。

1 月 28 日，抗议、反抗议接踵而来，要求、道歉接连不断。日本方面傲慢无礼，寸步不让；中国当局屈膝折腰，一退再退。即使这样，外交活动对日本来说也只不过是一块遮羞布而已，他们侵略上海的决心早已下定了。

七

1932 年 1 月 28 日，激动人心的“一・二八”抗战打响了。战事一直延续到 3 月初。

1 月 28 日一大早，日本海军上将野村发表公告，宣布如果中国军队不立即撤出，日军就要占领闸北。这一公告的措辞全然像一份最后通牒。直到中午，公告才交与上海市市长吴铁城。吴铁城遵照蒋介石的命令，立即接受了日方的要求。但是，日军的侵略从前一天晚上就已经开始了。

一天之内，成千上万的日本士兵从四面八方向闸北发起进攻，二十多艘军舰和二百来架轰炸机协同作战，后续部队也源源而至。抵抗日本人的中国部队只有一支——蔡廷锴军长指挥的十九路军。由于蒋介石不予支持，十九路军的武器装备都很差。

日本人原以为攻占上海轻而易举。日本海军上将曾吹嘘说："拿下上海不需一枪一弹，只需三个小时。"

但日本军方失算了。他们用了整整一个月才迫使十九路军撤离闸北。闸北一区，房屋建筑有百分之八十五被摧毁，伤亡的百姓多达万余。日本军队就是用瓦砾和鲜血铺平了占领上海的道路。

后来，蔡廷锴军长说"一·二八"抗战是"军民齐心协力抵抗日寇的胜利"。从"一·二八"抗战的第一天开始，十九路军就在道义、物质、财政等各方面得到了全上海、全中国人民的慷慨支持。当时，人们提出的口号是"需要什么，我们就支援什么"。

布景已经摆妥，序曲已经完毕，帷幕已经拉开，虽说舞台离我们太远，无法仔细观察人物的表演，但要完全置身已经开演的戏剧之外，却是不可能的。

夜间，大火映红了北边半个天。上海北站和商务印书馆大楼还没有完全修复，1927 年战争的残痕，就又陷入了火海之中。藏有亚洲作家珍贵书籍的著名图书馆——东方图书馆，也烧了起来。四处的大火很快连成一道无法攻破的火壁烟墙，绵延一公里。有时顺风，我们还能听到大火噼啪燃烧和墙倒屋塌的声音。

我们住的地方不是居民区，从我家到办公室的路上，有一大段一边是仓房，另一边是码头。但往北一拐，到了华德路和其他几条与华德路平行的路上，那就是密集的工人住宅区了。抗日救国会就在这一带活动。这个组织是由十几个抗日团体合并而成的，从"九一八"事变以来，做了许多出色的工作。同时，租界当局也在这里聚集了不少士兵，驻扎在华德路监狱。他们时刻处于警戒状态，以防中国方面采取可能招致日军进攻租界的行动。因为一旦战火烧到租界区，外国利益自然就会受到威胁。

有时我在这一地区看见学生募捐支持十九路军。学生中大部分是姑娘，在这里他们收到了不少捐款。我发现在任何支持抗击侵略的运动中，工人都是最积极、最热情的。有时还会看到游行的队伍，人们一面呼口号，一面撒传单。墙上也常常出现宣传标语。再就是街口常有一两个穿长棉袍的学生讲演，几十个人四面围着听。

在这种情况下，中国警察就出现了，他们一面跑，一面拼命吹哨子。有时外国巡捕开着摩托车来驱散人群，说不定还会抓走他们认为是煽动分子的人。但我不止一次看到，警察刚一离开，游行队伍就又重新集合起来，讲演的人继续进行热烈激昂的讲演，传单又送到了一只只迫不及待的手中。警察巡捕为镇压抗日活动跑断了腿，但抗日救国会从未停止过其卓有成效的工作。

有一天，我看见一群人砸粮店抢大米。由于战争，乡下对上海的粮食供给实际上已经中断。投机商人趁粮食短缺之机，大抬粮价。从闸北来的难民，在枪炮之下匆匆逃命，哪里还顾得上带粮食，被这些投机商人害得最苦的就是他们。

男男女女，提篮子，扛袋子，因得到几斤大米而满心欢喜。有个老人扛着一袋米，被压得步履蹒跚。他在门槛上绊了一跤，米洒了一地。一个年轻妇女把他扶起来，用手捧起洒在地上的大米，重新给老人装在袋子里。

孩子们在大人脚下转来转去，拢起散落在地上的米，装起来带走。

店员们有的说着好话，有的骂骂咧咧，有的和抢米的人你争我夺，抢米袋、米筐。可在这场保护老板财产的混战中，店员们收获甚小，我总觉得他们并不是真心卖力。

我每星期到地处外滩的办公室去两次，处理一下要紧的函件。街上的行人寥寥无几，就是有几个，因为害怕中流弹，也都贴着墙走。商铺、事务所、银行也常常是窗关门闭。

2 月中旬的一天早晨，我在办公室分拣信件，忽听一声巨响，接着大地一阵颤动。过了一会儿，又来了一次。在上海人们对地震不习惯，虽说 1927 年有过一次，感觉却和这次的不一样。我一时弄不清是怎么回事，三步并作两步冲出办公室，跳下楼梯，跑到大街上。江边已站了几百人，眼睛都盯着停泊在江心的两艘日本驱逐舰。日舰停泊的地方正对着南京路口。军舰甲板上挤满了水手，军舰周围，小汽艇四下乱窜；平时除了风暴来临以外，江面上很少有风浪，可现在巨浪涌起，冲打着军舰的两侧。从看热闹的人们的交谈中，我听到好像是在两艘驱逐舰附近，有两颗深水炸弹相继爆炸。也算日本人万幸，爆炸没有造成损伤。

对日本人来说，征服上海并不是一件容易的事。

八

日子一天天过去，有时安宁平静，有时鏖兵激战。日本人派遣了更多更大的军舰，调来了新的指挥官员，日本浪人和日本士兵的行为更加残暴。然而，这一切似乎都不能动摇十九路军和爱国市民的抗日决心。中国的士兵和工人在那些日子里表现出抗击侵略者的意志和能力。但形势越来越明朗：日本人必须打胜，必须尽快打胜，多耽误一天，就是丢了武士道的脸。

3月2日，日本派遣大量军队在上海北面的战略要地浏河登陆，企图从侧翼和背后进攻守城部队。十九路军若不立即撤退，就有被围歼的危险。当天晚上，十九路军撤到了新的阵地，准备与日本侵略军继续作战。到这一天为止，他们整整坚持了三十三天——可歌可泣的三十三天。

“一·二八”抗战结束了。

5月5日，国民党和日本方面在吴淞签署一项协定，规定中日双方均撤出上海地区。中国人不得不从自己的领土上撤走，日本人却在公共租界保留并加强了警备部队。《淞沪停战协定》激起了上海人民和全中国人民的愤慨。抗日救国会呼吁各行各业的人民群众奋起抗议这一卖国行为。可这是后话了。

九

从1927年夏到“一·二八”抗战结束，五年的时间过去了。这五年在我的心里播下了种子，使我对人有了成熟的看法。当然，我所指的不是一个一个的人，而是整个社会，整个民族。

在海参崴时，我的朋友莫洛佐夫曾告诉过我许多日本侵略者的所作所为。莫洛佐夫也曾不止一次说过他对日本侵略者“恨之入骨”。这是理所当然的，因为他曾亲眼看见日本人1920年4月4日至5日的暴行，并差点儿因此丧生。当时在沿海各省，日本人突然背信弃义，对苏维埃和工会组织发动袭击，逮捕并杀害了数以百计的共产党员和积极分子。莫洛佐夫最钦佩的人、老布尔什维克卢茨基就是那时被活活投进火车炉里烧死的。对莫洛佐夫来说，日本军国主义就意味着背信弃义、奸诈无耻和惨无人道。

1932年，我在上海亲眼看见的一系列事件，有力地证明了莫洛佐夫的话。渐渐地，我对日本帝国主义产生了仇恨和恐惧。

我不喜欢英国人，对他们有些蔑视，这还是从我对中学的老师和同学的印象中产生的，也是由于英国人的势利眼叫人难以忍受。他们自鸣得意，确信只有他们才是万物之精华，不论干什么，也只有他们的方式才是十全十美、合情合理的。

对英国人——确切点儿应该说是对在上海的英国人、殖民者、上等人及其公子小姐——我的这种印象一直没有改变。在以后许多年中，由于和他们打过交道，这种印象反而更加强烈了。

说到我对中国人民的态度，那是既明确又模糊。在海参崴，甚至在哈尔滨，我汉语不行，没有机会和中国人交谈。除了从有关中国革命的讲演和谈话中，从报刊报道、“红角”的展览上得到一星半点儿中国的情况之外，我就什么也不知道了。我敬佩中国人民，他们同军阀张作霖、吴佩孚、张宗昌、孙传芳之流进行了英勇的斗争；同这些军阀的后台老板英、日、美帝国主义进行了英勇的斗争；同各式各样的反动派进行了英勇的斗争。我同情中国人民，因为他们灾难深重，因为他们含冤忍辱，因为他们受尽折磨欺凌。从1927年到1932年，特别是1932年，一连串的事件更加深了我的这些情感。然而，尽管我已不再认为自己是一个俄国人，但我也没有感觉到自己接近了中国人民。我对中国人民更加敬佩、更加同情，这都是事实；但我的敬佩、我的同情是对着哪些人呢，这又是既不明确也不具体的。

随着时间的流逝，在经过长期复杂、痛苦的磨难和思考之后，我的态度和感情发生了根本的变化。

第五章　市容照旧

一

我读别人的传记（或自传）时，总喜欢作者能告诉我主人公在不同生活时期的外貌、性格、爱好、憎恶。想必这类描述也会吸引本书的读者，因此我打算谈谈自己十七八岁时的生活经历。那时，我就要结束学校生活，准备自己谋生。

人家说，我那时是个既漂亮又聪明的小伙子，有点儿怕羞，容易冲动，不爱热闹，但脾气挺好；我长着扁鼻梁（这是因为在海参崴时有次手术没做好）、大眼睛、长睫毛、双眼皮，头发向一边分着，弯弯曲曲，又黑又密。

说到爱憎，我讨厌虚伪、庸俗、一切形式的不公正、各种各样的残酷无情；而瞎扯闲聊和下流玩笑就更叫我深恶痛绝。我喜欢的东西，或者说是嗜好、爱好，除了读书、音乐、体育之外，就是工作。我热爱工作，坚信值得做的事情就必须做好。这个特性想必是从父亲那里继承来的。

总而言之，我是个不错的小伙子。

二

虽然我不是英国人，但一开始工作，就干得相当出色。

我的第一个老板是个挪威工程师，他已开始秃顶，但腰板笔直，像个军人，小胡子修剪得整齐得体，颇有点儿老派的绅士风度。他办事认真，有条不紊，设计仓库、码头、工厂建筑都十分在行。在修建上海码头和长江许多港口的工程中赚了大钱。

我的工作并不繁重，主要是速记，偶尔打几封信件。信件一般都是简短扼要，诸如谨告知某先生，现特寄上某某建筑设计草图和详图，并请对方方便时回告收到。

刚开始工作时，我的工资比华籍绘图员多两倍，但比外籍雇员低。每过一年，给我加薪五元。我对低薪无甚抱怨，对增加的寥寥几文钱也不去计较。老板谈起我的这点儿工资时常说："小伙子，这是给你的零花钱。"我也就只当它零花钱算了。

但是到了 1934 年秋天，我意识到自己干的差事确实毫无前途。

我正想换个工作时，《字林西报》登出一条广告："招聘：速记员一名。工作地点：南京。愿应聘者请向……自报条件。"我去信应聘，答复来得比我想象的要快。几天之后，我就收到洛克菲勒基金会的信，让我到基金会办事处参加考试。我前去应试，主持考试的女人在考试期间竟有一会儿离开了屋子，把原信留在桌子上。这真是天赐良机，我赶快偷偷看了原信，把我速记时遗漏的字全补上了。这样一来，录用当然是毫无疑问的了。

"金诗伯先生，你想要多少薪水？"

我说了个数，几乎是我原来工资的两倍。当时我觉得自己真可谓极尽敲诈之能事。

“金诗伯先生，你说的数目可以。你打算什么时候开始工作?”

1934 年 9 月 1 日我开始工作，给在国民党卫生部公共卫生司工作的一个美国专家当秘书。我不知道他到底是干什么的，也不知道他整天待在哪里。他谈笑风生，活泼愉快，这种美国人我后来遇到了不少。和那些自以为是的英国佬相比，我倒是挺喜欢这些美国人。可干了两个多月，我便递交了辞职信，因为我实在无法忍受一个人在这陌生的城市中的孤独生活。对于我的辞职，这位美国专家倒没有不高兴，而是大吃一惊：“小伙子，我原先觉得你喜欢这份工作，已打算离华时带你一起到美国去。要是你嫌薪水低，那没关系，只管说个数目好了。怎么样?”我没有动心，我在上海的报纸上登过求职广告，现在口袋里已装着三份答复，提供的工作令人满意，又都在我熟悉的城市。11 月 30 日，我离开了南京。

回到上海，我满心欢喜。但是，我并没有认为在南京的两个月是浪费时间。对于一个二十岁的年轻人来说，这样的经历实在是有益的。

在南京，我第一次自食其力，我也意识到自由是有限度的。

我走遍了南京，那是个美丽的城市，只是天气太热，叫人难以忍受，还有那些凶狠的蚊子，也是我从未领教过的。

我作为速记员，参加过亚洲卫生会议。谢天谢地，每个发言者都有书面报告，这就省得我去逐字记录。令人头痛的是吃饭。在那里吃饭用的是筷子，这着实叫我挨了几天饿。最后，我决心牺牲“面子”，要了几样虽然比筷子复杂，但却得心应手的餐具，这样才算没有饿坏。

在南京，我第一次参加了舞会。舞会十分豪华，是由国民政府外交部组织的。老板给我弄到一张请帖。可从一开始，我就觉得不对劲儿。我按请帖上的时间准时到达，可舞会却是半小时之后才开始。于是我只好先独自一人坐在大厅里。招待员来来回回地穿梭，又是给我送鸡尾酒，又是递三明治。我心头有气，自然觉得他们是在故意拿我开心。参加舞会的人只有我一个没穿礼服。舞会上没有一件事叫我看了顺眼，就连那一群年轻漂亮的姑娘，也不讨人喜欢。她们大都二八妙龄，软软的长裙，更显得身材苗条。姑娘们在我对面依墙坐着，低眉垂目，娴静拘谨。不时地有个身穿燕尾服的花花公子飘然而来，把油光乌亮的脑袋一低，邀请姑娘跳舞。姑娘起身，羞然转眸，两人便跳起华尔兹，翩翩而去。为了自寻慰藉，我喝了一杯曼哈顿鸡尾酒，这才使我心情好了一些，舞会上的一切也都看着顺眼了。

我的新工作是在一家英国人办的建筑公司材料供应科当职员。供应科只有一名科长和一名科员。科长是个挪威人，身材高大，白肤金发，更巧的是他正是我第一个雇主的儿子。

我的工作是预算合同建筑项目的材料用量，诸如门锁、折页、马桶、洗脸池、洗澡间瓷砖、窗户玻璃等。给我一些建筑平面设计图，我就要立即算出所需材料的用量。

我工作努力，从不出错，而且听从指挥，不计报酬。科长喜欢我，公司的董事们也喜欢我。虽然他们从来没有明说，但我可以觉察出来。

1936 年夏，科长另谋高就，我便坐上了科长的交椅。薪水虽然照旧，但我当了科长，在生活的阶梯上又升了一级。那时，20 世纪 30 年代初的大萧条刚刚结束，公共租界的建筑生意十分兴隆，我手头有几项颇有油水的合同，公司赢利，皆大欢喜，生活也不算艰难。

可是，有一天出了一件事，迫使我意识到了自己的身份和地位。事情又是出在一个英国人身上。公司的董事长通知说他要见我。这是我第一次接受如此高的荣誉，想到要见这样的“大人物”，我感到十分紧张。我推开门，走进董事长办公室。我从未见过，也从未想到世上会有这样华丽的办公室，简直像在好莱坞的电影中一样。办公室正中间摆着一张宽大的雕花写字台，写字台上摊放着文件，写字台后面端坐着这位大人物，长鼻子上戴一副夹鼻眼镜。在当地英文报纸的画报增刊上，我不止一次见到过这副尊容。我在绛红色的厚地毯上向前走了几步，也许是在地毯上走路悄然无声吧，我走近写字台，在那里足足站了一两分钟，他连头都没抬一下。最后，他抬起眼皮，对我屈尊一顾：“金诗伯先生，我请你……”话刚出口，他突然停下了，眼里闪出惊愕的神色。董事长直直身子，两只眼睛盯在我的两只手上。我的手正插在裤子口袋里，裤子是大哥的，又肥又长。我害怕裤子会掉下来，所以总把手插在口袋里护住裤子。“怎么，你竟然这样不懂礼貌。你站在我的面前，居然把讨厌的双手插在口袋里。这是什么意思？你难道不知道你是在与大不列颠国王陛下的代表谈话？”

我站在那里呆住了，甚至忘了把“讨厌的”双手从口袋里抽出来。我觉得自己简直像奥利弗尔·退斯特①，怒气冲冲的老板随时都会说：“这孩子早晚要上绞架的，我知道这孩子会上绞架的。”

我不记得自己是怎样离开董事长办公室的。我深感震惊，深深体会到自己所蒙受的耻辱，好几天都没有完全从震惊和耻辱之中恢

---

① 奥利弗尔·退斯特，英国19世纪现实主义作家狄更斯《奥利弗尔·退斯特》一书中的主人公。他在孤儿院中因多要一点儿饭吃，遭到孤儿院董事会一群先生的斥骂，此处所引的即其中一个先生的斥骂之言。——译者注

复过来，心想这下子一定会被解雇了，谁知却没出什么事。

1929年开始的经济大萧条连续几年严重地打击了资本主义世界。后来，大萧条的影响在西方和中国都渐渐地消失了。虽然偶尔还有银行倒闭、工商企业破产的现象，但整个形势正在好转。1932年5月国民党南京政府与日本签订《淞沪停战协定》之后，租界区很快就“买卖照旧”了。1934年至1935年版的标准参考手册《上海全况》得意扬扬地宣布：“虽然1932年初的中日战争使发展蒙受了极大损失，但现在已恢复了上升的趋势。”

英镑、美元再度涌进中国市场，巨额利润再度流入外国资本家的腰包。土地价格上涨，新建的十层、二十层大厦为外滩、南京路和许多有钱人的住宅区增光添色。

狂欢吧！美酒、女人、风流郎！狂欢吧！笑声、酒气、爵士乐！大上海依旧是灯红酒绿，五光十色。

三

以当时的标准衡量，我是个性情怪僻的年轻人。那时，上海的外籍小伙子最感兴趣的是约会、电影（当时刚出现有声电影热）、跳最时髦的舞、哼伤感的流行歌曲。这些东西也就成了他们整天不离口的话题。然而，这一切对我都毫无吸引力。要说我和他们还有唯一的共同之处的话，那就是对政治漠不关心。我倒并非有意避免卷入政治旋涡，而只是对政治毫无兴趣。

我不轻易交朋友，觉得自己和英国人或其他西方人、中国人都没有共同之处。我也有几个比较接近的人，一个是俄国小伙子，在美孚洋行当小职员。另外三个是欧亚混血儿，他们的父亲都是欧洲人，而母亲都是中国人。一个在英美烟草公司广告部工作，是个天才画家，父亲是瑞典人；另一个在一家工程公司当会计，是个出色的足球后卫，父亲是葡萄牙人；还有一个在上海自来水公司当职员，是个顶呱呱的三柱门守门员，此人有点儿势利眼，但人还不坏，父亲是英国人。我最常接触的就是这几个人。我们常在一起参加各类体育活动，观看各种体育比赛。

我当时对有些问题深感忧虑。例如，我们的根，我们的祖先，我们的社会地位，我们的前途命运，等等。我一次又一次地向他们提出这些问题，也一次又一次地为他们漠不关心的态度感到吃惊、感到气愤。有些事情使我深感孤独、凄凉、沮丧，而对他们来说，则完全无所谓。他们对自己的社会地位心满意足；他们喜爱自己的工作，也喜爱自己的生活方式；他们对前途充满了信心。然而我却认为他们的这种信心令人不可思议，甚至令人感到气愤。在社交、生活之中，他们常常遭人冷眼，可他们却认为这是在所难免。

有一次，我在那位半瑞典血统的朋友家里吃饭，他父母都不在家，阿妈（女仆）在旁端饭上菜。

我正在考虑这位朋友曾说过的一件事，突然他大声喊起来，这一喊把我从沉思中惊醒了。他嚷道："我告诉过你多少次了，不要把你的脏手指头伸进汤里！"阿妈端起饭碗，慌忙走出屋子。

这下把我这位朋友的话匣子打开了。他说起对中国人的看法，这些话我已听上海的外籍侨民讲过不知多少次了。他说他非常了解中国人，说中国人是一个与我们外国人距离遥远、完全不同的种族，他们肮脏愚蠢，懒惰懈怠，偷摸成性；他还说他有几个最要好的朋友是中国人，他很喜欢这几个朋友，但他们生活凄惨，实在可怜；若不是中国有外国人，特别是传教士，中国人会更苦更惨……

我默默无言。每当情绪激动的时候，我说出的话就既无条理，也无服人之力。但是，我知道他完全错了。我可怜他，他竟然看不起自己的人民——中国人民；他希望成为一个西方人，纯血纯种、彻头彻尾的西方人，可西方人对他却是嗤之以鼻。

这就是上海多数欧亚混血儿的命运。

四

我忠实的老朋友——文学与音乐——仍和我形影不离。对我来说，文学与音乐已不仅仅是一种消遣，它们是我的伴侣和嗜好，对于它们我如饥似渴，永不厌倦。

我的阅读既无系统，也无次序。但是，个性的自我冲突，个性与环境的冲突，人物内心世界的斗争，人们为寻求幸福、个性自由、正义而进行的斗争，人对社会中一切束缚和桎梏的反抗，等等这些题材特别使我着迷。莱蒙托夫和密茨凯维支诗中的主人公，拜伦和雪莱笔下的英雄，《约翰·克利斯朵夫》和《基度山伯爵》，司汤达《红与黑》中的于连，他们似乎都是与我同宗的精灵，他们跨越了时代，飞过了海洋大陆，向我伸出了双臂。

音乐，特别是古典音乐，总是给我带来欢乐，使我得到慰藉，让我心神安宁。

我成了上海交响乐团周末音乐会的“常客”。这个乐团的成员几乎全是俄国音乐家，由易于激动的马里约帕契担任指挥。我不惜高价购买门票，去欣赏应邀来上海访问演出的名家音乐会。例如，小提琴家秦巴里斯特和艾尔曼，歌唱家麦高麦克、夏里亚平。至于像《弄臣》《卡门》《托斯卡》《叶甫盖尼·奥涅金》这样的歌剧，我是每场必到。我对音乐并不精通，所以尽管有些演员本领平平，高音顶不上去，低音降不下来，我也分辨不出。有一次演出歌剧《茶花女》，三个主角竟分别用俄、意、汉三种语言演唱。即便如此，我仍是兴致勃勃。

正是从那时起，我开始买古典音乐唱片，并一直收集优秀唱片。其中之精华，于1947年伴我一起到了解放区，即使是在解放战争的艰苦岁月里，也完整地保存下来。后来在“文化大革命”开始时，都毁在了红卫兵的手中（确切地说应该是毁于他们的脚下）。

在我的生活中，体育活动虽然不如文学和音乐重要，但也占了相当重要的位置。夏天打网球和室内手球，冬天打曲棍球。手球、羽毛球、乒乓球、高尔夫球则是四季都玩。对这些球，我只能说是样样通、样样松。我参加体育活动十分热情，对观战和为运动员加油喝彩同样是十分热情。

参加体育活动，难免要参加体育俱乐部。我先后曾参加过青年会、上海曲棍球俱乐部、上海跑马俱乐部、上海犹太人总会等。我甚至还设法加入了法国总会，不过我一共只去过两次。第一次我独自坐在桌旁喝可口可乐，尽量拖延时间；第二次我因没找到球伴，只好和一个球童打了几下网球。

回想起来，那些日子里令人愉快的事不多，但也有一件，那就是工作。当时我无报酬地为一家英文报纸当体育记者。每个星期天，我都到跑马厅或虹口公园，观看足球赛、板球赛、垒球赛，然后写出体育报道。我尽量使报道激动人心、内容丰富多彩。我挖空心思寻找长短适当、醒目惊人的标题。我干着这一切，心里感到高兴、感到自豪。原谅我吧，韦伯斯特①、叶斯柏森②，还有一切正统

① 韦伯斯特（1758—1843），美国作家及著名辞典编纂家。——译者注

② 叶斯柏森（1860—1943），著名丹麦语言学家，对英语语法研究颇深。——译者注

的学者先生们，为了使我的报道扣人心弦，我只好对英国语言不客气了！在报道中，我从来不用“战胜”这类平淡无奇的词。我选择“出奇制胜”“大获全胜”“狠追猛打”“人仰马翻”“狼狈不堪”这些字眼。一篇报道中充满了各种典故成语，有的早已废用。可为了吸引读者，我只好以牺牲一些语法规则作为代价了。

整个晚上，一直到深夜，我都待在编辑室里，有时一直等到报纸“临产”。这个比喻至今仍叫我喜欢。在这个报纸诞生的奇妙世界里，所有的人都是一样的忙碌。他们头戴绿檐帽，不断地吸香烟、喝咖啡，不断地噼噼啪啪地打字；然后，走出烟雾腾腾的办公室，来到大街上，享受着早晨凉爽清新的空气；眼让烟熏得发胀，背在桌边坐得酸疼，心却感受着幸福和满足。我是这些伟大人物中的一员，是这个世界中的一部分。为此，我感到惬意与自豪。

五

公共租界区不能代表中国，但在这里可以看到中国。只要留心观察、发问、思考，你就会发现中国。那时我上海话讲不好，英语又不地道，这给我了解中国带来了困难，但不是完全无法了解这个国家。

我高价买到了一张京剧《霸王别姬》的票。在这出戏里，四大名旦之一的梅兰芳饰演楚霸王的爱妾虞姬。当时这出京剧的名字是什么意思我根本不懂，过了很久，我才明白“霸王别姬”这四个汉字的意思是“楚霸王告别了他的爱妾虞姬”。剧中处处采用夸张的手法，幕启之前，就已是锣鼓铿锵、号角齐鸣；演员的动作手势都富有戏剧性；服装富丽绚烂，又宽又长的袖子甩进甩出；奇形怪状的脸谱，白的、黑的、黄的、红的、花的，无色不有。但在这一切中，都闪烁着一种美——在音乐中、在表演中，特别是在虞姬的剑舞中。虞姬发现楚霸王已经四面受围，决定自刎，以使楚霸王能无所顾忌，保全名节。就在这种情况下，虞姬舞剑抒怀。梅兰芳的动作雍容大度、精妙优雅，简直使我忘记了他是男扮女装。二十年后，我再次观看这位名旦的《霸王别姬》，那时他盛年已过，不像过去那样年轻苗条了，但他的剑舞仍未失其神采。

我也光顾过一个地处小巷的民间曲艺场，那里表演传统节目，如说书、民歌、相声、快板儿等。我在一条长板凳上找到了空位。这里热闹非凡，观众中的熟人朋友，几排之外就大声招呼；卖香烟糖块的，卖花生瓜子的，吆喝声不断；热气腾腾的毛巾在空中乱飞，真算得上呼啸生风，可又正巧落在接毛巾的手掌上。这一切使我目瞪口呆，此处哪里是剧场，简直是名副其实的疯人院，嘈杂喧闹、恶气熏人，肮脏不堪。来这里观光，真是无所不见，唯独看不见演员演出，听不见演员说唱。

我参观过不少佛教的寺院，最后一个是在上海郊区昆山顶上的一所寺院。这是一个大院子，周围的砖墙已经被剥蚀，院里有许多建筑。这里和其他寺院不同的是院中的长老。这位长者秃顶白髯，令人肃然起敬。他用流利的俄语告诉我，他 19 世纪 90 年代在巴黎见过克鲁泡特金[①]。遗憾的是我对无政府主义一无所知，所以克鲁泡特金这名字对我来说没啥意义，但这段回忆显然使老和尚自己颇感亲切。从那以后，我再也没遇到过这位长老，也许他早已不在人世了。

与此同时，我也看到了生活中灰暗的一面。

晚上出来散步时，我见许多马路女郎在街上游来荡去，一些鬼鬼祟

---

① 克鲁泡特金（1842—1921），俄国无政府主义者。——原注

祟的男人跟她们走进小弄堂内，消失在破旧房子的后屋或地下室里。

这些姑娘有年龄大的，有年龄小的，有的只有十七八岁。有的有阿妈陪着，有的独自一人；有的站在一处，有的四下游荡；有的是明妓，有的是暗娼。这样的姑娘数以千计，饥荒、水灾、战乱把她们逼进了大上海。除此之外，还有拉洋车的，推板车的，码头上的苦力、路两旁的乞丐，他们无论是六月酷暑，还是正月严冬，都要为活命流血流汗。这景象确实叫人心碎。但我总觉得，最不幸、最凄惨的还是那些卖身的妓女。

然而，他们仍然活着，仍然怀有希望。虽然对他们之中的大多数人来说，这种希望只不过是“比死还苦”的命运。

在那些日子里，上海成千上万穷苦百姓的命运就是死亡。30 年代中期，我住在愚园路旁的一条里弄里。这地方离中山公园不远，每天公园里都有许多人散步，呼吸清新的空气，欣赏美丽的花朵和草地，倾听鸟儿在树上婉转歌唱。每天早晨，我都走过里弄到公共汽车站坐车上班。我常常发现墙角里有一堆破布，布里包着刚刚出生的孩子。他们的父母无力喂养新出生的婴儿，只好把他们遗弃在弄堂里。有些婴儿刚放在这里时还活着，有些则是在饿死后被扔出来的。每过一两天，就有一队公葬人员来把这些小尸体收拾起来“处理”掉。

这一切都是发生在中国。但我后来认识到中国不仅仅是有这样的事情。真正的中国、未来的中国，寄寓于电车工人、煤水工人的罢工之中。工人们不事先警告，实行突然罢工。当时，我们还常常抱怨罢工引起的不便。

1936 年年底，日本人办的纱厂里掀起了罢工浪潮，但我们没有受到直接的影响。警察对罢工进行了血腥的镇压，租界区也无人对罢工的情况表示热切的关心。

六

30 年代大萧条过后，上海出现了建筑热，这使我整天忙个不停。我刚升为供应科科长，工作自然较前繁重。但是在上海、在中国发生的事情却不能不引起我的注意。很明显，日本人正在步步入侵中国，蒋介石对积极抗战毫无兴趣，中国人民奋起反抗侵略者。那些日子里发生的一些事件，至今仍留在我的记忆之中。

1935 年 5 月的一天，我碰巧走进我曾为其写体育评论的那家报社。编辑部里人们正在激烈辩论。听了一会儿，我才弄懂辩论的大概内容。原来是上海《新生》周刊登载了一篇名为《闲话皇帝》的文章，其中提到日本天皇裕仁，于是日本驻上海总领事向南京政府提出抗议，声称这篇文章有辱天皇，妨碍了两国建立正常的关系。为了使日本人平息怒气，南京政府关闭了这家杂志社，监禁了总编杜重远。

参加辩论的编辑人员大部分支持杜重远，认为日本领事的抗议是挑衅行为，是对中国报界的侮辱，他们提出抗议，要求释放杜重远。

但也有少数人认为在这种动乱年代发表这样的文章太不明智，他们觉得不该自找麻烦。

没有人征求我的意见，我也没说什么。但是，我在心里是支持多数人的意见的。我不喜欢对日本人卑躬屈膝。

同年 12 月，上海人民举行了示威游行，支持北平学生的爱国运动。那天下着雪，但成千上万的上海市民站在街上，目送游行队伍走过。示威者大都是学生。在一队游行队伍前面，我见有几个老人，他们昂首阔步，精神饱满，严肃而又坚定。看样子这是些教授，参加游行支持学生。令人感到意外的是街上几乎没有警察阻止示威游行；我看见了一队日本巡逻兵，他们站在一旁，也无意出面干涉。整个场面激动人心，我以前从未见过这样壮观的游行示威。我看着年轻的男男女女从身边走过，脑子里不禁闪过一个念头：他们就是国家的主人，在自己的土地上昂首阔步地前进。

又过了一年，也就是 1936 年 12 月 12 日，全世界都听到了十年来最引人注目的事件。张学良、杨虎城两位将军，在中国共产党抗日民族统一战线政策的感召下，在全国抗日浪潮的影响下，扣留了到西安视察的蒋介石。

这一事件之所以引人注目，是因为共产党派遣周恩来到西安商谈释放蒋介石，而蒋介石从 20 年代起就是共产党的死敌。周恩来经过耐心解释、大力宣传，才说服两位将军释放了蒋介石。同时，他还做了大量的工作，迫使蒋介石同意了共产党提出的诸项条件（记得当时这些条件均未公开发表）。终于，蒋介石于 12 月 25 日回到首都南京。各报的头版载满了蒋介石返回南京的消息，上海一片欢腾。好像蒋介石是胜利者，是英雄，他将领导人民进行抗击日本侵略者的战争。

我真的无法说出自己对这一事件的反应，似乎我也分享了众人的欢乐。同时，对共产党人释放蒋介石一事，我又百思不解。这是我第一次或多或少地知道了一些共产党所做的事情，老实说，我当时并不理解中国共产党。

七

1937 年 7 月 7 日，卢沟桥抗战爆发。这标志着日本全面侵华的开始。我看出这次日本人是故技重演，和 1931 年 9 月 18 日占领满洲时采用了同样的手法。先是挑起事端，接着又发抗议又提要求，还不等对方考虑其抗议和是否接受其条件，就采取侵略行动。如果说我当时还认为 1931 年日本人自己炸毁满载日本士兵的军车而挑起事端一事令人难以相信，那 1937 年日本一名士兵失踪则肯定是他奉其主子的指令而故意失踪的，这一点不容置疑。日方又一次提出无理要求，不等中国方面进行反驳，就开始轰炸北平西南的宛平县城和卢沟桥。

从此之后，每天都有吹嘘胜利的战报，宣称日本皇军在华北“大踏步前进”，“巧妙运动”，等等。7 月中旬，中国军队阻止了日军的前进，在北平附近的丰台、廊坊一带打了胜仗。上海人民欢喜若狂。高楼大厦上飘着国旗，鞭炮声日夜不息。就连凶神恶煞般的日本摩托巡逻队也压抑不住人们的兴奋。我还记得，当巡逻队开过时，人群中爆发出嘲笑和蔑视的掌声。

卢沟桥事变后仅几个星期，日本人再演故技：挑起事端，无理要求，不宣而战。

当时尽管上海仍在欢庆胜利，从闸北涌进的难民却是有目共睹的。这使人们想起了 1932 年的大疏散，成千上万的难民从上海北部涌来，他们无依无靠、流落街头。幸运点儿的，推着小车，车上装着家里值钱的东西；其他的就提篮挑担，所有的家产都在里面；更有些人两手空空，扶老拖小。难民们多在外滩栖身，从外滩公园到法租界外滩挤满了难民。草坪上面，有坐着的，有躺着的；花岗石楼房前，也有许多人挤在一起。还有的一直走到汇丰银行的圆顶大楼，凡是到了这里的都要摸摸门两旁的两个铜狮子，图个吉利。

天气对难民还算客气。但在海关和法租界海关税收处楼顶上的台风标却预示着不久就会变天。8 月 4 日那天起了风暴，而且是多年不遇的风暴。大风把行人吹得站不住脚，把自行车、人力车、大车、小轿车吹得东倒西歪，屋顶、招牌、交通警的岗亭和一切不牢稳的东西全被吹到了半空。难民们遭灾了。他们挤在门洞里，身子紧贴着墙，恨不能钻进墙的裂缝里去。我早上没敢上街，下午决定去上班。路过茂得利琴行时，我看见有个小孩让风从门洞口吹了出来，吹到人行道上，继而又吹到马路上。我朝孩子飞跑过去，但让一个妇女抢了先。那是孩子的妈妈，她抓起孩子，搂紧她的宝贝，顶着风挣扎着挪回门洞。

8 月 9 日下午，在上海西郊慕尔鸣路上发生了一起事件。有两个日本人开着吉普车，企图闯进虹桥机场。这两个日本人是海军陆战队的少尉和水手。国民党的保安部队（解散这支部队或至少将其撤出上海地区是 1932 年日本人提出的要求之一）的一支小分队挡住了这两个日本人，接着双方便打了起来。这两个日本人和一名中国士兵被杀。如同 1932 年发生的事件一样，这次又出现了指控、反指控，要求、反要求，调查、谈判。

租界当局的代表也参加了调查，但调查毫无结果。日本人从现场运走了吉普车和尸体，声称根本不知道有这样一件事。在日本人对这次事件淡淡地表示“不知道”之后的两天，报纸上登出一则报道，说那个少尉晋升为中尉，水手晋升为准尉。

有一点是人人皆知的，也无须进行调查，那就是，日本人无权闯入机场，中国人有权加以阻拦。

与此同时，中日双方都在为不可避免的事变做积极的准备。

黄浦江上的日本军舰日渐增多。我记得 7 月底有十一艘，到敌对行动爆发时，我数了数共有二十五六艘，其中有巡洋舰，还有一艘航空母舰。旗舰“出云号”巡洋舰停泊在江那边，正对着外滩和南京路拐角处的大楼，我的办公室就在这所大楼里。

据报纸报道，在一星期之内，日本海军陆战队的力量加强了一倍。报纸还刊登了增援部队在汇山区和杨树浦区码头登陆的照片。

同 1932 年冲突的前夜一样，“小东京”再次充满了武装行动。日本水兵携带机枪控制了所有重要的交通路口。小股日本浪人手持棍棒手枪，正在制造交通混乱，他们把汽车行人赶回路口。有一次，他们大喊大叫地把我拦住，我也只好不去找住在苏州河以北的朋友了。

中国方面也在加强保安部队，八十八师的正规军各分队也迅速开进上海。

像往常一样，英国人和美国人都十分小心谨慎，他们不想招惹麻烦。英美领事馆都无意显示军事力量，只是命令各自的侨民从虹口、虹桥撤到租界里，侨民们当然是及时从命。同时在《字林西报》上发表了一个典型的英国式公告：上海禁止残害动物协会秘书处发函警告，宣布“凡属撤离时抛弃动物之案件，均将得以调查”。

八

我有一种预感：若是坏事，必然会发生在 8 月 13 日，星期五，双料的倒霉日[①]。

那天我起得很早。天阴，但无雨。厨师比平时到得晚。他解释说公共汽车和电车都已停开。想必是虹口涌来的难民阻断了交通。还有更令人不安的消息：通往苏州河北岸中国地界的道路全部封锁了，设了铁门、倒刺铁丝网、沙袋等。要出事了。

---

① 西方一般将一个日期恰好是 13 日的星期五称为黑色星期五。黑色星期五源于西方的宗教信仰与迷信：耶稣基督死在星期五，而 13 是不吉利的数字。两者的结合令人相信当天必然会发生不幸的事情。——编者注

早上安然过去了。难道这又是星期五，又是13号的倒霉日子会平安无事？

吃过午饭，我照例去跑马厅打网球。刚开始一轮双打，头顶上的飞机声就引起了我们的注意。一架小型单引擎飞机在跑马厅上空盘旋了几周，突然降落在马球场上，翻了个个儿，像是出了事。人们一下子全向飞机跑去。等我赶到时，飞机周围已站满了人。机械师正在检查飞机是否受伤。飞行员操一口美国英语，不住口地向人们解释着什么。我虽听不见他的话，但他咧着嘴笑，这说明他没有受伤，也没因这场灾祸而受到惊吓。我站了一会儿，就又回去打网球了。

重新开球，我发球。我喊道：三十比零。然后挥拍发球。突然，我的手在半空中停住了，从闸北方向传来轰隆隆的响声。从1932年以来，我们对这种声音已经很熟悉了。我仔细听了一会儿，这下不会错了，上海滩又响起了炮声。

人们已无心打球。我扔下球拍，没顾上冲个澡，就换了衣服朝家走去。本来，我该沿南京路西行，但两条腿不由自主地向相反方向的外滩走去。街上满是人。我听见远处的枪炮声越来越猛，显然是闸北打起来了。

外滩上也满是人，有许多难民，也有三五成群的中外居民。许多人的眼睛都盯着日军的旗舰和其他战舰，有些人焦虑不安地望着天空。虽然并无反常现象，但有一种忐忑不安的气氛笼罩着整个人群。

我到家时已过晚上8点。天上下着小雨。不到9点，我就上床了。半夜时分，远处的枪炮声渐渐低沉。我迷迷糊糊入睡的时候，仍可隐隐听到枪炮的回响。

九

第二天，1937 年 8 月 14 日，上海四百万市民又迎来了一个黎明。可是，就在这四百万人之中，有一千多人此刻还不知道他们已经无法活着送走黄昏，还有一千五百人也无法预料他们将要躺在医院的病床上迎接晚霞。这一天，在中国历史上被称为“血腥的星期六”。

那天，我在办公室里忙了一阵。虽然夏天的午后照例是不办公的，但我还是决定下午再去把当天的工作干完。3 点之前我又走到外滩，这里出事了。两个印度巡捕正拼命挤过密集的人群，他们是想到《字林西报》报馆和毗邻的银行大厦之间的过道中去。人群并不给他们让路。几分钟后，一队中国警察和上海外侨义勇队队员赶到现场，一面吹哨子，一面挥动着警棒，很快就驱散了人群。有几个警察走进过道里抬出一个人。那人看上去已经昏死过去，一辆救护车尖叫着把他拉走了。车一走，围观的人也就散了。我问一个过路人出了什么事，他说一群难民和工人痛打了两个溜进外滩的日本人。一个挨了砖头倒在地上，另一个躲进了过道。此后，报纸上不断地报道类似的事件，诸如痛打干坏事危害中国人的日本人，等等。

大约下午 4 点 15 分。我干完了当天的工作，决定到青年会去打橡皮球。那天早晨《大陆报》和《上海时报》都登了布告，说周末所有的体育活动一律延期，何时进行，另行通知。这里的活动一停，我只好去青年会了。我走出大楼，穿过马路，到了华懋饭店门口的公共汽车站。一辆双层公共汽车开过来。我上了车。车走了一里多路，到了跑马厅。这时车后突然传来巨大的爆炸声，车停了下来。有些车窗玻璃震碎了。许多乘客挤出车门，涌到人行道上；也有的觉得车里面比较保险，就坐着没动。大家的眼睛不由自主地朝上望去，布满云彩的天空里，十来架飞机编队飞行，发出轰轰的响声。可能是“出云号”上的高射机枪在连续射击，想把飞机打下来。这些飞机渐渐飞远了，在天空中变成几个小小的黑点。

事后想起来，若是当时机灵，该找个门洞躲起来，或是贴墙站稳，再不就赶快离开外滩。但在当时，我，还有车上别的一些乘客，却都没这样做。我们朝东走去，直奔爆炸地点。出事的地方大约就在外滩附近，我走近外滩时，遇到不少救护车和满载尸体、伤员的汽车。警察、护士、消防队员、哭叫的行人，一起朝出事现场跑去。我到了南京路和四川路口，这里离外滩只剩下一个街区了。

没等看清出了什么事，声音已传到耳边。这样的声音，我绝不愿听到第二次。我一向喜欢音乐，易受声音的感染，但这里的声音凄凉悲切，听得心都发颤。但丁①笔下炼狱中的那些冤鬼也不至于发出这样揪心的呻吟、呜咽、惨叫、哭喊。

上百具尸体横七竖八地躺在地上，有的一动不动，有的仍在蠕动挣扎。我站着，像是钉死在地上一般，不知该往何处去。突然，西南面又是一声爆炸的巨响，我脚下的土地也在颤动。我抬头在空中寻找飞机，但是烟雾弥漫，什么都看不见。

我再次看着眼前的惨景。在那些断臂残肢之中，在血肉模糊的尸体堆里，我看见这里有个中国警察；那里有个少妇，身上穿着一小时之前还是漂亮合体的旗袍；稍远处是个孩子，腹部被炸烂，肠子流在地上。

---

① 但丁（1265—1321），意大利诗人，著有长诗《神曲》。诗中叙述但丁在古罗马诗人维吉尔引导下游历地狱和炼狱后又游历了天国。——译者注

人行道中央，一辆汽车正在燃烧。崩碎的玻璃、石块，各种各样的残骸碎片到处都是。沙逊大厦的过道上有顶盖，两边是商店，现在却成了停尸场。原先挤在沙逊大厦拱道里和街对面华懋饭店门道里的人，现在都急忙跑出来帮助抢救伤员。眼前的惨象使我惊呆了，竟忘了和其他人一起去抬尸体，去往担架上和卡车里装尸体。我穿过拱道，出了北门，又朝东走去。

我的记忆，在激动紧张中变得模糊了。虽然苦想，仍记不起自己是怎样到家的，也记不起那天晚上还发生了什么事情。

十

飞过外滩上空的那十来架轰炸机中有一架扔下了炸弹，引起了第一次爆炸。这架扔炸弹的飞机（也许是几架飞机）扔下了四枚空投鱼雷，两枚落进黄浦江中靠近北京路栈桥处，掀起一股巨浪；一枚正落在华懋饭店的楼顶上；还有一枚落在华懋饭店和沙逊大厦之间的南京路地面上。这些炸弹原来是打算炸沉“出云号”的。

第二次轰炸发生在十五分钟之后，地点正在大世界门前。大世界是个娱乐场，地处爱多亚和虞洽卿路口，这个路口是全市最繁华的地方之一。扔在这里的两枚炸弹是从一架单独飞行的轰炸机上投下来的，还没等人们明白过来，飞机已向南飞去。后来听说这架飞机是中国空军部队的，机壳出了毛病，驾驶员不得不把原来打算炸日本旗舰的炸弹扔在市里。

我当时没有看到大世界挨炸后的惨象。等我赶到时，马路已经清理过，只在十字路口交通岗亭那里留下了一个大弹坑。大世界斜对过的道观炸成一片废墟。

这是我一生中第一次，也是最后一次亲眼看到大屠杀。我恨屠杀，恨日本帝国主义。我也恨英国人和美国人。为了让“买卖照旧”，他们竟然默许这种屠杀，实际上也就是纵容这种屠杀。我深深地同情屠刀下的罹难者——中国人民。

十一

战云笼罩着上海。日本人一心想占领这座城市，中国人决心打败侵略者。中国军队英勇无比，创造了奇迹，但形势十分不利，敌人在数量上、装备上都处于绝对优势。

我很少上街。在办公室办公当然是不可能了，街上太不安全，租界区的大街上不时有行人被流弹击中。据后来估计，在 1937 年的战事中，有两千多名非作战人员死于非命，受伤人数达三千左右。而在 1932 年，死亡人数只有一百，受伤人数大约二百。不仅上街的人可能丧生，就是私人住宅和办公楼也有被炸的危险。为了自行保护，所有建筑上一下子都挂起了外国国旗。说到这里，还有个可笑的插曲：一个卖万国国旗商店的橱窗里摆出了各国国旗，有美、英、法、德及红十字旗。同时也有一面中国国旗，躺在一个完全不引人注目的角落里。

英文日报是很好的消息来源。从这些报纸上可以得知上海市内和周围的新闻。当时，除了一贯“中立”的英文报纸《字林西报》外，所有的报纸都是公开反日，但动机各不相同。有些反日是因为和中国关系好，有些则是代表美国的利益。但新闻报道还是不错的，而且还附有清晰的照片。

闸北一直是战场。另外的在浦东、杨树浦，后来在吴淞，也都发生了激战。战火在租界以北燃烧着。

在那些日子里，空中活动也十分频繁，几乎每天城市上空都有激战，不过常常是日本飞机多、中国飞机少，日本飞机大、中国飞机小。

我从愚园路的住所里亲眼看见过一次空战。双方的飞机在天空中接了火。日本飞机编队整齐，好像处于守势。中国飞机盘旋迂回，似乎在寻找机会打乱敌机的队形。突然我看见四架日机离开队列，直扑一架中国飞机。几分钟后，空战结束了，那架中国飞机拖着黑烟，坠落在中山公园。

几天以后，日本空军轰炸了我们这一地区，在我住宅以西几公里的地方投下了几十枚炸弹，这在开战以来还是第一次。轰炸机共有二十来架，一架接一架轮番轰炸。每架飞机开始俯冲时，都是先带着一种可怕的呜呜声。渐渐地，飞机离地面近了，呜呜声变成了尖叫。空袭的飞机近在眼前，这对我来说也是第一次。虽说不至于挨炸，我还是缩在墙角，怕看到飞机，却又无法使自己的眼睛从那可怕的场面上挪开。

据报纸报道，五千名外籍侨民正在撤离上海。英国人去香港，美国人去马尼拉，数以千计的日本人回国。上海的中国居民成天在栈桥和码头上转圈，盼着能找条船去内地。但那时航运已经停止，他们只好忍着，挨着，直到战争结束。

8 月 23 日，星期一。中午刚过，第三次轰炸开始了。这次轰炸，炸死二百多人，炸伤近六百人。有一颗大炸弹落在南京路和沿江路口，南京路北边的先施公司大楼首当其冲，然后炸弹又反跳起来，嵌进路对面永安公司的侧墙里。

先施公司成了一片废墟。楼上层不知什么地方的自来水管道被炸，清水喷射，洒在尸体、伤员和救护队员身上。

永安公司的柜台基本上未受损害，柜台两边，一边是售货员的尸体，一边是顾客的尸体。当时正值上下班时间，许多倒下的顾客手里仍拿着购买的东西，有的售货员手里还攥着钱。

一个电梯停在两个楼层之间，开电梯的服务员和乘客站在电梯里，身子靠在墙上，已经全都死了。服务员的手仍按在按键上。

就在同一天，差点儿又是一出惨剧。一颗炸弹落在江西路和福州路口的美国海军仓库上，这里也是上海的一个闹区，人们都说那颗炸弹是落在上海所有的炸弹中最大的一颗。千磅炸弹穿透了三层楼，幸而最后落在粮袋上，总算没有爆炸。

8 月过去了。天天都是战斗、轰炸、炮击。

31 日，8 月最后的一天，上海出现了半个月来第一个宁静的夜晚。

十二

9 月 1 日，闸北西部烈焰熊熊，整个上海都能看见。大火吞没了大片地区，火光冲天，卷起滚滚浓烟。在大火燃烧的噼啪声里，可以隐隐约约地听见远处的炮声。

汇山和浦东仍有零星的战斗，但主要战场已转移到吴淞地区。在这里，日本军队正试图进行迂回包围，迫使中国军队撤离上海及市郊。中国人发扬了崇高的英雄主义精神，为保卫一镇、一村、一房而浴血奋战。一整旅六百多人，为固守一个战略要地，与为数众多的敌兵血战了七天七夜，最后全部为国捐躯。

日本军队遇到了顽强的抵抗。也许正因如此，才促使日本外长广田弘毅在国会宣布："当前迫切需要我们采取坚决果断的态度，迫使中国人改过自新。"广田先生的这些言辞，加上他的厚颜无耻，一定都是从他的纳粹伙伴戈培尔①那里学来的本事。

---

① 保罗·约瑟夫·戈培尔（1897—1945），纳粹德国的宣传部长，法西斯德国主要战犯之一。——编者注

十三

10月底，战势已经明朗，中国军队撤离闸北只不过是几天的事了。10月28日，星期二，撤退的命令到达上海，当晚10点30分左右，上海守军开始撤离他们英勇坚守了近三个月的阵地。

八十八师精锐部队的一个营，奉命掩护撤退。但在谢晋元①上校指挥下，他们决定继续抵抗。这个营本来可以随同全师安全撤退，但全营士兵，团结一致，决心不惜任何代价，抗战到底。

英文报纸称谢营为“孤军”。我不赞成这个称呼。因为，在抗击侵略者的战斗中，全上海、全中国都与这个营的官兵站在一起。

还有些报纸称这个营为“敢死营”。这个名称也不好，“敢死”总意味着覆没。谢营最后是失败了，但全体官兵的神威在失败中闪耀着胜利的光辉。

中国报纸称他们“八百勇士”，而全营官兵总共只有四百余人。

我敬慕这些中国官兵。我想把他们的英雄业绩概括称为“四昼夜浴血奋战，英雄营报国杀敌”。

事情还得从10月27日黎明说起。日本军队当时已经占领苏州河北岸虞洽卿路桥西的两座楼房，但他们发现两楼之间的四行储蓄会库房的六层楼仍在中国人手里。

连续四天四夜，日军飞机和大炮对这个大胆的中国营进行了疯狂的轰炸。日军小分队也企图从苏州河或穿过通往楼房的里弄打进仓库。27日，仓库顶楼上的中国哨兵发现二十多名日本兵匍匐靠近

---

① 谢晋元（1905—1941），中国抗日将领，1937年上海四行保卫战的领导者。——编者注

了一个入口。这个哨兵在自己身上挂满了手榴弹，等敌人走近，就挺身跃入敌群中，与日本兵同归于尽。

10 月 28 日，周围已满是太阳旗了，但仓库的楼顶仍然迎风飘扬着一面中国国旗。这面旗是一个二十四岁的中国女学生在夜幕掩护下，悄悄穿过苏州河带进仓库的。她代表市商会，把这面旗献给英雄们。这面旗带来了全市人民的意愿和情谊。

英勇无畏的谢晋元营继续抵抗。他们吃的是储存在底楼的大豆，这些大豆大约可以维持一个星期。

无数同情谢营的老百姓挤在虞洽卿路上，焦虑地望着仓库大楼。在离苏州河只有一个街区的虞洽卿路和北京路路口上设置了带刺的铁丝网，不准人们靠近。许多人把钱和包裹递给站岗的英国兵，请他们转交给仓库里的中国士兵。英国兵有的笑笑，有的板着面孔，但谁也不肯替大家转交东西。一位德国老太太推着一车刚出炉的面包，她要把面包送给“那些兵”（她一面说，一面指着仓库）。她不明白为什么拒绝她的礼物，疑惑不解地用德语说：“为什么不要?”

四天来，我大部分时间都是站在人群里。

第三天过去，第四天破晓。楼顶上的中国国旗仍在微风中飘动，仓库仍在中国人手中。

租界当局给南京发出电报，声称仓库里的一营中国士兵给租界居民的生命财产带来了危险，要求南京下令让该营立即撤出仓库。

南京的命令到了。10 月 31 日，午夜刚过，全营官兵含着眼泪，离开了仓库。在这一小块神圣的中国领土上，他们坚守了四天四夜。现在他们要走了，“四昼夜浴血奋战”结束了。

凌晨 3 点 20 分，三百六十多名士兵放下武器，由英国军队押送到拘留营。中国士兵要求允许他们重返部队，但遭到了拒绝。

直到天亮，日本人才发现仓库里的守军已经完全撤走了。

日本人因无法攻破中国的抵抗而“丢了脸面”，于是便派遣了更多的巡洋舰和更强大的海军陆战队进攻上海。他们从侧翼和背后对中国军队发动了进攻，包围了整个城市。11 月 12 日，上海失守。

三个月的上海保卫战犹如史诗一般，震撼了全球，赢得了世界人民的同情。虽然日本军队攻陷了上海，但战斗仍未结束。中国人民正在奋起，他们终将打败日本侵略者。

十四

1938 年，头几批来自欧洲的犹太人到达上海，先是德籍、奥地利籍的，后是波兰籍的。他们还能逃命，就算十分幸运的了，只有极少数人手头还有几张美元和一两颗钻石。这些人虽未亲自尝到奥斯威辛①集中营的滋味，但他们的父兄姊妹成千上万地惨死在那里，这使他们脸上蒙着一层阴云。

手头儿有点钱的犹太人开了咖啡馆、饭店；有一技之长的或在外国人开的商行里谋事，或自己挂牌干裁缝、当医生；还有少数犹太人，虽然身无分文，但专长投机钻营，于是就做起投机生意，倒卖美元。碰巧当时中国的通货膨胀现象已无法控制，美元英镑比率大幅度波动，因此他们赚了大钱。

记得当时在中国人民之中丝毫没有反犹情绪，这使我深感欣慰。我不知道中国人对大量犹太人涌入中国有什么看法，但我从未见过任何歧视犹太人的迹象。这在当时反犹情绪蔓延的世界上，可

① 奥斯威辛，波兰城市。第二次世界大战中，德国法西斯在这里残杀了四百多万人，其中大多数是犹太人。——译者注

以说是一种奇迹。

倘若没有记错，第二次世界大战前夜发生了一些令我不大愉快的事。一件是苏芬战争。我简直不明白，强大的苏联，世界上第一个社会主义国家，怎么会进攻一个弱小的邻国。我也不明白，战争爆发以后，为什么苏联费了那么大的气力才打败芬兰人。

另一件事使我更不愉快。那就是苏联和法西斯德国于1939年签订了互不侵犯条约。有很长一段时间，这件事一直像一团阴云笼罩在我的心头。

1941年6月22日，希特勒终于在广阔的战线上对苏联发动了进攻。我实在不愿看到纳粹分子如此轻而易举地进军。

当时，我和法租界的一对美国夫妇关系很好。记得有一天，我正在他们的花园里喝茶，从收音机里传来了希特勒进攻苏联的消息。妻子一听就说：“啊，我的上帝，这次纳粹可是咬住了一块嚼不烂的大肉。希特勒到底把俄国当成什么？当成奥地利？捷克？还是比利时、法兰西？”丈夫没吱声，一副若有所思的神情。

十五

1937年的敌对行为结束之后，许多建筑被夷为废墟，许多楼房残缺不全，建筑材料供应买卖繁荣兴旺起来。我整天忙着拉主顾、签合同，供应玻璃、房顶和其他材料。我卖力流汗，老板赚钱发财。

1939年，我成为一家颇有名气的英国建筑公司上海分公司的经理。总公司设在香港。这一次不是我伸手要官，而是公司总经理自愿封的。总经理是位和气的苏格兰人，他专程从香港来沪和我商量。我们简单谈了一会儿，他似乎对我的一切了如指掌。他说我若愿意干，就让他的律师起草一份合同，然后交给我签字。

1939年9月21日，我收到了合同，时值我二十五岁生日。那天真是大吉大利，条件比我想得还要优厚，薪水以英镑支付，五年可到伦敦休假一次，旅游费用由公司负责。毫无疑问，这位总经理把我错当成英国人了。

这的确是个美差。我独占一间铺有地毯的大办公室，配备一个私人秘书，还有一辆小轿车接送我上下班。职员有三十个中国人和两个俄国工程师。

那位律师也是公司的一个董事。他对我彬彬有礼。有一次在上海总会邀我共进午餐，他抱怨说总会的饭菜不太好，我也有同感：牛排太欠火候，土豆半生不熟，荔枝馅饼淡而无味。

几个月后，他又邀我去他家赴宴。我已记不得饭菜如何，只记得当时和他夫人的一席谈话。吃饭时她问我是不是索塞克斯[①]人，这一问使我大窘，嘴里嘟嘟囔囔，我说的什么谁也听不清。谁知她竟误认为我回答自己是索塞克斯人，于是就说："啊，真的？"然后又转身对丈夫道："泰伦斯，亲爱的，你听金诗伯先生是索塞克斯人。啊，金诗伯先生，您认识莱沃勒·斯韦伯一家吗？他们住在奇切斯特附近的莱沃勒庄园。""韦伯太太，我大概不认识他们吧。""那您也许认识厄尼斯特·福尔华斯牧师吧？""也不认识。"夫人皱起了眉头。一直到吃完饭，她再也没理我。显然她对我已经毫无兴趣。

没过多久，热心肠的律师韦伯先生就知道了我不仅不是索塞克斯人，而且连英国人也不是。有一天，他走进我的办公室，冲我冷冰冰地说："金诗伯先生，恕我冒昧地问一句，您是个俄国人吧？""不错，先生。""那么，金诗伯先生，您以前为什么不告诉我呢？"

---

① 索塞克斯，英格兰南海岸的一个郡。——译者注

“先生，是您自己从没问过。”

事情就此完结。律师先生自然认为我是用了欺诈诡计，才得到了为他们工作的机会。从那天起，除了非说不可的话，他从未再向我打过招呼。

公司赚钱赔本都与我无关。无论薪水再高，工作再清闲，我也不想整天为这些人跑腿打杂。

第二年又出了一件事，使我完全对这项工作失去了兴趣。一天中午，一个年轻的华籍公务员不小心弄着了放在办公室后墙根的一听易燃化学物品。接着又是爆炸，又是起火。由于这个公务员自己不慎，他和另外三个公务员死于非命。办公室里一片血泊。尽管我对四名雇员的死亡毫无责任，也没有人来追究我的责任，这次起火事件和四名死者，在很长一段时间里使我的良心深感不安，使我心烦意乱。

1942 年年初，日本军队接管了我们这家公司。同盟国的侨民被拘浦东，我逃了出来。至于我参加第二次世界大战的全部经历，只是有一次在住宅楼前巡逻，这是法国警察让我干的。至于为什么巡逻，没人告诉我，我也从来没问过。

十六

在讲完这个时期的生活经历之前，我想谈谈这些年来我们一家其他人的情况。

我父亲在一家英国人办的胶合板厂当了若干年的经理，1939 年退休。他得到了一笔数目可观的退休金，决定和母亲一起到洛杉矶安家。

我与父母在感情上一直比较疏远。对于和制造、买卖胶合板无直接关系的人和事，父亲从不过问。在我孩提时代是这样；我长大了，情况依然如故，他对我、对我的事情毫不关心。说到母亲，她觉得自己的婚姻非常不幸，生活只不过是虚度光阴，所以越来越感到失望。我和他们分别时，双方都没有多少依依不舍的留恋之情。他们倒也愿意我跟他们一起去，但我并无此意。

战争期间，我们本来就屈指可数的通信完全断了。胜利以后，我们又通了几封信，他们仍然希望我到“天堂般的洛杉矶”去和他们一起生活。他们在那里买了一套房子，除了自己住得宽敞以外，还出租了几间，足够他们过小康日子的了。他们多次让我去美国，我则一拖再拖。

1947 年，父亲去世。也就是在这前后，我到了解放区。母亲又活了二十多年，她去世时是一名虔诚的犹太教徒。

大哥毕业于哥伦比亚大学。30 年代中期，他回到中国，给几家上海的英文报纸当编辑。他积极反日，又从不隐瞒自己的观点，最后上了日本人的黑名单，并且“名列前茅”。1939 年夏，他设法逃离上海。因怕日本人知道后会对我进行迫害，他一到美国就改名换姓了。

胜利以后，大哥被派往日本，担任一家美国大报的战地记者，我们通过信。1946 年年底，他到了上海，住了几个星期，就动身到解放区去会见中国共产党的领导人（前不久，他给我看了他那时和刘少奇同志的合影）。不等他回上海，我就动身去解放区了，只给他留下一个条子，告诉他我已走了。

我不辞而别，大哥很不高兴。他原想我在做出这样重大的决定以前，应该和他商量一下，而他对我的决定也不赞成。

从那之后，直到 70 年代后期，我们一直没有任何联系。

还有二哥。他 1929 年偷乘一艘去加拿大的货船离开了上海。二哥和父亲之间有些误会，不愿再在家里住下去。多年来，一家人都在打听他的下落，但没有一点儿线索。70 年代他在加拿大去世。去世之前他和大哥恢复了联系。

十七

作为一个俄国人，一个年轻人，我当时的职业相当不错，在上海商界也有一定的地位。薪水优厚，每月二十五英镑，值国币一千八百元。这个数字在当时是够惊人的了。

按说我对自己，对生活都该心满意足。

但是，我的内心世界发生了变化——极其重大的变化。1937 年的“八一三”事变和“四昼夜浴血奋战”促成了这种变化。我在思想上、感情上和中国人民贴近了。虽然我仍不了解中国和中国人民，我为数不多的朋友中没有一个中国人，我几乎不会讲中国话，中国字对我来说也犹如天书；但是，我同情中国人民，敬慕他们、怜悯他们，也愿意为他们出一份力。

第六章　十字路口

一

战火燃遍了全世界，战火燃遍了全中国。上海的租界区处于日本军队包围之中，像是海洋中的一个孤岛。

1939 年和 1940 年两年，是样样事情创纪录的两年。

首先是因政治目的杀人的人数创了纪录。汪精卫的狐朋狗党，有国民党官员、有商人，还有记者和律师，纷纷毙命于爱国者的枪弹之下。而汪精卫的喽啰也残杀了无数反对投降的仁人志士。

一天，我正从沙逊大厦三楼办公室里眺望，碰巧看到了一起政治谋杀事件。一个穿棉布长衫的男人沿着沙逊大厦后面的小街拼命朝外滩跑着，还不时回头看看追他的人群。追赶的那群人举着手枪，离他越来越近。我看不清逃跑者，但那些持枪的人老远一看就像一帮强盗。这样的强盗天天都能在街上碰到一百二百的。他们专门为高官富贾保镖。他们粗壮彪悍，在街上横冲直撞。前面跑的那人看样子是个年轻的学生或工人。离外滩不到二十米了，只要一到外滩，逃脱的机会就能大一些。可就在这时，枪响了。先是两声，接着又是两声。那人两手向前一伸，扑倒在地。一个强盗走上前，在倒下的人身上踢了几脚，为了保险，又对着蠕动的躯体打了一梭子弹。

前后不过一分钟，一切都结束了。行人又走动起来，各人忙各人的事。一个人力车夫正从我窗下走过，主顾下车，交了车钱，走进沙逊大厦的一个门里。没有一个人去注意人行道上的那具尸体。

那两年绑票的也特别多。银行大亨、买办富商、鼎鼎大名的律师政客，随时都会不知去向、消息全无。然后，他的亲友同事就会收到通知，上面写明赎金的数目。有时，倘若赎金不能如期交到，绑票的就会寄来一根手指或一只耳朵，证明他们绝无戏言，催促快快交上赎金。

“重要”人物出门都有保镖。这差事非常需要白俄人。一是因为白俄人身强力壮，精明可靠；二是因为白俄人除了一条性命也就毫无牵挂了。私宅大门一开，常常是一辆辆轿车开出来，白俄保镖或是挨司机而坐，或是站在汽车两边门外的踏板上。

1939 年不仅仅是杀人、绑票创纪录的一年，被冻死的穷苦孩子的数量也创了纪录。这年冬天遇上多年不见的严寒，据报道，仅 1939 年 12 月和 1940 年 1 月两个月，在严寒中冻死的孩子就超过了两千。

通货膨胀使物价涨了三倍。这样一来，新的纪录又不断出现。小规模的抢米事件屡见不鲜，数以百计怒气冲冲的家庭主妇冲进米店，抢走了几十袋大米。

电影院的观众数量也创了纪录。我已无法一一记清电影片名了，但那些电影广告还深深留在我的记忆之中。什么“震颤人心，百年无二”，什么“扣人心弦，举世无双”。一个被称作“洋洋奇观，超出现实”，一个被捧为“刺激强烈，非同一般”，还有一个是“最新消息，震惊寰宇”。更有一条广告最为精彩：“奇光！奇狂！

奇乐！奇喜！奇女！奇趣！”

最后，还有一项创新纪录也值得一记。日本橄榄球队打败了上海跑马俱乐部队。橄榄球本是英国人的拿手好戏，这次却在日本人手中败北，比分是六比十九。

二

日本军方封了我们的办公室以后，我只好自谋生路。我决定自己做生意。可我一无资本，二无存货，所能干的只是依靠老关系，经营建筑材料，自己从中得点儿佣金。

在当时的形势下，我的生意很不顺利。若是没有“四大家族”的垄断，我或许还能赚点儿钱。“四大家族”是以蒋介石为首的官僚资本集团，除蒋介石外，还有宋子文、孔祥熙、陈果夫和陈立夫兄弟。“四大家族”从1927年“四一二”反革命政变开始活动，他们把黑手伸到了中国的各个领域。控制了中国四家最大的银行（中央银行、中国银行、交通银行、中国农民银行），垄断了中国的金融业、工业、农业、商业。到了40年代，一个人若不具备四种“关系”，就寸步难行。这四种关系是，或是与“四大家族”成员有关系，或是与“四大家族”控制的企业有关系，或是与“四大家族”有来往的人有关系，或是与“四大家族”的“走狗”有关系。这些关系，我一个也没有。我曾想进口美国建筑材料，然而手头美元拮据。我签了几个合同，也想方设法买到了货，但又无法运到上海。最后，货总算到了，却又发现，在“四大家族”控制的市场上，自己毕竟不是竞争对手。只要我的买卖稍有进展，不速之客便纷纷上门，极尽恫吓之能事。

我竭尽全力，却一无所成。没有一天买卖能够顺心如意。我知道生意做不长了，事实上真也没能再干多久。

三

这一时期，有个新的人物对我的命运起到了不小的作用。他倒也不是陌生人，是一个20年代的老同学，比我早毕业两年，名叫维克多·斯。他是个身高肩宽的小伙子，栗子色的鬈发，淡褐色的眼睛，长得挺精神。他是个犹太人。

维克多有一张印着斧头镰刀的护照，这使他感到很自豪。他后来私下告诉我他是个共青团员，他深深地热爱祖国，热爱祖国的语言。他崇拜讴歌革命和苏维埃共和国的诗人马雅可夫斯基，他能背诵马雅可夫斯基的《好!》《弗拉基米尔·伊里奇·列宁》《苏联护照》等诗歌。

看吧，妒忌吧，
我是苏维埃联盟的公民!

于是，我歌唱着赞美我的祖国，
诞生于战争和劳苦中的人类的初春，
我的共和国哟，
对你我歌颂长吟!

党和列宁——是一对孪生的兄弟……
我们说——列宁，
我们是在指着党，
我们说——党，

我们是在指着列宁。

这几句诗，常常挂在他的嘴边，这几句诗，对他来说代表着神圣的事物，这几句诗，他背诵时总是充满了激情。

我们俩几乎十五年没过见面。有一次我在一家英文日报的编辑室碰到他。他是这家报社的记者，我呢，仍是无报酬地为报纸写音乐评论。

维克多自己有间房子。有一天晚上，我在他那里过得很快活，当时我觉得，许多年来都没有享受这种快乐了。我们谈书籍、谈音乐、谈体育运动（他是个出色的足球运动员）。他满怀深情地背诵马雅可夫斯基的诗篇。我们俩用俄语交谈着、争论着。

他是我在海参崴时见到的那种青年人：热情纯洁、目标明确、有崇高的理想。这些品质在当时的上海确实有些令人不可思议。他梦寐以求的是能回到苏联，“去建设今日伟大的祖国，去建设明天更加伟大的祖国”。他相信这一天是会来到的，而且就在不远的将来。

维克多讲话清晰明白，用严肃的口吻谈重大的事件，却又丝毫不带学究气。从他那里，我第一次听到解放区；听到解放区人民怎样克服无法想象的困难，在抗击国民党和日本帝国主义的两条战线上顽强战斗，夺取一个又一个的胜利；听到解放区人民怎样生活、怎样工作；听到抗日救国会的存在和活动，当时这个组织仍然活跃在上海的公共租界和法租界。

他给我找来一份报道，这份报道记述了加拿大医生诺尔曼·白求恩从 1938 年春到 1939 年 11 月在晋察冀边区的卓越工作。白求恩大夫去世后，这份报道就在重庆公开发表了。报道并不详细，但讲述了白求恩于 1936 年作为加拿大志愿医疗队成员在西班牙工作的事迹，介绍了他是怎样以极其负责的态度和高超的医术救活了中国前线千百个战士的生命。白求恩大夫，伟大的人，动人的故事。

我每次见到维克多，他总是告诉我苏联前线的战事。一看到他激动，我就知道有好消息。他无比激动地告诉我 1942 年 11 月斯大林格勒胜利的消息。他能背诵那篇战报的全文，一字不落地背给我听。战报的最后一句是："消灭德国侵略者！"这句话常常由苏联著名的播音员列维坦播出。这句话在那些日子里为欧洲一切爱好自由的人民所熟知，苏联情报局也总是用这句话结束战报的全文。

一天深夜，他让我听苏联电台的广播，当时正在播报朱可夫元帅管辖的第一白俄罗斯前线的战况。我戴上耳机，先听见一阵嘈杂，接着就传来了播音员浑厚镇静的声音。电台离得虽远，听起来却十分清晰。我一激动，也没有完全记住讲了些什么。现在回想起来，那次战报并没有什么好消息，因为播音员用了"战略撤退，转移到备用阵地""调整防线上的不平衡部分"等词句。但是，在白俄罗斯的密林丛中，质朴的人们正在坚持与法西斯作战，正在为祖国献出自己的生命，正像中国人民抗击日本侵略者一样。知道这样的消息，叫人感到欣慰、感到温暖。

我也告诉过维克多我的许多疑问，诸如苏芬战争的功过、斯大林在 1939 年和纳粹德国签订的互不侵犯条约、蒋介石在抗日战争中的作用、1936 年 12 月在西安释放蒋介石的利弊等。

维克多的道理很简单，他对于斯大林的话，对于苏联共产党所做的一切，都是坚信不疑。斯大林说的，党做的——一定正确。这是现在的事实，也是未来的事实。他对中国共产党及其领导人也持同样的态度，这使我很受感动。他坚信抗日战争越向前发展，中国的抵抗运动就越强大，不论战争持续多久，最后的胜利必将属于中国人民。

我是维克多忠实的听众，接受了他的不少观点。如果说我有时也和他辩论的话，那也不是因为他错了，而只是因为我不想不加分析就接受一切。我更愿听到的是他经过自己分析以后说出的话。

过去，我感激维克多；现在，我仍然感激他。在我需要的时候，他大大地开阔了我的眼界，谢谢你，亲爱的朋友！

四

人们在欢乐中迎来了打败德国法西斯的胜利日。欧洲轴心国伙伴的覆亡，使日本的寿终正寝也为时不远了。不过，欢乐也受到了限制——没有彩旗、没有鞭炮、没有集会、没有口号，因为，日本人仍然到处都是。他们的巡逻队仍在上海巡逻，他们的机枪仍封锁着苏州河上的桥梁，他们仍在咆哮，他们还能咬人。

然而，胜利的日子已经不远了，人们都盼着这一天。小道消息四下传播，还都是出自“可靠的来源”。虽然这些消息有时自相矛盾，但都预示着日本帝国主义的覆灭。

原子弹轰炸广岛和长崎的消息，仅仅一两天就已是人人皆知了。

苏联对日宣战，苏联红军向中国东北地区迅速推进，击溃了日本精锐部队关东军。1945 年 8 月 15 日，上海“血腥的星期六”之后整整八年，日本无条件投降了。

日本人以独特的日本方式结束了战争。15 日下午，我正沿法租界主街霞飞路向前走，只见一队日本巡逻兵，有二十多个水兵，在一名军官带领下，正步走过大街。这时，一个军官骑着一匹蒙古高头大马迎面而来，左右有两个骑马的副官。骑马的军官和两个副官在巡逻队前停下，巡逻队也站住了。马上的军官手中拿着一个纸卷，他展开纸卷，用不连贯的声音喊了几句。立刻，全体水兵跪倒在地。军官宣读纸卷上的内容，然后又大声加了几句话，就骑马走了。巡逻队重新整队前进。目睹这件事的人都意识到了军官宣读的是什么。日本人投降了，他们的末日到了。和平，上海人民的和平，中国人民的和平，世界人民的和平，即将来临。

军官读的是天皇文告，宣布日本无条件投降，命令停止敌对行为。

人们高兴、喜悦、欢欣鼓舞，但没有什么明显的庆祝活动和狂欢。每个人都感到疲倦。战争年月终于过去了，习惯新的生活仍需要时间。

传言仍说美国海军很快就要在上海登陆。每天我都要去外滩，那里挤满了人，望着黄浦江的远处，看看是不是出现了战舰的影子，但每次都是失望而归。可是有一天（我忘记了确切的日期），军舰真的来了。美国水兵列队走到南京路上。这些水兵各个身高体壮，穿着崭新的军装。成千上万的中国人、外国人站在大街两旁，又喊口号又鼓掌，用各种方式表示对美国人的欢迎。

五

上海人民把美国水兵称为胜利的英雄、解放的战友、救助的朋友，上海用最大的热情招待美国人。上海的外国侨民也邀请美国兵到家做客，还为他们举行了一个又一个的宴会。犹太家庭百般照顾军队中的犹太青年。中国的基督教徒也尽力招待贵宾。但是，没有多久，这一切都完结了。人们很快就发现有些美国大兵误解了他们的热情好客，并且利用了他们的热情好客。美国兵喝得酩酊大醉，侮辱主人家的妻子和女儿。

后来的日子叫人感到惶惶不安了。美国大兵很快就开始为所欲为。醉醺醺的水兵三五成群，手挽手走在大街上，他们横冲直撞，调戏妇女，狂喊乱叫。

有的水兵大搞人力车赛，自己坐在车上，对着车夫又打又踢，让他们加速飞跑。

吉普车上的美国兵一手抓着酒瓶，不时喝几口，另一只手搂着尖叫的女人。这样的场面屡见不鲜，美国兵引起的交通事故多到了惊人的程度。

晚上就更不像样了。“胜利的英雄”决心大大地享受一下在海外的服役。他们为打败日本人流了血，当然应该受用一切最好的东西。何况他们扔几块美元也毫不吝惜。妓女、舞女，中国的、日本的、俄国的……无所不有，一个个竞相从美国大兵身上捞钱。有些精明的女人大显身手，她们给美国兵一张不值钱的中国纸币，换一张美元，说是为了留个纪念，好永远不忘相好过的男友。

许多倒霉的女人碰到和蝴蝶夫人①同样的遭遇：自己怀了孕，孩子的爸爸却无影无踪。

没过多久，上海的老百姓就开始鄙视、讨厌美国人了。有时美国人太不像话，老百姓就只好动动拳头。被打得鼻青脸肿的自然是那些美国人。听说有个车夫把一个美国醉鬼痛打了一顿，因为他不付讲好的车钱。听到这消息的人都觉得痛快。

美国人还干一种令人讨厌的事。一些当兵的和下级军官在大街

---

① 蝴蝶夫人，《蝴蝶夫人》中的主人公。《蝴蝶夫人》取材于美国作家龙格的小说、根据贝拉斯科的剧本改编的歌剧，普契尼作曲。故事叙述了日本女子蝴蝶夫人的悲惨遭遇。她嫁给美国海军上尉平克尔顿。上尉回美国后，蝴蝶夫人拒绝一切求婚者，日夜盼望上尉回到日本。一日，美国军舰进日本海港，上尉携新婚夫人，来到蝴蝶夫人处，准备带走他与蝴蝶夫人所生之子。蝴蝶夫人悲痛欲绝，抽剑自刎。——译者注

上东游西逛地叫卖货物，诸如罐头制品、“骆驼”牌香烟、塑料制品、巧克力、口香糖、避孕套等，杂七杂八，无奇不有。他们急于拿这些东西换点儿现钱，于是，这些反映美国文明的杂货很快就在上海上市了。在那些为车夫、工人、小职员、学生供应饭食的街头小摊上，也出现了充当早点的可可、甜面包和果酱，而来吃早点的人却是一生中从未见过、从未尝过，也从来不提要这些洋货。

这一切，只不过是表面现象，只不过是些陪衬罢了。严重的是美国要把中国变为其殖民地。中国人民刚刚摆脱了日本的欺凌，他们也绝不愿再受另一个帝国主义国家的欺凌。

1946 年 9 月下旬，上海民主人士发起了一个运动，要求美国从中国撤军。到 5 月初，苏联军队已全部撤出了东北各省，现在该是美国兵回家的时候了。人们的口号是：“美国佬滚出中国去!”这是上海人民的一致要求，也是全中国人民的共同呼声。

1946 年 11 月 6 日签订的《中美友好通商航海条约》，使美国人在中国领土上享有侨居、旅游、贸易和各种各样买卖管理等方面的许多特权。这又掀起了人民抗议的高潮。人民群众的抗议汇集成反对美国干涉中国内政的大规模运动。

美国驻华军队所代表的利益和美国兵的所作所为激起了公愤。12 月底，人民的愤怒达到了顶峰，上海和全国各大中城市的大规模示威游行此起彼伏，抗议美国兵强奸北京大学女学生的暴行。

据说上海有四五万人参加了示威游行。我看见了游行的队伍，他们转过南京路走向外滩。示威者不仅人数多，而且看上去各界代表都有，这给我留下了很深的印象。老学者和青年学生挽手前进；资本家、商人和工人、职员、店员并肩向前；家庭主妇和女佣、车夫和顾客都加入了同一个行列。他们紧握拳头、振臂高呼，千百只手挥动着千百面小旗。这样公开而强烈的抗议，这样一致的行动，这样大的规模，以前在上海还从未出现过。

回想起那些日子，我总有一种感觉，就是当时不论上海还是全中国，形势都很混乱，要弄清到底发生了什么事情，实在不大容易。最使我费解的是，中国人民付出了巨大的代价，打败了企图奴役他们的日本侵略者；如今抗战刚刚结束，美国这个号称自由和民主的国家，这个刚刚与纳粹德国和日本打过仗的国家，怎么会千方百计挤进中国，像日本人一样干坏事。美国的优秀青年战死在欧洲、马来西亚、菲律宾、冲绳、关岛。可现在美国却极力使中国变为自己的殖民地。这一事实一刻也不能忽视，因为美国兵不容我们忽视，他们就在你眼前，他们时时令人讨厌。

有人说若是富兰克林·罗斯福还活着，这一切都不会发生。我再三考虑，仍不敢相信。我读过美国历史，知道美国的政策从来不是总统个人所能决定的。美国的政治经济制度、政治经济目标，这个或那个集团的利益，这些才是决定性的因素。

后来，有位好心的美国朋友说，要是美国不参加第二次世界大战，“太阳”旗现在仍会在中国上空飘扬。当时，我想不出令人信服的答复。后来我查了有关资料才知道，仅 1944 年一年，八路军、新四军、华南抗日支队就与日伪军队进行了上千次战斗，使敌军伤亡人数达二十万，抓了五万名俘虏，收复了十几个城市，解放了一千多万人口。

这些数字证明了两个事实：一是抗战的胜利是中国人民在中国共产党领导下取得的；二是没有美国或任何人的帮助，中国人民也一定能把“太阳”旗打倒在地。

抗战胜利后，蒋介石的实力还相当强，威望也不低。对他在抗战中扮演的角色，许多人是不了解真相的，认为蒋介石是把中国引向胜利的人。传说他要到上海，整个气氛之中充满了欢迎、希望和喜悦。我和那些当记者的朋友们仍然常常见面，我不止一次发现他们对公众（至少是对社会某些阶层的人）的心境和感情特别敏感。看来他们觉得“老头子”在有影响的人物中间还是受到爱戴的。

但是没过多久，蒋介石作为人民领袖、人民救星的形象就开始受到质疑了。人们就蒋介石其人及其所作所为提出种种疑问：为什么领导中国人民战胜日本侵略者的人却在明目张胆地把自己的国家出卖给美国人？为什么他竭尽全力发动内战？为什么以他为首的“四大家族”越滚越富，而广大百姓却只能勉强糊口？人们问了一个又一个的问题，各个都使蒋介石威信扫地。

在上海（更确切一点儿是在公共租界），二十年来出现了三代帝国主义分子。英国不声不响、派头十足地吸中国人民的血，蒋介石对英国人的依附，与英国人的勾结也或多或少是暗中进行的（如利用买办和英帝国主义打交道）。日本明目张胆，心狠手辣地吞噬中国人民的血肉，蒋介石只打出假抵抗的旗子。现在美国佬来了，上海变得嘈杂混乱，简直像美国的竞技场。不用细查，一眼就可以看出蒋介石和美国人是穿一条裤子的。他们像桥牌中的伙伴，谁也离不开谁，只不过蒋介石打的是明家。

从日本投降到 1947 年 7 月，美国向国民党提供了大量军火武器；美国飞机帮助蒋介石把部队运到日本人控制的大城市里、运到解放区周围的前线上；美国顾问训练国民党士兵；美国驻扎在秦皇岛、山东半岛和其他一些地方的部队明目张胆地进攻华东华北的解放区。

这些事实，有的是我在上海时从国民党报纸上收集的，更多的则是我从联合国善后救济总署的工作人员那里听到的。他们中有许多人在1947年春夏两季从上海乘船到过烟台，不少人都曾气愤地告诉我，美国对解放区的资金和物资援助寥寥无几，同时却把大量金钱送往蒋介石的金库，把武器源源不断地运进国民党的军火库。

美国人慷慨解囊，蒋介石自然要“报恩”。于是国民党政府和美国政府签订了一系列条约协议（《中美友好通商航海条约》只是其中的一个），这样就使中国在经济上、政治上成了美国的附庸。

抗战胜利后，“四大家族”凭借美国人的垄断资本，接管了日伪的工厂企业。美国董事、经理、顾问，身居高位，代替了从前的日伪厂主和官员。美国的工商企业遍及中国大地，尽情地享受着“公司修正法”和其他类似法规给予的特权。

很快，美国对中国的商品出口量就比1936年至1937年增长了一倍，到1946年竟占中国进口总量的百分之五十还要多。

和战前的标准相比，在日本投降前夕，物价上涨了一千八百倍，到1947年4月上涨了六万倍。抗日战争开始时，国民党发行的法币总量为十四亿元，而到了1947年4月，法币数量增加了一万倍。

所有的物价都在飞涨，食物和日用品的价格一天一个样。抗战胜利后，小摊小贩大量增加。为了垄断贸易，国民党政府于1946年8月颁布命令，禁止在上海市的两个地区摆摊，理由是保护市容。近千名小贩因违犯这一禁令而被逮捕。所有的小贩及其家属都面临着失业和饥饿。11月30日，三千名摊贩到新闻捕房请愿，要求释放被捕的摊贩。新闻捕房在报社以西，相距只有一个街区。当时我正在报社，听到外面人声鼎沸，就和几个记者一起跑了出来。一大群男女，还有一些孩子，挤在新闻捕房周围。有些人脖子上挂着杂货箱，这是各自小本买卖的标志。突然，新闻捕房的大铁门开了，一队巡捕头戴美制钢盔，手持警棍，冲到门前的广场上。他们闯进人群。上下挥舞警棍，把请愿的小贩赶得四处奔逃。我随着人群，逃进一条黑乎乎的里弄。第二天，我听说在前一天的事件中有七人死亡，许多人受伤，几百人被拘留。翌日，小贩们继续斗争。这一天，十人死亡，上百人受伤。后来城里没再出现示威游行，但大小商铺都关门上板，表示支持小贩的斗争。

六

1946 年夏，我交了几位新朋友。有一位是德国共产党员，名叫安娜。她丈夫是个中国同志。安娜为宋庆龄的中国福利基金会做了不少出色的工作。有位朋友认识我，也认识安娜，就介绍我和安娜认识了。我能给她帮点儿小忙——为解放区弄点儿珍贵的药品。

我常去拜访安娜。在她那里，我结识了一些和解放区有联系的人。他们同情中国人民在共产党领导下反对美国支持的国民党的斗争。

和这些人之间的友谊在当时对我产生了很大的影响。他们有理论知识，也有战斗经验，对前线的形势和解放区的情况知道很多。他们热情关怀着中国人民的事业，愿意为这一事业的胜利贡献自己的才能和力量。在我抉择道路的关键时刻，这对我是起了重要作用的。

我尽可能多地和他们接触。他们信任我，我也喜欢他们，喜欢和他们在一起。正是通过他们我才认识了中国共产党上海办事处的负责同志。

安娜现已不在中国，她回德国去工作了。有时还到中国参观访问，这里毕竟是她深深热爱的土地，是她多年为之辛勤工作的地方。直到今天，她仍然是中国人民的好朋友。我已经三十年没见过安娜了。但我至今仍旧怀念我们的友谊，感激她对我的帮助。

七

1946年春夏两季，我徘徊在生活的十字路口。我该向何处去？在这个广阔的世界上，哪里是我的归宿？

我可以到巴勒斯坦，许多犹太人正从欧洲和上海移居巴勒斯坦。但是，我到底有多少犹太人的气质？我究竟算不算个犹太人？

我找过一个在上海的人，他和移居巴勒斯坦的事务有些联系。我们简单地谈了谈，他一再问我为什么决定去巴勒斯坦，我觉得这个问题很难解释清楚。回到住所，我苦思冥想，想到了几个原因。我读过屠格涅夫的《前夜》、拜伦的诗、伏尼契的《牛虻》，其中的男女主人公都是为他国的自由和独立而奋斗，而献身，他们都是我崇拜的英雄。另一个理由是我要属于一个民族，我要有自己的根。当然，我还受到一个朋友的影响，他是个奥地利籍犹太人，是一个犹太复国主义青年团体的积极分子，这个组织的名字大概是高德尼亚。至于怎样受他的影响，却也很难具体地说清楚。

但是，这几个原因就连我自己听起来都觉得幼稚可笑、不合实际。去，还是不去？几天来，这个问题一直在我脑子里转来转去。最后我还是决定不去。巴勒斯坦是个陌生的国家，不是我想扎根的地方。

我还可以留在上海。我想留在中国，在这里结束我无所归属的生活，在这里深深地扎下根，因为我这三十多年的岁月，大部分都是在中国的土地上度过的。我想留在中国，却不想留在上海，不想生活在“四大家族”统治的社会里。这个城市、这种社会是注定要死灭的，这里的一切也必将分崩离析。

我心里乱得很。到底哪里才是我向往的那种中国？怎样才能找到她？怎样才能做她的公民？怎样才能使她成为我自己的祖国？

我拜访了一位名气颇高的律师，向他请教。我太幼稚，把自己的动机全告诉了他。可律师先生对我有什么动机丝毫不感兴趣，对他有诱惑力的是钱。他说事情可以安排妥当，不过手续费很高，还必须付美元。我只好暂时把这件事放下了。

我也可以去美国。有父母和大哥帮忙，去美国并不难。他们希望我去，愿意在经济上帮助我。然而，在第二次世界大战胜利之后，我亲眼看到了美国人的所作所为，这动摇了我对美国民主、文明、道德的信心。美国人在中国、在上海干的是什么？我无法想象怎么能到这样一个国家去和这样一些人生活在一起。美国人的做法令人难以理解，无法接受。除了这些道德方面的考虑，还有一个重要因素——我既无一技之长，又无特殊才干，到了美国能干什么？尽管如此，在当时所能走的路中，这一条我最难舍弃，何况我所敬爱的大哥又极力劝我去美国，这就使我更难下决心了。

最后还有一条路——到中国解放区去。我从维克多、安娜和其他朋友那里了解到许多有关解放区的情况。

我是个外国人，是知识分子。受的是英国教育，成年后也多是为外国人做事。事业上也算顺利。这样一个人，为什么要在中国革命的紧要关头，跑到解放区去参加“农民革命”？每当我试图分析这个问题的时候，每当我试图明确指出是什么因素、什么时刻、什么事件促使我在长期犹豫之后拿定了主意的时候，我就发现自己无法解释清楚，也不能叫人心服口服。可是，如果人们能考虑到促使我做出决定的各种因素，我的决定就能解释得通，也能为人们所理解。我曾在海参崴生活过几年，那里的环境在一个孩子心灵上打下了深深的烙印；我是犹太人，是俄国人，社会地位可想而知；我在上海亲眼看到了1927年、1932年、1937年的三次战争；我在上海的英国学校里念过书，不会忘记一个俄国孩子在英国人办的学校里度过的岁月；我记着和英国人打过的三次交道；我记着“四昼夜浴血奋战”的英雄营；我记着中国人民反抗国民党，反抗日、美帝国主义的革命斗争；我还记着美国人在上海、在整个中国的所作所为；我曾有过像维克多、安娜这样的朋友。这一切在我的脑子里形成了一种明智合理的意念，最终也就自然而然地促成了我去解放区的决定。

有的朋友问我是在哪一个具体的时刻，在什么情况下，做出了奔向解放区的决定。虽然具体的日子说不清了，但回答这个问题并不费力。那是1946年的冬天，我当时住在南京一位澳大利亚战地记者的寓所里。有个星期六的晚上，他收到共产党办事处的邀请，约他共进晚餐。他让我同去，他一说我就答应了。乘他的车前往饭店，共产党办事处的人早已在那里等着，人不少，全是活泼的年轻人。澳大利亚记者给我做过介绍之后，有几个人出于礼貌，就用英语和我打招呼。他们中大多数英语说得不错。很快宴会就开始了，广东风味的菜肴，绍兴酒也很多，温过之后，醇香爽口。宴会的气氛友好欢乐，和共产党人同桌而餐也不免使我激动，我喝了一盅又一盅。带着几分激动、几分醉意，再加上我一直在酝酿的计划，我突然拿起酒杯，走到一位似乎是负责人的面前，举杯祝酒。我用英语说：“祝您健康！”说完又加了一句：“您知道吗，我很快就要到解放区去了。”他没说话，只微微一笑，喝干了酒，接着就坐下了。

事情的经过就是如此。从那天起，对去解放区一事我就再也没有犹豫过。主意已定，我感到非常愉快。

回到上海后，我对几个朋友谈起自己的打算。有的完全理解，完全赞成；有的表示同情，但不是很理解我的计划；还有的认为我终将会为自己的决定后悔。有位朋友半真半假地说气话，抱怨我是先决定好了才征求他的意见，这话倒也不能算错。

八

这一天终于来到了。我找到上海的共产党办事处。办事处在法租界马思南路一〇七号，当时人称“周公馆”。我一路走去，真算得上一次历险。穿大街过小巷，查看门牌号码，老觉得有国民党特务盯着我，因为“周公馆”四周特务密布。走进大门时，我还担心会让人拦住。进了办事处，有人把我领到一间宽敞且没有多少家具的房间里。一个瘦小的人接待了我。他戴着眼镜，穿一身整洁的中山装。让座之后，他说我的申请已得到批准，告诉我洽商离沪及船票等事项需要找的人，又问我还有什么困难。我向他道谢，和他握手，然后就回来了。办完了事，心里挺舒畅。虽说决定是出于一时冲动，但我感觉我做出了正确的选择，并且是唯一正确的选择。从此以后，一切都会顺心如意的。

这些都是 1947 年 3 月初的事。当时我还不知道共产党在南京、重庆、上海的代表团已于 3 月 7 日撤离了白区。因为形势已经明朗，国民党在美国的赞成和全力支持下，已经决定发动内战了。

我买了一张 3 月 14 日的船票，准备乘联合国善后救济总署的船去烟台，维克多和我同行。我们打算提前几天上船。3 月 12 日一大早，我们从外滩栈桥乘一艘汽艇到达停在江心的运输船上。船名

“自由号”，船身矮小，已是破旧不堪。我们上了船，把行李放在舱房里，就来到甲板上。我要向上海告别了。在这里，我度过了二十三个春秋；在这里，我长大成熟、阅历生活、获取经验；在这里，我最终认识了自己，选定了道路。再见了，上海——冒险家的乐园，革命者的战场。

待在船上并不保险。我们得知国民党特务正在四下窥探，回到城里也不安全。最后我们想了个两全之策，乘一条舢板，到了杨树浦区。这里没有人能发现我们，也没有人来找我们的麻烦。杨树浦是工厂区，满街都是刚下班的工人。我们走过一家小电影院，就进去看了个好莱坞的音乐片。这片子和我们当时的情绪格格不入。走出电影院时已是黄昏，在小摊上匆匆吃了碗面条，我们就上舢板回船去了。我们不在时，船上一切正常，也没人来找我们。于是我俩觉得自己未免有点儿过于担心了。第二天，我们又去杨树浦，在那里待了一整天，直到全城都已沉浸在夜幕中，我们才返回船上。

1947 年 3 月 14 日，“自由号”起锚开航，我们开始了驶向未来的航程。

第七章　奔向前程

一

我不迷信，也从未乞灵于上帝和命运。但是，我一生中发生过的两件大事巧在一起，不能不带点儿神奇的色彩。两次都是在海上航行，一次是1926年从海参崴到上海，一次是1947年从上海到烟台。

两次航行，对我来说都是举足轻重，都是生活的转折点。两次乘的船——一次是条挪威船，一次是美国的“自由号”——都遇到了风暴。第一次乘船是从苏维埃的海参崴到半封建半殖民地的上海，一路上几乎把我折腾死（至少当时感觉如此）；第二次是从国民党统治下的上海到共产党领导下的解放区，一路上我精力充沛，感觉良好。

二

3月14日下午，晴空万里，我们的船起航了。晚上11点左右到了吴淞。吴淞口是上海的门户。国民党宪兵上船来，也不知搜人还是搜物。我本来已睡着了，可船上的发动机一停，倒使我醒了。

甲板上有人大喊大叫，还响起了沉重的皮靴声。我四下看了看暗淡的舱房，有的乘客仍在沉睡，有的慌忙把头藏在毯子下面。我也学着他们的样子，把头蒙上。天热气闷，加上心神不安，我浑身冒汗。但头在毯子里面似乎觉得少了几分危险。

一切安然无事，宪兵走了。很快船就驶进了广阔的大海。我又睡着了。过了一会儿，船晃动起来，把我摇醒，这使我又想起了1926年。虽说两次船都不稳，可是感觉似乎不大一样。当年那条挪威船是前后颠簸，船首船尾颇有节奏地一上一下，就像是块跷跷板。而这一次船是左右摇摆，先慢慢地倒向一边，歪着船身行驶一会儿，再慢慢地倒向另一边。这样的航行倒是挺好的催眠方法。

第二天早晨，我很晚才起床。船摇得更厉害了，四下乱晃，简直像一匹受惊的野马。乘客们都躺在铺上，有的随着船的摇晃而翻左翻右，有的低声地呻吟叹气。我穿上衣服，走出客舱。

我站在甲板上，紧紧抓住船栏杆。心口感到一阵阵的恶心，觉得好像船钻进大海，再也爬不出来了。以前，我总认为海要不就是湛蓝的，要不就是碧绿的，可眼前却是一片茫茫的棕褐色。排排白花花的波涛滚滚而来。海浪疯狂地拍打着船舷，船尾剧烈地上下颠簸，吃水线上面的每一寸船身、每一个部件都在吱吱嘎嘎地呻吟。阴沉沉灰蒙蒙的天空直压下来。这色彩、这声音倒把我迷住了，使我舍不得离开甲板，甚至驱走了我晕船的感觉。

我走进饭厅。饭厅里一个旅客也没有。侍者过来，给我端上早饭。现在已记不清当时吃了些什么，只记得我胃口颇佳，使同桌就餐的一位船上的官员赞不绝口。我们交谈起来。他告诉我他已在海上颠簸了二十多年。这次最倒霉，碰上了这样一条适航性最差的破船。在他的言谈之中，有几分伤心，却也掺杂了几分快意。这次风暴无疑是他许多年来遇到的最凶猛的一次，而船上的水手又都是一群毫无经验的蠢货。他断言我们一定到不了港口，还自愿出一个月的薪水，让别人只拿一毛钱与他为此打赌。可是这不祥的预兆既没有减弱我的食欲，也没有破坏我的兴致。

西北风几乎一路伴随我们到烟台。虽有那位官员的预言在先，船还是接近了烟台港。这时我才又见到维克多和其他乘客。3 月 17 日，星期五，天晴风定，船摇晃得也不算厉害了。有些乘客走上甲板，呼吸新鲜空气。我遇到了一对年轻的中国夫妇。后来，我与他们两个共事多年，至今他们仍是我的朋友。维克多也来到甲板上，他面色苍白。我还看见了一个美国牧师，在上海时我们曾得到预先通知，说这个美国牧师可能是间谍，让我们不要与他来往。

大海、蓝天，景色宁静宜人。这时却突然出现了一架侦察机，机翼上有国民党的标志。飞机在低空盘旋，飞过轮船上空时，我清楚地看到了驾驶员的面孔。他正在朝下看，满脸的杀气。轮船慢慢向北驶去，侦察机仍在我们头上转圈子，驾驶员的双眼死盯着我们的船。

下午 4 时许，我们在一个小海湾抛了锚。海湾景色秀丽，色彩爽目，是个好地方。

这里有一条长长的大堤，一直伸向海里。我们走下船，在大堤上，一群身穿深蓝制服的人前来迎接我们。两个年轻人说他们将为我当翻译，他们英语讲得很流利，只是带有极重的广东口音。两人用英语把欢迎的人一一向我做了介绍，其中有烟台市市长和各机关组织的官员，气氛十分友好，也很随意。

我放眼望去。大堤的尽头站着一个身穿褪色军装的士兵。他正警惕地注视着海湾。海水清清，云波滚滚，映出哨兵那挺拔的身影。

我的感觉是自己终于到家了。

我们坐上小车，驶过不宽的街道。小城安静清新。十分钟后，我们到了紧靠海边的一所西式三层楼房前。这是从前的国际俱乐部，我们就住在这里。我的房间在三楼，房间里有一个窗户，正对着海湾。

记得在烟台最初的几天，听到的是海浪日夜冲击着住所石砌的屋基的声音，这声音使我感到晕眩，几乎又尝到了晕船的滋味。后来，人们开始登门拜访，并通过翻译和我交谈。在上海的时候，我喜欢幽居独处。要是在别的情况下，频繁的来访也叫我受不了。但这里的人亲切友好，言谈得体。他们对我十分好奇，也从不掩饰这一点。于是我渐渐地喜欢他们的来访了。还有那些没完没了的宴会。这些宴会大都是市长招待前来参观访问的外国人，特别是招待善后救济总署的官员的。每次宴会都邀请我参加。我常常喝醉，第二天觉得很不舒服，自然后来我就不大喜欢这种宴会了。

真正使我感到有趣的是和翻译同志一起去逛烟台城。记得有一次参观了一个儿童画展，展出的画都是五六岁儿童的作品，许多是画的大海、大堤、拖到沙滩上的渔船、挂满杂物水草的渔网。我对绘画毫无研究，但其中有些的确画得很精彩。我还观看过小学生演出的歌舞，有些歌很悦耳。孩子们唱得认真，唱得带劲，歌声在教室里回响，振奋人心。我也去听过京剧，后来才知道烟台人一向爱京剧。我还看过一个滑稽剧，这个剧是讽刺1946年年底蒋介石举行的伪“国民大会”代表的选举。滑稽剧效仿果戈理《钦差大臣》的风格，而《钦差大臣》我从小就很熟悉。这出戏是个外地剧团演的，写得滑稽，演得也滑稽。我喜欢这出戏，觉得它饶有风趣。美中不足的是戏中不少地方过于粗俗。我写了一篇短评，谈了自己的看法，送到当地的报社。很快这篇文章就见报了。那时，我热情十足，也非常自信。

我还参观了著名的张裕酒厂的酒窖。20世纪初，这个酒厂的产品曾在国际博览会上获奖。1947 年，张裕酒厂只不过有几座陈旧不堪的建筑，由一位意大利老技师和几名中国雇员管理。酒窖里阴凉黑暗，有些大酒桶已有五十多年的历史。意大利老技师用美酒招待了我们。这些都使我感到高兴。

那时我留着小胡子，穿着皮夹克和马裤，嘴里含着烟斗，愿去哪里就去哪里，有时一个翻译陪着，有时两个翻译同去，就这样参观了不少游览胜地。每到一处，人们都是热情欢迎。我常提问题，人们也都是毫无保留地回答。解放区困难重重，这是事实。但没有人想隐瞒这个事实。人人都十分清楚，困难是国民党造成的。美国人出谋划策，帮助并支持国民党发动了内战，这场战争比抗日战争规模更大。国民党士兵穿的是美国造的军装，用的是美国造的枪，嚼的是美国造的口香糖，连嘴里骂人的话都是从美国人那里学来的。国民党士兵烧杀抢掠，奸淫自己的同胞，其所作所为使日本人相形见绌。是啊，解放区困难重重，但解放区的人民十分乐观。我听到过愤怒的声音，但从未听到过抱怨。人们只有一个决心，那就是为解放战争的胜利做出自己的贡献。我曾经和一些目击者或听过目击者讲述战争实情的人交谈过，我完全有理由相信他们的话。

记得我曾和一位中年家庭妇女交谈过。她有个儿子，在国民党部队里当班长。他在家信中说他最近到乡下为部队搞粮食（实则为抢），因为卖力，回来后受到了嘉奖。

谈到儿子的时候，这位妇女毫不掩饰。自己的亲骨肉竟把枪口对准人民，她为此而感到十分痛心。她恨儿子为国民党卖力，恨儿子为得到奖赏大吹大擂。

我问："你不怕别人知道你儿子干的事吗？"她一板一眼地回答："不怕。我为什么要害怕呢？我懂党的政策。"

她的态度使我惊讶不已。后来我把这种态度称为"政治觉悟"。

从那以后，我又遇到了许多人，又与许多人交谈过。在他们身上，我发现了同样的精神、同样的态度、同样的政治觉悟。

三

我喜欢这里的老百姓，他们使我感到高兴，感到快乐。

他们心中目标明确，他们繁忙、幸福。这是一个崭新的世界，这里的人们诚心相处，乐于帮助朋友。

离开了“四大家族”统治的上海，走进了这样一个世界，真令人样样好奇、耳目一新。烟台十多年来一直是个小上海，直到1945年秋才获得第一次解放。这崭新的一切都是在短短的一年半中取得的。

一个一个的人，一张一张的面孔，给我留下了异常深刻的印象。在上海，我虽有幸结识了安娜、维克多和其他一些朋友，可他们毕竟是生活在大上海。现在我又认识了不少人，他们的经历却完全不同。

我暗自把这些人称为我画廊中的人物，随着时光的流逝，我的画廊中又增添了新的肖像。

首先是位年轻的妇女，胖胖的，整天乐呵呵的。她英语讲得挺流利，当时还跟我学俄语。从别的朋友那里，我听说她在“大后方”（抗战时期国民党统治的地区）时就是党员了，但后来与组织失去了联系，没有人能证实她的党籍。这虽然使她有点儿苦恼，却改变不了她那快活、健谈、乐观的性格。我非常喜欢她，我们无所不谈，还常常为许多问题争执不休。现在回想起来，由于自己到解放区之前所受的教育和所处的环境，我那时在她眼里肯定是个无知、幼稚、充满偏见的人。有一次，我们为犹太人的问题争执起来。她对这个问题知之不多，断言犹太人是个民族；我对这个问题兴趣不大，反驳说犹太人是个社会宗教集团。虽说两人意见不一，却也无伤大雅。还有一次争论与苏联有关。苏军从中国东北撤军时，带走了原日伪工厂的机械设备。这样做是否正当？我的观点是，如果苏联人这样做不算错，那美国军队的胡作非为也不该受到指责。这实际上只不过是重复了国民党的宣传。她毫不费力就证明了我的观点是错误的。

这里附一笔。这位女同志后来恢复了党籍，她在公安部门工作，结了婚，生了好几个孩子。后来在“文化大革命”中去世。

我的画廊中还有一张肖像。那是个广东人，大家都称他连长。他曾在两广支队打过仗。这是支革命武装，在华南的广东、广西一带活动。我不知道他是不是真的当过连长，但他参加革命斗争多年，虽然不言不语，却十分自信、沉着，蛮有几分权威的神气。这些给我留下了很深的印象。他能讲点儿英语，有时我们在一起聊聊天，这对我来说也是一种乐趣。

我的两位翻译老谭和小吴也是两广支队的，这两位可是好人。从我踏上解放区土地的第一天开始，他们就热情地帮助我，不仅做我的向导和翻译，还向我解释新的生活。他们想方设法，帮我适应环境。我没费多长时间和气力就习惯了解放区的生活，这在很大程度上要归功于这两位好心的广东同志。

有位负责伙食的老同志，大伙都叫他老王。在所有的同志之中，这位老大爷最和蔼可亲，最热心善良，最体贴别人。后来我才知道，他是个共产党员。在老王身上体现出我所认为是极其宝贵的品德——对朋友、对同志真心实意，因而他能时时乐于为朋友和同志们服务。

我在烟台时，老王对我体贴入微，为我费力操心。从城里撤到乡下后，他还为我准备了生日宴会。这些我在以下的章节内还会讲到。

还有一位新华社的记者正巧路过烟台，就在我的房间里住了几天。他刚从前线回来，对解放军粉碎1946年4月敌人对山东解放区发动的大规模进攻的胜利消息知道得很多。他英语讲得十分漂亮，又谙知事实经过，充满自信，也令人信服。在和他同住的几天里，革命对山东人民的意义、共产党领导的重要性，这些问题对我来说是更清楚、更具体了。我已记不清这位同志的姓名，但仍珍藏着他的一幅照片。照片上，他戴一顶毡帽，胸前还挂着一架照相机。

在我记忆的画廊里，我们首长的位置十分突出。他姓赵，是个乐呵呵的矮胖子。他精明能干，有丰富的革命斗争经验。他属于那种自己没有专业知识技能却领导专业工作的干部，这种人现在少了。老赵不懂外语，其英语词汇只有一个“horse - horse，tiger - tiger”（马马虎虎）。这句土造英语，他动辄就说，说完又哈哈大笑。

老赵的妻子是我们的党支部书记。这位女同志有必要一提。我们是后来在农村一起工作时认识的。以后我还会提到她。

还有一张肖像也该加进画廊。那是一位奥地利共产党员。那年春天，他在烟台和我一起住了几天。这人名叫卡尔，有一段十分激动人心的经历。

纳粹德国吞并奥地利之前，卡尔在维也纳一所大学教马克思主义理论。他是共产党员，又是犹太人，纳粹侵占奥地利后，他只好离乡背井，出逃在外。他先去了西班牙，因为在西班牙他能够为打垮纳粹主义及其一切代表而贡献力量。他参加了著名的“国际旅”，在西班牙的格尔尼卡受了重伤。伤刚好，他就来到中国前线。我遇到他的时候，他正要回国，因为他觉得祖国需要他。

他是个职业理论家，信仰马克思主义，全心全意为信仰而献身。

我们谈了三天三夜。我听他讲马克思主义的基础。虽说听众只我一个，卡尔却如同面对着千百名听众。他讲述革命的意义，解释党、阶级、群众三者之间的关系，阐明无产阶级专政，论证资本主义社会的经济结构和共产主义的基本原则。他讲得清晰易懂，先一条一条列出原则，又从他十五年的革命活动中分别举例说明。他对我的授课时间只有七十二个小时，还要除去一日三餐和晚上短暂的休息。但他的课上得及时，我所接受的许多东西在当时和以后的岁月中对我都起了重要的作用。我开始理解过去——我自己的过去，上海的过去，中国的过去，世界的过去。未来，也充满了意义。我现在明白了，结束我从前无目的的漂荡生活，奔向北方，奔向解放区，奔向新的生活，这些，都做对了。

像这样简短的会面，长久的友谊，还有不少。每次都使我深受教育，大有收益。一次次的会面，就像一颗颗微粒。渐渐地，这些微粒聚集起来，形成了我思想的格局。

四

我收到了不少上海的来信，字里行间充满了沮丧之情。使收信者也感到沉闷压抑。我认识的人中，许多在上海待不下去，纷纷漂洋过海，到美国、澳大利亚、加拿大或南美去了。还有的正在等候签证。这些信谈到了上海的局势：通货膨胀无法控制；“四大家族”唯利是图，鱼肉百姓，吞噬资财，向一切尚未受其控制的领域伸出了黑手；成千上万的工厂商号倒闭；罢工运动接连不断；面黄肌瘦的农民涌入城区；人们为召开“国民大会”，为通过“中华民国宪法”而怒不可遏，为所谓的“改组国民党”和其他政治骗局而义愤填膺。读着这些来信，我不禁为自己离开了上海而感到庆幸。我把上海发生的事情写成几篇文章，由几位朋友译成汉语，发表在当地的中文报纸上。人们告诉我，这些文章引起了读者的兴趣。

也就是在这个时候，我在烟台听到了国民党部队为阻拦解放军而炸毁黄河大坝的消息。黄水泛滥，成千上万的农民遭灾受难。我给一位在美国的朋友写信时告诉了他这件事，我谴责美国人是幕后策划者。他在回信中指责我为中国共产党做宣传，还说我若不改弦易辙，他就停止和我的通信。我本想再致一函，告诉他我的消息来源可靠。转而一想，还是不再徒劳为好。

五

我感到幸福，比一生任何时候都幸福。我找到了自己的生活之路，在我向往的地方，做着我喜爱的工作。只有一点，我颇有些不满：人们总把我当客人招待。无论到什么地方、干什么事情，“国际友人”这块牌子一直陪伴着我。诚然，人们对我和其他外国人完全不同，但是，人们过于客气，倒使我有些怏怏不乐。显然，我还不属于这块土地。

正当我反复考虑这件事的时候，老朋友维克多来到烟台。他刚刚沿着黄河参观了一些地区，还设法获准，访问了位于山东群山丛中的一个收容国民党将官的战俘营地。我们老朋友见面，双方都颇为高兴。他向我叙说了从上海到解放区后许多有趣的见闻。他对新近参观的战俘营地兴趣十足，认为审讯和改造反共死硬派的确是个十分有趣的试验。他觉得战俘营的工作很有成效，只不过他不愿看到那些对人民犯下滔天罪行的反动分子受到如此的款待。他告诉我，有个老年国民党将领要洗澡，为了他一个人的舒服，人们把大澡盆从山下一直抬到山上。

维克多喜欢自己的工作，但也抱怨他的才干未能得到充分的发挥，他的工作也未受到足够的重视。

我们为此真正辩论起来，从我们成为朋友以来，这还是第一次。我认为之所以有现在这种情况，主要是人们对我们太客气，他对此所持的态度是不赞同的。我坚持说事情要靠我们自己。要改变目前的状况，就必须以自己的行动向党内的同志证明我们不是客人。我们是来扎根、来工作的，是为共同的事业贡献力量的。他坚持自己的观点，我也不放弃我的意见。于是只好暂时停战，下次见面再继续交锋。

光阴荏苒。我依旧拜访使我感兴趣的人，参观吸引人的地方。我帮助同志们学外文，和其他同志合作搞汉英翻译，还帮助英文报纸《烟台日报》的编辑发稿。每时每刻，我都在适应新的生活，吸收新的思想，获取新的印象，明白新的现实。

5月中旬，烟台人民欢庆孟良崮战役大捷。孟良崮地处山东中部，解放军在那里包围并全歼了蒋介石的精锐部队七十四师等部。

祝捷大会是在一家电影院举行的。几百名兴高采烈的干部、战士和市民代表参加了大会。人们热情发言（翻译尽力把大意讲给我听），高呼口号，整个气氛活跃欢快、振奋人心。这次大捷是巧运筹神用兵的结果。蒋介石动用了四十五万大军对山东发动了重点进攻，孟良崮战役大捷却敲响了敌人的丧钟。这一点已是家喻户晓了。

对我来说，孟良崮战役大捷不仅仅是打败了数量上占优势的强敌，取得了军事上的胜利，它还使我更充分、更清楚地理解了党的领导。党唤醒了人民，党改变了城市的面貌，党领导人民和人民军队走向胜利。孟良崮战役大捷更加巩固了我在和维克多辩论时形成的思想：倘若我要扎根、要工作，倘若我要为中国人民的事业贡献力量，我就必须接受党的领导，就必须跟着党走。

追忆过去，说说发生的事件，谈谈自己想的什么，做出了什么决定，似乎毫不费力。可在当时并不容易。下一次决心，迈出任何能够改变生活道路的一步，我都要昼思夜想，反反复复地进行思想斗争。

我写信给领导同志，表达了自己想参加革命干部队伍的愿望。很快答复就来了，说领导上认真考虑了我的申请，决定同意我的要求。当天翻译找了一张最好的纸，打了一封信，祝贺我成为革命队伍中的一员。今天我仍保留着这封信，信的上方贴着这位翻译的照片。这又是一件珍贵的纪念品。

从此以后，我穿上了蓝粗布制服。我和其他同志同桌共餐，虽说是中国式的粗茶淡饭，对身体却大有益处。我和外事组的领导同志坐一张桌子，饭菜比一般同志强一点儿。这些变化虽说都是一眼可见，对我来说却是意义深远。这意味着在生命的第三十三个年头，我开始了崭新的生活。我不再属于自己，我的一切都属于党，属于革命事业。我依旧是我，然而，不论对我自己，还是对其他同志，我却又成为一个与昔日迥然不同的我。

从那时起对我也实行了“供给制”。“供给制”是在战争岁月和中华人民共和国成立之后头几年中实行过的一种制度，就是把生活必需品发给干部和战士。我不用交钱，就可以领到衣服、粮食和被褥，另外还能领到几角钱买牙膏肥皂、烟纸烟丝等。有时还拿这钱去吃上一碗清汤面。要是不吸烟或少吸烟，再用盐代替牙膏，也不一味享受清汤面，那么，我的日子就过得挺富裕。我喜欢“供给制”，这使我减少了许多麻烦，根本不用为粮米油盐和衣服用具操心。

同年夏天，共产党上海办事处的负责同志来烟台，他还顺便来看了看我。正是由于他的帮助，我才到了解放区。又见到他，我分外高兴。这一次我穿的是干部制服，感到很自豪，也有意在这位负责同志面前显摆一番。可能他把我的自豪感当作理所当然的事，因此也没说什么。

1947 年 8 月 1 日，我第一次参加了纪念中国人民解放军建军的庆祝活动。庆祝活动规模并不大。那天下着毛毛细雨，小城还沉浸在睡梦之中，街上没有多少人。一队一队的解放军战士沿街走过。看着大踏步前进的战士，我不禁想起了二十多年前在海参崴见到的苏联红军队列。两支军队的精神士气有许多相似之处。虽说没见过这两支军队驰骋疆场的雄姿，但看到战士们从我眼前走过，并且离我是这么近，我也深深地感到高兴和骄傲。

六

烟台地处山东东部，人口约十万，是个秀丽的海港小城。这里的苹果、梨、葡萄都驰名中外。山东能工巧匠的产品，诸如剪纸，刺绣、花边、发网等也从这里源源不断地运往各地。

第二次世界大战胜利以后，国民党从烟台港口仓皇逃跑时，砍倒了大批果树，所以水果外运已不可能。然而烟台却因几件大事名声大震。第一，烟台是美国舰队要求登陆的地方，但美军的要求遭到了姚市长的严词拒绝。美军恫吓威胁，对我们全然无效。美国海军将领只好下令撤退，撤退时还死要面子，说什么烟台的葡萄大概是太酸吧[1]。对美国人来说，这个教训很有必要，提醒他们，在国民党统治地区，美国人或许可以横行霸道，但是，想在中国各地为

① 葡萄太酸，源自《伊索寓言》。一只狐狸因够不着架上的葡萄，就自我解嘲地说葡萄太酸。——译者注

所欲为是绝对办不到的。

第二，烟台是共产党工商政策首先得以试行并获得巨大成功的地方。这是具有重大意义的，因为一个又一个的大中城市获得解放，这些城市都要贯彻执行党的工商政策。根据我的理解，党的政策是有效地保护一切遵纪守法的工商企业，帮助这些企业恢复和发展生产，核心是依靠工人阶级。以前我曾听说烟台的厂主、商人受了国民党宣传的欺骗，认为共产党会没收他们的动产和不动产。他们觉得与其财产被没收，还不如吃光喝光赌光。但实际上是，著名的张裕酒厂开了工。随后，其他资本家也恢复了生产。

第三，烟台是审理一起重大案件并对被告做出判决的地方。一间教室临时改作法庭，没有大群的新闻、摄影记者，也没有寻求奇闻的观众。但是，这次审讯引起的轰动不亚于在中国土地上进行的任何一次审讯。也许，这次审讯不是中国历史上的第一次。但是，在中国的法庭上，由中国的法官，因为对中国公民的犯罪行为，判决一个外国人，这确实是一个没有先例的事。

案情十分简单。一个喝得醉醺醺的俄国青年，开着一辆善后救济总署的吉普车，撞倒了一个中国行人。

审讯期间拘留了肇事者，还请我去和他谈谈，要求他坦白地承认自己的犯罪行为，希望他服罪，还让他请求宽大处理。肇事者三十岁左右，是个沙皇军队上校的儿子。他父亲每年 7 月 17 日都要挂带黑边的沙皇五色旗，纪念 1917 年被布尔什维克枪毙的沙皇尼古拉二世。这个俄国青年曾为一个买办当过保镖。他捞钞票、嫖女人、打回力、玩赛狗，寻欢作乐。说到这些他津津乐道、兴致勃勃。我和他谈过两次，但毫无收效。他有点儿紧张，但并不为自己闯的祸而感到特别不安。“他们能……能把我怎么样?”他不断地重复这句话，显然不是询问，他是在反问。

我旁听了审讯大会。法庭并不想严惩罪犯，审讯的目的是使他，使所有的外国人得到一个教训，让他们知道，在中国人民头上作威作福，不受中国法律制裁的日子已经一去不复返了。今后，他们必须老老实实地遵守这个国家的法律。

审讯对我是一个很好的教育。我曾亲眼看到，几十年来外国人在领事裁判权的庇护下，在中国的土地上，到底干了些什么。现在，在这里，在这间简陋的房间里，发生着一起具有历史性的事件。中国人民明明白白、堂堂正正地宣布：中国人民站起来了，中国人民不会再任人欺凌了。我坐在前排，既是个外国人，又不是外国人。我无心细听首席法官和公诉人的发言。我在观察每张面孔上交替变化的表情，我在思考，我在审查自己的感情，我觉得屋子里所有的眼睛似乎都在盯着我，问我："你站在哪一边？"是啊，我，站在哪一边？有人把军舰开过黄浦江，把炮口对准中国人民；有人几十年来豢养俄国、印度走狗，残杀中国的革命志士和无辜百姓；有人在公园门口挂起侮辱人格的标牌，禁止一整天为他们卖力流汗的中国人在傍晚到自己的土地上乘凉小憩；有人公然允许自己醉醺醺的大兵在市中心驱车撞死行人，允许自己的大兵强奸中国的姑娘；有人利用自己的法庭，让成百成千对中国人民犯下滔天罪行的杀人犯、诈骗犯、盗窃犯、贩毒的私商、骗姑娘的人贩子、流氓、恶棍逃之夭夭。我是站在他们一边，还是站在中国人民一边？我穿的制服，吃的饭菜，我所有的一切，所学的一切，所理解的一切，都是中国人民给的。不仅如此，他们还给了我奋斗的事业和生活的目标。

在整个审讯过程中，我低首沉思，深受感动，但这并不是在进行思想斗争，也不是感情在交锋。这是对道德观念的估价。就是在烟台的这个法庭上，我得出了正确的结论，从那以后，我一直都为此而感到高兴。判决十分宽大。宣判完毕，我走出了法庭，觉得自己成了一个爱国者。我爱我的第二祖国——中国。

七

9 月中旬，顾祝同指挥国民党部队逼近烟台。我们的一些领导同志准备乘船经大连转移到东北去。我们小组的一部分同志原来也打算走这条水路，但没来得及撤出烟台。

9 月 20 日晚，我们在一间没有灯光的屋子里集合，烟台市市长也来了。到会的同志不约而同地叽叽喳喳小声议论。肯定要有行动，但没有人知道是什么行动。会一开始先颁发了奖章。许多人因各种贡献而荣获奖章。想不到我也得了三枚三级勋章。一枚表彰我对前线的捐款，一枚是因为我工作出色，还有一枚则是鼓励我的勤俭节约。我心中明白，自己荣膺三枚奖章，主要原因是有个“国际友人”的头衔。不管怎样，获奖总是值得高兴的事。

接着，市长宣布国民党军队已经逼近，上级决定第二天拂晓撤离烟台。他三言两语地结束了会议，让我们回去收拾行装。

我回到自己屋里，心绪起伏。事情来得突然，我感到这次撤退在我一生中又是一件大事。

我在翻译同志的帮助下，把行李按要求一一打好。我试着把背包背起来，可背包带不是太长就是太短，费了好大劲才整理妥当。我躺在床上，几个小时一丝睡意也没有，静等着出发的号令。有许多事要考虑，因而也就不去管他睡着睡不着了。

早上 4 点半左右，室外仍是满天星斗。我们背起背包，走到院子里，两辆大卡车正等着我们。大家上车，很快车就穿过了夜色笼罩、寂静无声的街道，开到了城外。我告别了烟台，我在这里生活了六个月又三天，享受了烟台人民的热情款待。现在我们走了，小城就要听凭国民党糟蹋洗劫、烧杀抢掠了。我伤心、焦虑，但同时也感到幸福、自豪。我在期望，我万分激动。

人总喜欢想入非非，盘算着假如当时弃此拾彼，会是什么样的处境。然而，我坐在卡车上，望着东方泛白的早晨，却没有沉浸在这种徒劳无益的幻想之中。

在我的生活中，没有那么多“假如”。过去的六个月已把想入非非的“假如”一扫而光。现在我的生活很充实，生活中的一切清新美好，就像我周围新鲜的空气；生活的旅途坦坦荡荡，就像眼前笔直的道路；生活的目标端正明确，就像我们卡车奔驰的方向。

生活，是美好的！

第八章　新天新地

一

这是个秋天的早晨，清新迷人，只有屠格涅夫①的妙笔才能描绘出它的美丽。凉风习习，东方一抹绯红的朝霞，路两边的田野在晨雾蒙蒙中一闪而过，远处的灯光时有时无，明明灭灭。早晨的景色把我的思想带入一个遥远的梦幻境地，我自由自在地缅怀过去，思考现在，憧憬未来。

傍晚，车在牟平县郊外一个小村庄里停下。大家在铺着褥子的炕上休息了一会儿。炕，这时对我还是个新鲜东西，后来就成了我的老伙计。随后大家梳洗一番，准备参加一次生日宴会。这次宴会是专门为我举办的。我那年三十三岁，按中国的传统习俗并非“大寿”。可我是“友人”，又是客人，因此上级决定为我“祝寿”。为了撤离烟台，他们操心费神，真不知在这忙乱之中他们怎么会安排了这样一个盛大的宴会。这里说盛大并非夸张，大盘小碟，盛满美

---

① 屠格涅夫（1818—1883），19世纪俄国伟大作家。其成名作《猎人笔记》，以优美的语言，描绘出诗意盎然的俄罗斯自然景色。——译者注

食佳肴，还有各种汤菜，十几瓶酒以及水果，等等，把一张铺着桌布的饭桌摆得满满的。桌子周围坐着我们组的同志。我们的首长老赵满面春风，主持了这次宴会。老王屋里屋外忙来忙去，为了准备我的生日宴会，他可是费了不少心。

我喜欢过生日，从来都把过生日当成一件大事。不论是自己的生日，还是亲友的生日，从不马虎。我喜欢生日的宴会、可口的饭菜、冒着气泡的美酒；我喜欢生日的祝酒词，略带夸张，幽默诙谐；我喜欢一张张友好的面孔，一件件精巧的礼物，这些礼物虽说常常是实用价值不大，却叫人打心眼儿里高兴。今天的宴会上，这一切应有尽有。除此之外，还有真诚的温暖，真诚的欢乐，真诚的同志情谊。这些，都是来自共同的事业。该我说几句了，我真心实意地表达了我的谢意，感谢大家对我的关怀和体贴，说着说着，泪水就流了下来。

这已是几十年前的事了，可是，每年 9 月 21 日，我都禁不住回想起 1947 年的这一天，在追忆之中重返那间灯光暗淡的小茅屋，享受在那里经历的每一丝欢乐，每一份幸福。

第二天早晨，我们步行出发。到村口时，看见一群农民涌过干涸的河道，领头的是几个戴红袖章的年轻人。他们手里拿着老式步枪和长矛，拖着一个头发散乱、满身污泥的中年女人。那女人吓昏了，只好由农民半拉半架地拖着走。周围还有两三个妇女，哭喊着，拼命挤上前去撕抓那个中年女人。几个青年人极力挡住那个女人，免得这些哭喊的妇女把她揪住了。人群中年轻的农民举起紧握的拳头，高呼口号。上了年纪的则神情激动地相互说几句什么话。一眼就可以看出，那女人是要上西天了。事情果真如此，人们告诉我那女人是个地主，是当地的土豪。她残酷地压迫和剥削佃户和贫农，引起极大的民愤，现在人们正把她拉到村外去枪毙。这种场面我还是第一次见，不免大为震惊。我问这样简单地处决地主是不是常事。人们回答说，在土改运动初期，有些地区发生过类似事情。有些地方的地主特别蛮横残暴，被贫苦农民称为“扒皮”，在这样的地方，处决地主的事情就多一些。这种过火行为虽然不符合党的政策，但确实发生了，并且也是可以理解的。后来，我了解了地主阶级几千年来在中国的胡作非为，了解了中国贫农、雇农及其家庭的生活状况，我便开始责备自己“知识分子的软弱性”。我听到了不少地主折磨农民的故事，情节之惨，比斯陀夫人①和俄国伟大诗人涅克拉索夫②笔下的情景更有过之无不及。

二

我们开始了为时一年的长途跋涉，这使我们甩开了国民党为进攻山东解放区纠集的四十五万军队。行军途中，我们经过了山东东部的五个县。我们步行前进，每人都背着一个背包，年老体弱的同志就把行李放在马车上。

我从没意识到打背包竟也大有学问，需要反复练习。毯子要叠得整整齐齐，两肩之间的距离要不宽不窄，里面的衣服要妥帖对称，不能让背包鼓鼓囊囊。十米长的背包带要打成井字花，还要留出不长不短的一截好往肩上背。打了拆，拆了打，试了又试，背包

---

① 斯陀夫人（1811—1896），19 世纪美国女作家。其长篇小说《汤姆叔叔的小屋》揭露了美国黑人奴隶制的残暴与黑奴所受的痛苦。——译者注

② 涅克拉索夫（1821—1878），19 世纪俄国诗人。其诗歌描述了俄国下层人民的痛苦和悲惨命运。——译者注

看上去总算合格了。随后又把一双布鞋底朝外插在背包不贴脊梁的一面。这样，背包放在地下也不会弄脏。打背包费了我不少劲，打来打去总不太整齐。很少能有几次背在肩上是舒舒服服的。

我们一行二十多人，虽不是精兵良将，却也意气风发、兴致勃勃。大家上坡下岗，行进在胶东秀丽的乡村田园。

胶东干涸的河床很多，不时就能碰上。我们很少进庄，因为许多村庄里都有国民党特务、地主及其“走狗”（管家、奴才等）。若要吃饭住宿，就先派一名同志到安全的庄子里做些必要的安排。

我们的队伍进庄分配住房的时候，常常看到一群肚皮圆鼓鼓的孩子，屁股后面跟着一两只无精打采的狗。还会看到几个老人留着蓬蓬乱乱的白胡子，倚在拐杖上看我们，神情友好，却又带几分好奇。一进村子，各家的妇女就端上饭来。饭多是玉米煎饼卷大葱，有时还夹上甜酱。还有绿豆汤，清爽可口，消乏解渴。饭食总是富足有余，各家各户都给我们送来吃的东西。他们是有多少就送多少，比着谁送得好、送得多。妇女们一边看我们吃，一边劝我们多吃。我们也放开肚子，毫不客气。饭吃完了，她们就说声“谢谢”。这可真叫我大惑不解，最后还是翻译同志破了谜。原来山东人把“休息”叫“歇歇”，恰和“谢谢”同音，只不过声调不同。这可使我这个没学会几句中国话的人难以分辨。

吃罢饭，大家都上了炕，炕上铺了席子。我很快就发现，对于疲倦的旅者，炕这东西真是一大享受。还有的同志愿意到村里蹲着和老乡们闲聊。老乡们吸的是长烟袋，铜烟锅很小，只装得下一小捏烟叶。他们舒心舒意地吸上一口烟，用粗大的手指摁摁烟锅，再郑重其事地回答同志们提出的问题。我喜欢听他们聊天。看到同志们和老乡又说又笑，自然随便，我心中真有几分妒忌。不过我从没学会蹲在地上，只好在一旁站着或坐着听他们闲聊。

我们一般都是在地主的住房和仓库里过夜。房子有两间的，也有三间的，几根大梁支着屋顶，两根大梁之间就算一间屋子。我常常躺在炕上，饶有兴趣地打量着屋里的一切。梁上挂着各种各样的农具和家庭用具，这大都是刚从地主那里没收的。还有一篮一篮的干辣椒、绿豆、地瓜干和一串串金黄的玉米棒子。再看看别处，黄土地面压得平平整整，扫得干干净净；一两个木棂窗户上糊着白纸；高高的门槛，重重的门扇，门上没有锁，却有一个粗大的门闩。这样的大门我后来见过不少，还在门板上睡过觉。

小煤油灯一闪，灭了。周围的一切暗了，黑了。一天行军够累的。我倒头睡下，浑身舒舒坦坦，很快就进入了梦乡。

三

我们每天行军三四十公里。大多数人以前从未走过远路，所以这成绩就算十分可观了。大家渐渐地习惯了背背包，也不再让背包压得弯腰驼背的了。我不时自告奋勇，要求去推装东西的大车。一经批准，我就推车上坡下坡，觉得浑身是劲，精神也轻松愉快。我们这队人带了些手榴弹，我也非要上一个。尽管我根本不会使用手榴弹，也非常清楚我那个手榴弹上没有引信，但我并不觉得拿着它是件蠢事。后来想想那时我干的一些事情是有些幼稚。但在当时根本就不会这么去想。再说，那时在生活中，我也的确是个刚刚学步的孩子。

我们的队伍蜿蜒地穿过田野。有时在小块的田地里能见到一个妇女领着几个孩子挖地瓜，大大小小的地瓜，一块都落不下。这一带地瓜是主食，虽说营养差，却可以填肚子，难怪这里的不少人长了个大肚子。地瓜的亩产量比玉米等其他农作物都高。荒年战乱，填饱肚子是头等重要的事。

我们得知有些地方实际上是颗粒不收，农民只好以树叶树皮野菜为生。有些树叶野菜可以吃，有的味道还不错。可我无论多饿，也实在吃不惯这些东西。

我们的食物也不像刚出发时那样充裕了。一天只开两顿饭，饭菜定量分配，吃的是有点儿发甜的玉米饼、稀粥和咸菜。这些东西也不是十分充裕，只能刚刚填饱肚子，而且吃得也不怎么舒服。我的饭菜不比别人多，经常也是饥肠辘辘。对此我并不太在乎，何况我还发现了一个治疗饥饿的妙方——睡觉。

有一次，我独自享用了一席盛宴。首长的妻子蒋同志（那时我还不知道她就是我们的党支部书记）为饿坏了“国际友人”而深感不安，于是便为这位友人准备了一碗可口的蒸包。这位友人本该想到其他战友及蒋同志本人同样在忍饥受饿，主动谢绝如此的款待。遗憾的是这位友人当时无心旁顾。他坐在炕上，毫不客气地大口吞着包子，一面嚼着满嘴的包子，一面用蹩脚的汉语对蒋同志的烹饪手艺赞不绝口。包子真香，一个个很快就入口下肚，“国际友人”的称赞一点儿也不过分。

蒋同志确实值得一提。她胖胖的，一举一动都带着母爱。她虽然长年有病，却总是乐观豁达，和蔼可亲。她像我党成千上万个干部一样，在农村做妇女工作。新中国成立以后，我在电影中见过许多像蒋同志这样的干部形象。一进村子，她立刻就和村里的妇女们聊起来，就像是多年的知己。她有时蹲在地上，有时坐在炕上，两手从不闲着，不是抱娃娃，就是纳鞋底，纳鞋底时还不时把针在乌黑发亮的头发上蹭几下。妇女们干的家务杂活，她样样在行。一边干，一边嘘寒问暖，解答问题。

最使我敬佩的是，她虽未受过多少教育却善于和我们小组的知识分子交谈。她了解这些知识分子，和他们一起讨论问题，替他们解决困难。我们这一组人很复杂，也不好相处，各有各的背景，各有各的偏见，各有各的怪癖和缺点。可蒋同志却成功地领导了我们这样一些知识分子。

我想在画廊里再增加一幅肖像。那就是我在从上海到烟台的船上遇到的那位年轻妇女。她丈夫正是我在甲板上见到的举止优雅的年轻人。抗日战争时期，他们夫妇二人在中国西南部的一所大学里工作，研究英国文学。

这位年轻妇女的父亲，是辛亥革命后一届反动政府中的要员。她生在豪门，长在富家。二十岁左右时，她决心摒弃豪华富贵，走革命的道路。她上大学时参加过学生运动，后来投奔到解放区。她聪明能干、机灵活泼。我常和她来往，觉得颇为愉快。我特别感兴趣的是她选择的道路。依我看，这正是中国青年男女迈步前进或热切向往的道路。我和她后来共事多年，直到现在仍旧是同事和朋友。

新中国成立以后，每周的政治学习已成为一个制度。当时我们在行军途中没有这样做。间或我们学习党的文件，讨论目前的形势。我们受的教育主要来自生活实践，来自每个人的所见所闻，以及自己对这些事情的分析和思考。偶尔在我们小组里有人做了什么事，大家认为这件事违反了公认的原则，或是属于某种表现（当时，“表现”这个字眼是常常挂在嘴边的，如个人主义的表现，骄傲自大的表现，个人英雄主义的表现，等等），于是，大家纷纷发表意见，进行批评与自我批评。一般说来，这种批评和自我批评就像中国老百姓说的那样，是不疼不痒的。“表现”总归会得到纠正，事后也就无人再去计较了。

四

国民党不断扩大进攻规模，加强进攻力量。在许多地方，臭名昭著的还乡团也纷纷出动，为虎作伥。还乡团是由被打倒的地主及其走狗组成的，为了夺回他们在土改运动中失去的一切，为了报复那些分他们财产、斗争他们的老百姓，他们杀人放火，无恶不作。

形势日趋危急，时时会有警报。有一天，我们在村里听到喊声："国民党来了！国民党来了！"大家立即跑出屋子，首长老赵指着一条通往村后山里的路，让大家快撤。他自己虽胖，跑得还挺快，一只手抓着公文包，里面大概是党的文件，另一只手忙着扣紧一条挂手枪的皮带。我们跑上山，藏在石头后面，从石缝里往山下窥视。村里空无一人，没有老乡，也没有国民党。大家又等了一会儿，就慢慢地下山了。我始终也没弄清是警报有误，还是国民党只是路过没有进庄。当时，可真有点儿紧张。

这件事发生之后，为了安全起见，我们这组人又分成了两三个小组，把我和我的广东籍翻译送到山中一个小村里。我们俩在那里生活了几个月。

同样是为了安全，我尽量把自己打扮成一个中国人的模样。我摘去眼镜，头上缠一条毛巾，可这样打扮也没啥用处。大胡子大鼻子，叫人一眼就看出我不是中国人。再说我一进庄，"国际友人"光临的消息就传开了。我只好尽量躲在屋里，这倒也不是件苦事，因为天气已渐渐转冷，棉布军装抵御不了严冬酷寒，我也乐意待在屋里。

木柴虽缺，我的炕还是烧过一次。我还有点儿特权，在屋里洗了个热水澡。我又擦又搓，把灰土虱子全打发干净。然后爬到热炕上，用条厚毯子把自己裹得严严实实，再加盖上衣服，舒舒服服地睡着了。睡到半夜，寒冷刺骨，身底冰凉，把我冻醒了。炕里的火早灭了。上半夜火热，下半夜冰冷，如此奇特的冬夜，我一生中也只领略过这么一次。

虽说我和老乡们接触不太多，但一直相处很好。看来他们高兴和我在一起，也乐意向我表示他们的高兴，哪怕只是笑一笑、点点头。我的翻译想和老乡搭话，可他的广东腔使老乡们犹如听天书一般。从此之后，我们两个的身份渐渐调换了位置，常常是我当翻译，起码是人们听不懂时，我便插话帮忙。由此可见我的汉语水平大有长进。

我们在山村里过了几个星期。时值冬日，幽静宜人。那时农村冬闲，没有多少活儿干。我整天学汉语，绞尽脑汁记汉字，可学了新的，却忘了旧的。除此之外，就是吃、睡、聊天，再不就到村边欢流的小溪旁洗衣服。我发现这里的妇女洗衣服从来不用肥皂，有的也从来没见过肥皂。许多妇女把肥皂当作想都不敢想的奢侈品。她们用的是一种野生植物的根。这种根长得像个萝卜，剥开外皮，里面雪白，一搓就起不少末。这一发现，像当时我的许多发现一样，使我感到惊奇。需要是发明之母，这话千真万确。妇女们把衣服在冰水中浸过后，就铺在石头上，再用棒槌打。接着在衣服上涂上那种野生植物的根，揉搓一会，用水冲净。虽说这种洗衣服的情景在农村屡见不鲜，但乡下妇女的心灵手巧、勤俭节约，却使我深受感动。后来我又看到了许多证明山东人民善于发明、勤俭节约的例子，使我对他们怀有深深的敬意和钦佩。新中国成立后，我得知山东省自然资源十分丰富，在全国名列前茅，这就使我更加敬佩山东人民了。

在这个偏远的小山村里，我的十二指肠溃疡病犯了。这个病折磨我许多年了。我躺在炕上，疼痛难忍。好心的房东大娘为我的病心焦，她觉得该想法减轻一下我的痛苦才好。第二天一大早，她就到二十多里外的地方去赶集，买回一块猪肉和一些蔬菜，这肯定把她仅有的一点儿积蓄花去了不少。我事先一无所知，直到后来，她满心欢喜地端进两大盘饺子，我才知道了大娘的用心。饺子，是山东人款待客人的上品。大娘把饺子放在炕中间的小矮桌上（所有的炕上总带这么一张小桌），往我手里塞了一双筷子，催我趁热吃。虽然我明知吃下饺子后，肚子疼得更厉害，但我不能伤害这位好大娘的感情，我把大娘诚心诚意为我包的饺子吃得一个都没剩。

病拖着未好。我强忍着，尽量不让别人看出我的痛苦。最后终于忍不住了，同志们把我放在担架上抬进了医院。

五

春天来了。战争局势发生了变化，转入了我们对国民党的进攻。国民党军队节节向西南方向败退，我们这组人就又重新集合到一起。我们在一个叫东岭的大村里会面，又在东岭住了几个月。春耕时节到了，我们帮着老乡们干起农活儿。

这是我第一次见到春耕，第一次参加春耕。一切都新奇、有趣，一切都吸引着我。浓郁的春天气息更使我陶醉。我在大上海住了二十年，厌倦透了大粪的恶臭。然而现在，大粪的气味虽然没变，但在这幅春耕图中却十分自然，必不可少。大自然五颜六色，就像感情丰富的画家手中的调色板。

一群群的农民在田野里拉犁拖耙。小伙子们都上前线了，在地里干活儿的都是老人、妇女和孩子。他们用尽全身的气力耕作。正是在那几年里，看到农民的汗水一滴一滴地落在新翻起的土地上，我才第一次真正懂得了农民的辛苦。日复一日，年复一年，他们拼死拼活，种出庄稼，养活我们。谈理论，说道理，也许不会使我理解这些，但站在这春耕的田野里，我却深深地尝到了农民汗水的滋味。

只要有需要我们的地方，我们就派一组同志去帮忙。我总是抢任务，争活儿干。这倒使我们的首长左右为难，活儿就那么多，可人人都抢着干。

我觉得自己有使不完的力气、用不完的劲儿。只要有任务，我就又缠又磨。我积极要求工作，因而受到表扬，可也因为什么“个人英雄主义”而受到了批评。虽然批评是耐心的、是和风细雨式的，我仍对“个人英雄主义”这个标签大有异议。直到今天，有人仍批评我“个人英雄主义”。对此“雅号”，我倒也不放在心上。我想，一个人几十年来一贯“英雄”，那“个人主义”也早该不复存在了吧。

我看到那些年轻力壮的小伙子，推着装满粪肥的独轮车，在田间小路上灵活地握着车把，心中不禁十分羡慕。能驾驶独轮车，在我看来是件了不起的事。我要求试试，推起一辆装了半车粪的车。一上来先跌跌撞撞地走了几步，我两腿劈开，把浑身的劲儿都聚集在手腕和双臂上。再一试，车居然稳稳当当地听了话。我让别人把车装满，有四百来斤。开始推时还有点儿紧张，推出一段路后，我便信心十足了。也许是信心足得过了火，刚出村口一里多路，小路拐弯，我尽力把住车子，不让它朝一边歪。可这也无济于事。车翻倒了，宝贵的肥料撒满一地。我四下一望，看看是不是有人发现我翻了车，是想找人帮忙，还是倒了车丢了脸怕人瞧见，现在我也记不清了。只记得我当时立即下手捡粪块，一块块扔到车篓子里，直到捡得一块不剩为止。保了“面子”，宝贵的肥料一点儿也没浪费，送到目的地时，还是满满一车。

事情并没有结束，当我推着空车回到村子里的时候，才晓得老乡们早都知道我翻车捡粪的事了。村干部和老乡们十分敬佩“国际友人”，他们跷起拇指，拍着我的肩膀，表示他们的敬意。

有个同志问我怎么不嫌粪脏。这个问题有点儿意思。车上的大粪虽不是恶臭熏人，可谁也不能说它干净。我对这位同志的回答很简单：不脏。起码是当时没觉得脏。事实上当时也就是没想到脏。

然而，事后身边无人时，这个问题就又出现在脑子里，并且久久不能撇开。我的新生活，我的新环境，无时无刻不在向我提出新问题，使我不得不重新估价一些标准和观念。我有工作却没有定期工资；我要服从某些人的指挥，而他们无论在教育还是在智力方面，可能都比不上我；我要受批评，还要接受批评，虽然批评十分温和；我在乡下还填不饱肚子；有时一连几个星期蓬头垢面，浑身虱子。现在还用手拾肥捡粪。这一切都意味着要抛弃多少年来固有的旧思想、旧态度、旧观念，并且代之以新思想、新态度、新观念。

看起来，我好像是轻而易举地迅速解决了这一切。现在力求分析一下，在短短一年多的新生活中，这是怎么成为可能的。这一分析，还真有了不少新奇的发现。第一大发现是克服体力方面的困难比克服思想方面的困难容易得多。到解放区之前，我就想象过可能遇到的艰难困苦。因而，在某种程度上对体力方面的困难有过准备。而在思想上、心理上遇到的困难，就比较难对付了，因为自己事先没有意识到这种困难当然也就毫无准备了。

第二大发现是，有些问题解决得很快，也没有引起什么痛苦。

而有些就需要反复考虑，担心发愁。还有的一时无法解决，则只好有待将来解决。

最后还有一点，那就是在这些转变过程中，始终有一种下意识的愿望——摒弃自己的过去，摒弃与过去有关的一切。这种愿望使我的转变比较容易，也使我在思想、态度、习惯、生活方式诸方面能够产生急剧的变化。

六

20 世纪 40 年代初，我听过一个奥地利汉学家关于汉语基本知识的讲座。听课费很高，但我想即使对汉语语音和语法有个大概的了解，花些钱也值得。我坐着听了两小时，全部收获就是得知汉语是一种富有音乐美的语言，有四个声。要想掌握四个声，就要先千遍万遍地把“ma”这个音的四声发准。我为发好这个“ma”音可真下了不少功夫。几天后，我就像唱歌一样，把“ma”的四声念得相当不错了。可要是别人单念一个“ma”，我就糊涂了，猜都猜不出是第几声。我自怪听力差脑力差，学汉语无望，只好扔下。

现在，时隔五年，我没再去练“ma”那捉摸不透的四声，却在汉语学习方面取得了很大的进步。我发现方块字形体漂亮，可就是记不住。虽然如此，可是我并没有完全灰心丧气，放弃学写汉字。后来我得出一个结论，我的记忆力不适于记汉字，于是便决定不在汉字的书写上花过多的时间。这个关键的决定还是一个年轻的护士无意中帮我做出的。有一天，她要对我说一件事。就用拉丁字母拼出汉字的读音，写下来给我看。只要我知道一个字发什么音，我就能明白它的意思。这真是个重大发现。若是我当时正在澡盆里，我一定会像阿基米德一样，一跃而起，沿街大叫："我有办法了！"①这下子我像长上了翅膀，只要不超出我汉语口语的范围，我就可以任意驰骋翱翔了。从那以后，拉丁字母成了我的拐棍，一旦需要，我就倚仗这根拐棍。说到那位护士，她还是个未婚的姑娘，整天给她写条子，难免招来瓜田李下之嫌，不知内情的人还会以为我们是在写情书。因此，我们很快就不再用拉丁字母写条子了。

不能书写并没有妨碍我阅读。没用多久，我就开始读报纸社论和所学的文件了。我从未敢拜读小说，可吞下了大量政论性读物，自己觉得也不太难。我学会了说中国话，虽然四声不准，毕竟可以让人听懂。我居然也敢在会上说几句话了，事前当然是煞费苦心。我先把要说的话一个字一个字地用拉丁字母拼出来。我的发言稿上除了拉丁拼音，也掺满了俄文字、英文词，只要发言时自己能当场翻译成汉语的字，打稿时就不妨先用俄文英文写上再说。

我第一次发言是在1948年夏天，当时正在开展"三查三整"运动。那是我参加的第一次政治运动，当时自己还不大明白"政治运动"这四个汉字到底意味着什么。后来，经历的政治运动多了，我也就体会到，或者说是明白了政治运动的意义：运动就是一种群众性的活动，只不过规模甚大，还有长期的目标，一般都是具有政治意义的。

"三查三整"运动是查阶级、查思想、查作风，整顿组织、整

---

① 阿基米德（前287—前212），古希腊学者。据说国王有一次让金匠做了一顶金王冠，请阿基米得鉴定王冠是否掺进别的金属。阿基米得为此苦苦思索。有一天，他入盆洗澡，水溢到盆外。这使他豁然开朗，若把金冠放入水中，所排出的水量与同样大小的纯金排出的水量不同，则王冠里必掺有其他金属。想到这里，他从澡盆中一跃而起，跑到大街上。一面跑，一面喊："我有办法了！"——译者注

顿思想、整顿工作。这些查、整看来与我都没有多大关系。若说那次运动在我脑子里还有印象，那只不过是在运动中我第一次在大庭广众之下做了大会发言。

我拼命读了大量文件，然后写出发言稿。会上刚有人发完言，我就接上了。第一句话就说："有的是同志存在某些错误思想。"话一出口，我立即意识到自己说错了话。我本想说"有的同志"，怎么会说成"有的是"，这岂不是说许许多多的同志都存在错误思想了吗？可也只错了这个开场白，后来就一帆风顺了。我对自己的首次发言颇为得意，其他同志也觉得不错。

"三查三整"是我参加的第一个政治运动。所谓参加，只不过是会议开完一个又一个，冗长的报告听完一个接一个，我能做到思想不开小差就十分不容易了。研究英国文学的那位年轻的女同志把有些发言比作"摊煎饼"，这个比喻真是恰到好处，因为讲话的一个重复另一个，既无补充材料，也无新鲜内容。

新中国成立后，我又经历了许许多多的政治运动，矛头各有不同，但越来越对准了我和像我这样的"资产阶级知识分子"。有许多政治运动我是不喜欢的，这些以后还要详细讲述。

那年夏天，我们在东岭过了一段很单调的生活。地里没有多少活儿了，同志们就跟我学俄语、学英语，有时开会，大家对开会都兴趣不大。

记得后来发生了三件事，打破了单调的生活节奏。一是观看《白毛女》演出；二是参加一个由大人物——大概是胶东特区的领导——为我们举行的宴会；三是开了三天的干部会议。

我以前听说过《白毛女》，但从没看过舞台演出。现在看戏，我深受感动，但已记不清究竟是什么感动了我。也许是喜儿辛酸的经历，这个可爱的农家女儿，渴望得到一点儿人世间的温暖，却受到地主黄世仁的百般折磨，被迫逃出村子，躲进深山。春去冬来，受苦受难，她的头发全变白了。最后才被未婚夫——一个八路军战士发现并救了回来。也许是喜儿的父亲杨白劳，他的一生充满了苦难，最后被迫卖女还债，又用一碗盐卤结束了自己的生命；也许是演员自然真实的表演；也许是观众的抽泣，我也和观众一起不由自主地流下了泪水。看完戏后，我大受震动，也更能理解在牟平县的小村里人们为什么把地主婆拉出去枪毙，几个妇女为什么拼命想抓想打那个地主婆。当时我还为那个场面感到震惊，现在却为自己的震惊感到内疚了。

为我们举行的宴会本该使我高兴，但事实上并非如此。参加宴会的时候，《白毛女》仍在我的脑际萦绕。还有，寝室外独轮车夜夜不断的吱吱声，也仍在我的耳畔回响，那是千百万农民支前的队伍。有时，我彻夜不眠，倾听着独轮车的声音。有时，我信步走出房门，看着铺满月光的路上那川流不息的车队。农民推着满载粮食的独轮车，去支援前线的英雄战士。这情景使我感动不已。

回想《白毛女》和之前的场面，看看眼前那一桌盛宴，我心里真不是滋味，再加上那天晚上又多喝了几杯，所以吃完了鸡鸭鱼肉之后，在回村的路上，我开始滔滔不绝地大发评论，说领导同志大办宴会，浪费了人民的钱财；说战士们在前线拼命流血，有些当领导的却在大吃大喝……等回到屋里上床酣睡之时，我已给他们加了不少罪名。第二天起床后，我感到头疼，也觉得自己昨天晚上办了件蠢事。不过以后没人再提起过这件事。

还有一件事也活跃了我们的生活，至少是打破了单调的生活节奏。那就是为时三天的会议。我们今天给这种会议送个雅号——马拉松（虽说我后来又参加了许许多多这样的会议，却一辈子也适应不了如此这般的“马拉松”)。

每天一大早，我们就动身前往开会的地方，离我们村子大约有四十里。到了会场，便就地一蹲听报告。这姿势对我来说特别不舒服，何况这一蹲就是六七个小时。报告没完没了，先是战争形势，形势大好；接着是土地改革，改革大获成功；然后是党在新解放地区和城市的政策，政策随着军队的前进处处开花结果；再就是干部，干部做了大量的工作，但也有缺点和错误。

报告的第一部分使我很感兴趣。报告人讲到整个战争形势、各条战线上的战况都在发生着急剧的变化。我尽量集中精力，有时还做点儿笔记。到了第二部分，我的兴趣就减了不少。等到开始讲第三部分，我已是筋疲力尽了。现在能记着的，只有一句话——“干不干，两斤半”，意思是说，不论你拼死拼活的工作，或是整天游手好闲，反正每天都能领到定量分配的两斤半粮食。这句话说得好。新中国成立后，我们批评过有些人不干一点儿分外工作的思想。今天，由于“文化大革命”的影响，“干不干，两斤半”的问题依然存在，依然有待解决。

七

我们坐不住了。历史性的事件正在发生，我们要去贡献自己的一份力量。

人民解放军在整个战场上赢得了重大的胜利。在东北华北拿下了一个又一个的敌军重要据点。在西北，解放军于 1948 年 4 月 22 日收复了中国革命的心脏——延安。

我们在农村学习了《中国土地法大纲》。这是一个鼓舞人心的文件。具体地说，文件规定没收地主的土地和富农多余的土地，将其分给贫农和雇农。从政治方面和思想方面来说，《中国土地法大纲》具有极其重大的意义：贫雇农在历史上第一次成为自己辛勤耕作的土地的主人。农民得到了土地，就热情积极地参加了解放战争。《中国土地法大纲》的颁布是一个转折点，标志着中国亿万农民的生活和命运发生了根本的转变。

同时，在中国共产党领导下，国统区的爱国运动迅速发展，促成了中国民主统一战线的建立。

这一切，使得人民解放军于1948年夏季从战略防守转入了战略进攻。中国人民的全国胜利就在眼前了。

·

1948年9月，我们单位奉命解散，人员到华东局另行分配。

一天清晨，我们打好行李，背上背包，动身到集合地点去，准备从那里再乘卡车到华东局。从驻地到集合地点大约有六十里路。到了下午，天下起雨来，直到半夜才停。不知怎的，我和其他两位同志掉了队。这两位同志一个是年轻的护士，另一个是从上海来的诗人。雨急天黑，远处鬼火闪烁，间或两三声狗吠，真有点儿令人毛骨悚然。路也似乎漫无尽头。终于，我们到了目的地，浑身湿透，寒冷刺骨。同志们已经全体集合准备出发。他们正为我们的掉队担心呢。

华东局当时驻在益都县城附近的一个小村里。益都县是益都地区的中心，此地烟草很有名气，过去曾远销英美，加工成“三五”牌等高级香烟之后，又回到中国市场。

我们在招待所住下。同在招待所住宿就餐的还有一百多个同志。我们都是在等待分配工作，大家极力耐住性子，一天一天地熬。因为一天只分给一两点灯的煤油，所以一到晚上就早早睡觉。第二天醒来，心里又盼着不论什么工作，当天能确定下来最好。

一天，招待所伙房的面粉吃完了，没等吩咐，有些同志就到邻近的村庄里存放面粉的地方去扛。我跟在大家后面，很快肩上也扛了一个四十九斤的面袋子。我为自己有这么大的力气感到自豪，也为能做点儿有益的事情感到高兴。

我们常到村边的土围子上，极目远望无边的烟叶田。硕大的烟叶丛中不知有没有藏着国民党特务。据说是有，可我们从没碰上过。

日子一天天过去了。每天我都在等待、期望，每天我都急躁不安。最后我终于盼来了通知，让我到华东局人事处去。在人事处的谈话十分简短。人事处的同志问我愿不愿意到中央联络部当翻译。我当然愿意，十分愿意。没等我答话，那位同志又说："你先考虑几天，然后再把你的决定告诉我们。""不用，不用，我不用考虑，我接受这个工作。"当时这几句话是脱口而出的。

我回到招待所，想着未来的工作，心中十分高兴。我没安下心来考虑我干翻译是否称职。只要有工作，我就感到快活，我就有信心把它干好。

谁料事情中途有变，华东大学校长出面为我另做了安排，于是命运也就换了一副样子。华东大学韦校长听说有个精通英文的外国人工作还未落实，就去人事处要我。人事处答应只要本人愿意到大学教书，就可以放人。我坦率地告诉韦校长，我从未在大学教过书，但只要人事处同意，我倒愿意试试。

那时安排工作是极简单的事。分配你一项工作，你从不会想到要拒绝、要选择、要讨价还价。需要你干什么，你就会去干什么。

1948 年 10 月 4 日，我到了华东大学的所在地坊子。坊子是个小城，和潍县合在一起构成了潍坊地区的中心。

华东大学的校园是过去的一所教会医院。院子不大，人们一下子会注意到来了一个外国人。那时教师不多，干部和学生看着我，既觉得有趣，又感到好奇。他们之中有许多还从未见过一个活生生的外国人。干部们很快就来看我了。他们十分热情，和蔼可亲。有时我在校园里碰上他们，有时他们到我住的地方坐坐。我喜欢他们，看来他们也喜欢我。

当时，我的地位相当于军队中的团级干部，因此可以和其他校领导一起吃小灶。还安排一个通讯员照顾我和另外一对夫妇。他负责帮我干些杂事，包括替我洗衣服和买东西。

这个当通讯员的小伙子原先是个农民，他聪明能干，我很喜欢。我们常用汉语交谈，只有一次，我对自己汉语水平的自信产生了动摇。我让通讯员去买条小手帕。他去了一小时才回来，手里抓着几只扑扑棱棱的小鸡。原来山东潍坊一带人们把手帕叫“手巾”，加上地方腔，听起来和“小鸡”确实很相近。

我在坊子的教书时间很短，只给二十多个学生上过一次课。如果没有记错，课文是选自毛主席《中国革命和中国共产党》的英文译本。我倒是愿意教点儿原文的文学作品，可当时手头没有这类材料。

第一次上课，一百分钟。凡是教书的生手能出的丑都让我出尽了，后来我常拿这些错误告诫年轻教师。当时，我是手不离教案，眼不离教案，不敢抬头，也不敢看学生。由于过分紧张，板书连连出错，写了擦，擦了写，结果还是出错；每次写字，粉笔都磨着黑板发出刺耳的吱吱声。我不断地看表，越讲越快。忙乱之中结束了所有要讲的内容，离下课却还有二十分钟。我站在那里，脸涨得通红，浑身冒汗，搜肠刮肚也想不出如何对付这剩下的二十分钟，只好匆匆下课。学生们走了，教室里空了，我松了口气，好像被判死刑的人听到了缓刑令。

头一课上得一团糟，我这个教师不称职。

只过了几天，我就暂时把英语放下了。当时的口号是：“向苏联学习!”于是便让我给学校的干部上俄语课，从字母开始教。

俄语课是在一个礼堂里上的，听课人数竟有二百左右，他们要学“老大哥”的语言，要学列宁的语言。另外，肯定也有不少人是来凑热闹的。有些人听了一次之后就再也不来了，也许是不满意我这个外国人的授课方式，也许是让那个难发的“P”音憋住了，再不就是叫这种有六个格的语言吓回去了。

俄语班终于没有完全垮台。这要感谢上级机关的决定：华东大学迁校济南。

八

济南，并不陌生，还是住在华东局招待所的时候，我们就听到过激战八天、攻占济南的消息。从那时起，大家一直把这个地方记在心里，挂在嘴边。

后来在坊子，人们比较详细地给我讲了解放济南的经过。我们到济南后，更加了解了济南战役的始末。

济南位于津浦、胶济两条铁路的交点上，是当时的战略要地，是通往徐州的要冲。而徐州又是津浦、陇海两条铁路主要干线的交接处，是中国交通运输的咽喉。这两条铁路干线一条贯通南北；另一条横穿东西，连接黄海之滨的港口城市连云港和中国西北部甘肃省省会兰州市。

济南是人民解放军进攻的一个重重设防的城市。济南战役对我军将是一次极好的锻炼和严峻的考验。拿下济南，就可以打乱蒋介石的全盘战略计划。正如一家美国报纸所说的那样：“失去济南，对南京政府会是一个沉重的打击。”

原来计划攻克济南需要二十天的时间。守卫济南的国民党部队共有十万人，由王耀武指挥。该人据说是一名天才的指挥官。此外，济南城中还聚集了不少地主、狗腿子、“还乡团”和“保安团”，再就是从附近县里逃到省城的死硬分子。这些人加起来也有四万多。这些人是逃“共难”的。因为他们明白，一旦他们在乡下的小土围子被攻破，共产党是不会轻饶他们的。我军七个纵队，共有二十万人，另外还有些地方武装。

战役开始的前几天，第三野战军司令员陈毅亲自召开了七个纵队指挥员的“动员大会”。陈毅强调了攻克济南的重大意义，讲述了战役计划和各部队的部署，并代表党中央表示相信济南战役一定会大获全胜。

中秋节的前夜，进攻济南的炮声响了。我军从西面发起了冲锋。炮兵对外城进行了连续不断的轰击，使敌人无喘息之机，更无时间重新部署防线。一攻下外城，我军就继续向内城进攻，车站附近的战斗最为激烈。

我军的炮击连续不断。敌人伤亡惨重，士气锐减。王耀武的三个旅在战场上投诚。为了加速攻城，我军采用了集中兵力火力，一点一点突破敌人防线的战术。我军神兵飞进，王耀武指挥瘫痪，根本没有时间调动重整部队。一个被俘的国民党军官说：“无论干什么都来不及，这是最使王耀武发愁的事。”

王耀武见济南失守就在眼前，就逃到城北几里外的一个小村里。这个小村子在著名的大明湖后面。王耀武在这里召集部将，讨论战局。还没等会议结束，他就换上便衣，带着副官和两个小老婆逃跑了。可是王耀武低估了人民军队和人民群众的高度警惕。当时的口号是：“打下济南府，活捉王耀武！”王耀武及其随从弄了两辆大车。王自己坐了一辆，他半躺半倚，装成身患重疾的病人，副官在一旁伺候。另一辆车上坐着他的两个小老婆。9 月 28 日，他们逃到张建桥，张建桥是个小镇，位于通往潍县的公路上。潍县在济南以西约四百里路的地方。我方人员在张建桥扣留了两辆大车，经过查问，“病人”不得不承认他就是国民党山东省主席、山东绥靖区司令、国民党中央执委王耀武。济南解放了。

在后来几个月里，我又听到了不少关于济南战役的故事，并逐一做了记录。这些记录在“文化大革命”中遗失了，现在只能凭记忆讲出其中的两个故事。

有一个是七斤月饼的故事。战斗之中，国民党兵逃跑了，我军战士在他们的桌子上发现了七斤月饼。月饼是谁的呢？怎样处理这些月饼？有人说医院里受伤的战士缺吃的，建议把月饼送到医院。有人则建议把月饼送到指挥员那里。指挥员命令找到主人，原封不动地送回月饼。最后查清月饼是属于一位姓刘的农民的。这位姓刘的农民一贫如洗，为了维持生计，就从亲戚那里借了点儿钱，开了个小杂货店。中秋节到了，他进了点儿月饼，和妻子一起把月饼包得整整齐齐，准备卖货。三个孩子却围着桌子不肯走开。孩子们从来没吃过月饼，眼睛骨碌碌，直盯住美味的点心。一个孩子到底憋不住了，说：“妈，咱有不少月饼，我们只分一个吃行吗？”“孩子，我们这样的穷百姓连肚子还填不饱呢，怎么吃得起月饼？”大孩子想了想，说：“妈，我不要了。”可最小的孩子伸出瘦骨嶙峋的小手，带着哭腔说：“妈，我要吃月饼。”说着就拿了一个。“快给我放下。”刘老汉厉声喝道。孩子把月饼放下了。妈妈觉得心疼，忙去哄着孩子。

正在这时，一个国民党军官闯了进来。他里里外外翻了个遍，最后抓起月饼就走。老汉紧跟在他身后，求他不要把月饼拿走。左求右求招来了一顿辱骂。国民党军官说：“你这个老混蛋，我在这里保护你们不受共匪糟蹋，你还不该谢谢我，还不该拿月饼慰劳慰劳?”这个当官的嘴里骂着，又抓起一条烟、一瓶酒，大摇大摆地走了。

刘老汉和妻子待在那里，几个孩子紧靠在父母身边。老汉心里骂道:“这些该死的强盗，让月饼噎死他!”

几小时后，济南战役就打响了，村里的国民党部队也被消灭。消息一下子传遍了全村。老汉一家欢喜若狂，他们的仇总算报了。一个解放军班长敲开了刘老汉家的门，把月饼如数还给他。这位班长说:“大爷，这些月饼是你的，现在还给你。我们一个也没动。”看看月饼，听着班长的话，老汉一家的高兴劲儿就别提了。

老汉拿起月饼就往班长手里塞。他说:“人要有个良心。月饼是国民党抢走的。你们捡了自然就是你们的。我们不能收，不能收。”

年轻的班长告诉老汉，解放军是为穷人打天下的，解放军不仅要打垮国民党的部队，还要把地主富豪抢占的土地还给农民。解放军是毛主席亲手缔造的，是人民自己的军队。解放军有严格的纪律。老人听得入了迷，世界上竟有这样好的军队?

“大爷大娘，战斗还没有结束，我该走了。”班长起身走出门。

故事到此并未结束。老乡深受感动，后悔竟忘了让班长尝尝月饼。于是一家人拿定主意，要把月饼送给解放军。可是，无论老汉把月饼送到哪里，无论他送给谁，无论他怎么说怎么求，没有一个战士肯收下月饼。老汉想把月饼送给一个躺在担架上的伤员，谁知受伤的战士睁开眼睛，用微弱的声音说:“大爷，谢谢你的好心。我们虽然受了伤，可也要严格遵守纪律。”

还有一个故事，就是吴化文起义。吴化文是王耀武手下的一名将领，指挥着四万多人。他打算投降我军。根据情报，吴化文正在举棋不定。我军想把他拉过来，就从城边的一个小村里直接向吴化文司令部通了电话，接着又通过吴化文的内弟进一步谈判。吴化文的内弟是个买卖人，不断往返于敌我之间。当时难定的是在什么地方举行起义。最后指示吴化文把队伍集合在城西机场附近。

不料吴化文的打算传到了王耀武的耳朵里。王耀武派遣一个副官和一团两千人监视吴化文的行动。不巧，有一次我们给吴化文打电话时，王耀武的这个副官正在吴化文的办公室里。副官拿起听筒，我们的人感觉到对方是个生人，就把电话挂了。这叫王耀武更生疑心，于是便命令吴化文的部队撤出机场一带。这些都是吴化文的内弟告诉我们的。吴化文暗示，若不消除王耀武那个团对他的压力，他就无法组织起义。吴化文显然是想看看我军是否真能吃掉一个团。

我军决定吃掉这个团。敌人估计我们的攻击必定是在夜间，所以一夜没敢合眼。可是这一次，我们偏偏没在夜里行动。第二天一大早，我军的进攻开始了。迫击炮、榴弹炮纷纷开火。当我军发起冲锋时，却只发现了几百具尸体和伤兵。原先估计敌人有千余人，他们跑到哪里去了？于是派出了一个侦察班，很快就得到了报告：“国民党那团人藏在一个地下室里。”

敌人狡猾逃遁激怒了我军指战员。战士们向地下室发起了进攻，从通气孔中往里扔手榴弹。不一会儿，国民党官兵一个个高举双手，爬了出来。一清点共有一千多人。当天晚上，我军占领了机场。

济南解放之后一个月，我们也进了城。济南城里，战争的痕迹仍历历可见。许多高楼成了一堆废墟，还有不少大厦被炮弹抹去了一角、擦去了外皮。我们在济南待了一年。也正是在济南，我们迎来了 1949 年 10 月 1 日，庆祝了中华人民共和国的诞生。

第九章　吾土吾民

一

1948 年 10 月月底，我们进了济南府。搬迁工作并不像听起来那么困难。我们没有图书馆，没有实验仪器，除了行政人员、几名教师和一些学生外，大学里必备的东西，我们一无所有。

严格说来，华东大学那时并不能算是一所大学。华东大学是一所干部学校，负责培训随军南下的年轻干部，使他们能在新解放的城市开展政治、经济、文化各方面的工作。

伟大的辽沈战役，打垮了国民党近五十万军队，取得了伟大的胜利。继而，我军又于 1948 年年底发起了以徐州为中心的淮海战役。这是世界军事史上最宏伟的战役之一。参战人员总数超过了一百万。我军巧运筹、神用兵，敌人被歼被俘和自愿投诚的人数超过五十万。

国民党反动派的日子已屈指可数。4 月 20 日午夜，百万雄师强渡长江。各路大军四面进攻，二十天之内解放了大城小镇一百多个。国民党几十年反动统治的中心——南京解放了，杭州、安庆也相继获得新生。到 5 月月底，中国人民解放军的摇篮南昌回到我们的手中。上海，这个中国最大的城市、中国工业的中心，这个具有中国无产阶级革命斗争光荣传统的地方，也回到了人民的怀抱。

每个获得解放的城市都需要大批可靠的革命干部。他们要熟知党的政策，坚决执行党的政策。他们要善于做群众工作，善于识别隐藏在群众中的敌人。他们要能做到个人利益服从人民的利益。山东有近五千万人民，是培养干部的好地方。山东农民曾把大量粮食送到前线，支持我军指战员冲锋陷阵。现在，山东人民又把自己干部中的精华送往南方，支援大军解放全中国的神圣使命。

华东大学分四个部，若干个班。学生源源不断地从全省各地和外省来到这里，接受两三个月的培训，然后奔赴南方各地。

有一次在宿舍附近的天主教堂里召开“动员大会”，我也参加了。

我提前十分钟到了会场。大厅里一片喧腾，挤满了青年男女。各部各班的拉歌声此起彼伏。一会儿这边喊：“四班来一个好不好？”一会儿那边叫：“唱得好不好？妙不妙？再来一个要不要？”整个大厅洋溢着年轻人的声音，充满了激动的欢笑声，回荡着雷鸣般的掌声。

一个发言者走上讲台。他没有开场的俗套，只招招手让大家安静下来。他连一般人挂在嘴边的“同志们”都没说，开门见山地分析起战局以及我们在新解放地区的目标、政策和任务。他讲了一个小时，最后号召年轻人到南方去，为解放战争的全面胜利贡献自己的力量。

发言者心里烧着一团火。他的话鼓舞人心，又点燃了听众内心的火焰。他的声音在大厅里回响，激起了阵阵热情的波浪。一双双高举着的手在起劲地鼓掌，像无数小旗在摇动。千百个年轻人高呼口号，洋溢着青春的活力与生气。

每次开过动员大会之后，几百名青年就扛起背包出发了，伴随他们的是活泼轻快的歌曲，像歌颂党的《解放区的天是明朗的天》、军队歌曲《三大纪律八项注意》等。一队又一队的年轻人到南方去了，等待他们的工作是艰巨的，有的甚至要冒生命危险。后来，南下的年轻人有的回到山东；有的留在苏州、南京、上海；还有的在战斗中献出了生命。

二

时光在流逝，中国的形势在一天天朝着有利于中国人民的方向发展。就是在那些日子里，我更深刻地体会到，中国人民解放军，这个名字多么恰如其分：人民解放军，它属于人民，为人民而战，解放人民摆脱国民党的沉重压迫。

我在学校里没有事干，只好自己找事干。世道天翻地覆，袖手旁观实在不大光彩。我虽不能随大军南下，可肯定能干点儿有用的事。只要有心，找也不难。我决定开俄语课，谁愿学就教谁。我教过当地报纸的编辑，医院里的大夫和护士，中级法院的工作人员。还有半年的时间，我在华东大学的附中任教，教中学生很是让人高兴。

教中学的那半年，我干了不少不符合教学原则的事：买电影票奖赏成绩优秀的学生；给学生布置过量的家庭作业和课外活动，这让其他老师一直告到校长那里；和学生在一起无拘无束、随随便便。我不是个在行的老师，可我对孩子、对工作的热情和喜爱却颇有感染力。对这样一个老师，孩子们既不能偷懒粗心，也不好意思敷衍听课。我们的教与学都进行得很顺利。

总共算起来，我每周要在城里不同的地方上四十小时的课。为了表彰我的工作，济南市副市长奖给我一辆菲利浦牌自行车。很快，济南的老百姓就常常看到一个外国人，猛蹬着自行车，为完成“学苏联”的使命，四处奔忙。

除了教课之外，我还搞点儿翻译。我向精通英语的同志建议，我们合作，把一些从大连弄到的苏联书籍译成汉语。我先把俄文译成英文，他们再把英文译成中文。我们在几年之内，翻译了四五本书。第一本最成功，名叫《论苏联中学生的政治思想教育》。这本书在当时非常抢手。书中提供了中学在文学、语言、数学课上进行政治思想教育的具体方法。后来听说这本书当时由几家出版社发行了约一百万册。得到稿费后，我拿出一百元，作为向党组织的捐款。

华东大学很快就从原来城里的几所小房子里迁进齐鲁大学的校园。齐鲁大学是所教会学校，其医学院驰名全国。齐鲁大学校园幽静美丽，小路两旁是排排绿树，遍地草坪，教室的墙上覆盖着常青藤。另外还有办公楼、教学楼和许多职工住的两层小楼。

我在一幢两层小楼的底层分到一间宽敞的房子。这间房子很漂亮，有镶木地板、壁炉，还有一个大窗子，正对着学校的后墙。人们告诉我别在窗口坐着，特别在晚上更不能靠近窗子，以防潜伏的国民党特务放冷枪。

我的邻居是个美国牧师，是文学院院长。他不时对我做出些友好的姿态，说明“尽管我们为不同的上帝效劳，却无须不保持文明的关系”。我从未邀请他到我的房间来。但是，每当我从他门口走过，只要他在花园里散步，总要请我进去喝杯茶。这时，牧师就会谈起马克思主义和基督教的相通之处。他总是说：“你们马克思主义者考虑事情的物质方面，我们顾及人类的精神生活。”这种“分工”的教义对我倒也不新鲜。我还是个孩子的时候，在上海青年会里听到一位牧师传教，那个牧师就曾用几乎同样的措辞提出过这个问题。传教伊始，那位牧师总要警告听众提防共产主义的威胁，说共产主义会夺去人们来世的幸福。结束时，却又力图证明基督教和马克思主义并无重大分歧，若是合二而一，既能保证今世之幸福，又能保证来世之欢乐，岂不是件大好事。

我的这位邻居是个不错的神学家，而我却不是一个雄辩的马克思主义者。我常和他辩论，用尽一切自己可以想到的原理，但也无何成效，于是便不再到他那里喝茶了。

1949 年春，我初次尝到了“阶级斗争”的滋味。后来，“阶级斗争”这个字眼可是越来越熟悉。

有一天，校园里突然出现了一队示威者，为首的是个年轻人，后来听说他是齐鲁大学学生会主席。示威者有几百人，抬着标语牌，呼着口号，沿着校园的小路游行。“打倒帝国主义的华东大学!”“帝国主义分子滚出我们的校园!”诸如此类的口号还有不少。他们喊的口号的确有些蠢，使自己的用心暴露无遗。我们站在门口，看着示威的学生，不做任何评论。下午通知我们不要出门，不要卷到里面去。我们从窗口往外看，感到十分纳闷儿，不知此事究竟有何内幕。

几天后，我们听说组织领导示威的那个学生会主席是个国民党特务，现已被逮捕。有些参加示威的学生先被扣留，但很快就释放了。示威的事算是过去了，到了晚上却还常常听到枪声。白天的示威，晚上的枪声，都表明济南前线并不是平安无事。

三

1949 年春，我加入了新成立的全国教育工会。那时，我们纷纷议论：参加了工人阶级的组织是不是就算工人阶级的一员了。争来争去，也没争出什么结果。但是，对于我来说，这件事不仅仅是加入一个组织或成为工人阶级一员的问题。这是我所迈出的新的一步、重要的一步，这使我更加靠近中国人民，这意味着我在第二祖国的大地上又扎下了一条根。

1949 年 4 月 21 日，我们满怀激动和喜悦，读了报纸上刊登的命令。命令是由中国人民革命军事委员会主席毛泽东和中国人民解放军总司令朱德签发的。它命令各野战军全体指战员、南方各游击队乘胜前进，彻底消灭一切敢于顽抗的国民党军队，解放全国人民。我们深信这一命令会得到坚决、彻底、毫不拖延的执行。因为历史的经验证明，我们的党说话是算数的，党所预言将要发生和应该发生的事都发生了。

4 月 21 日凌晨，人民解放军开创了世界军事史上的一大壮举。他们强渡长江，完全摧毁了敌人的沿江防线。后来，这一壮举被称为“钟山风雨”，渡江的英雄们也被誉为天翻地覆的“百万雄师”。

那年夏天，黄河泛滥。济南地处黄河南岸，有被洪水淹没的危险。黄河上游，连日大雨，济南一带，河水猛涨，达到了前所未有的高度。形势十分危急。

我去上课，教室里一个学生也没有，他们都加固加高黄河大堤去了。战士、工人、职员、大中小学学生、家庭妇女，无论男女老少，只要能够挖土、装土、抬土的一齐出动。他们放下各自手里的活儿，纷纷上了黄河大堤。

我到了学校，径直去找副校长。我责问为什么在这紧急关头，济南城里人人参战，我们学校却按兵不动。我态度够横的，好在副校长也能理解我的心情。我激动不已，根本没听见他说了些什么。我要求学校立即采取行动，当然我自己也要参加。

很快，华东大学的师生就行动起来了。全校教职员工和学生走出校园去驯服黄河，但是我却没份儿。不论我找谁说（所有的领导同志我全找遍了），不论我说什么，不论我怎样极力证明自己身强力壮赛过年轻小伙子，不论我怎样恳求、抗议、坚持、争执，回答只有一个——“不行！”最后我只好屈从。但我还是得到了允许，可以到大堤上“看看”。我中午上了大堤，在那里待了一夜，第二天早上就又被“解送”回校了。至于我在大堤上的行为表现，有个热情的记者曾写过一篇报道，并在1949年9月19日的《战报》上发表。此处无须假意谦虚，且把报道原文引下。

直属队奋勇上大堤，金教授抢险无畏惧

傍晚，波涛汹涌，直冲大堤。堤岸上会集了一群英勇的战士。他们背着土，抬着筐，前后奔跑，来往不息。

这就是直属分队的同志们，他们也参加了激烈的战斗。当河口发现河坝上的獾洞，在出现险情的关头，三十多个战士在金教授的带领下奋不顾身地扑上去，抬的抬、运的运、挖的挖……

天黑了，大家摸着黑继续战斗。金教授奋不顾身，一筐一筐、一袋一袋，把土运到险处。大家也都跟着他勇猛地冲上前去。人人奋勇当先，人人不下火线，人人斗志昂扬。

当河工宣布我们完成任务时，大家才松了口

气。天已9点半钟了，激烈战斗了近四个小时，
大家都忘了疲倦！

“直属分队”这个名字来得倒也有趣。我初到大堤时，谁都不愿为我的行动负责。于是，我便宣布自己是个独立分队，直属校长领导。“直属分队”的名字就传开了。

防洪结束之后，全校学生、教职工在礼堂开会，副校长总结了抗洪战斗。他说：“我校的这位外国人不同于其他外国人。他一听到济南危险的消息，立即主动找我，自愿参加治服黄河的战斗……”我从前在不同场合下受过多次表扬，但他这一席话使我倍感兴奋，我觉得自己真正理解了他的话。副校长谈的是中国人民一百年来的经验。诚然，有些曾在中国生活过或正在中国生活的外国人热爱中国人民，愿意在患难中帮助中国人民。但是，这样的情况毕竟是太罕见了。而更多的外国人则是直接或间接地侵略中国，剥削、压迫中国人民，残杀中国的生灵，侮辱中国的百姓。副校长说的其他外国人就是指后一种而言。

当时有一个在齐鲁大学工作的美国牧师，听到副校长的话后大不以为然。他对我谈起中国人对外国人的憎恨和恐惧，认为这样做毫无根据。我没说什么，这不仅仅因为事情涉及我本人，还因为我觉得这位牧师在自欺欺人。

四

几天之后，我们迎来了10月1日。

10月1日，这一天谁都不会忘记。无论是中国人还是外国人，是朋友还是敌人，都会把这个日子记在心里。

大地上钟声齐鸣，庆祝十月革命以来世界史上最伟大的事件，宣告国内外反动派希望的破灭。

这一天对我来说意义特别重大。正是在这一天，我觉得自己完全、彻底地摆脱了那种身居异国他乡无处扎根、无所归属的情绪。我有所归属，我属于在这一天诞生的共和国。

10月1日，一大早我就起床了。这是个无限明媚的早晨，晴空万里，阳光普照。也许，在我的眼里，天特别晴朗吧，因为这一天一切都显得格外美。我吃过早饭。站到队列之中。我们要到机场参加庆祝大会。大家有的扛标语牌，有的打彩旗。我抓住一个标语牌不肯撒手，上面用醒目的汉字写着："中华人民共和国万岁！"有些干部和学生怕我扛四十里太累，就想不让我扛，我当然不会松手。

我们大步前进，队伍足有一里长。我们唱歌、呼口号、说说笑笑，相互逗趣，兴致勃勃。气氛是那样轻松欢快，人人感到自豪，人人满怀希望。这种感觉是我有生以来第一次。我的声音和千万个喉咙发出的声音融为一体，我的欢笑和无数发自内心的欢笑汇合在一起。我属于人民共和国——我的心在唱，唱出的歌也是甜的。

10点钟左右，我们到达机场。这里红旗似海，标语如林，万头攒动，激情潮涌。我们的队伍汇入机场上的人海之中，我们看到的、听到的、感觉到的是洪亮的歌声、欢呼声，是雷鸣般的掌声。

突然，广场上静了下来，喇叭不响了。一声口令之后，会场鸦雀无声。随后，乐曲声响彻在机场上空，这是我们都熟悉的旋律——《义勇军进行曲》，现在是新中国的国歌。大家立正站着，我们还不大习惯这种姿势。人群中也有人在动。有人忘了脱帽，现在急忙摘下来，还有压低嗓门儿说话的声音。但是，人人都意识到这一时刻的庄严伟大。大家的注意力全都集中在机场正中那缓缓升起的五星红旗上。

这时传来了"稍息"的口令，随后又是一片寂静。

然后，我们听到了一个声音，是他的声音，即便我们从来没听过他讲话，也绝不会弄错。“毛主席！毛主席！”千万个喉咙一下子呼出这振奋人心的名字。呼声在整个机场回荡。毛主席讲得很慢，每讲完一个有分量的句子，就响起一阵震耳欲聋的欢呼声。人们兴奋地鼓掌，人们幸福地摇动彩旗。虽然我听不清毛主席的话，也听不懂那不熟悉的南方口音，但我和机场上千千万万的群众一起欢呼，一起鼓掌。

毛主席讲完了，又响起一阵欢呼。虽说口号声响成一片，分辨不清，但充满了震撼大地的活力和生气。

黄昏时分，我们踏上归途，天空中回响着我们欢乐的声音，没有一个人显得疲惫。我仍然紧抓着标语牌，直到进了学校大门才把它放下。

我们的共和国诞生了。我们的人民站起来了，成为自己命运的主人。我们正向着社会主义光明的未来迈进。

五

我们的共和国诞生了。为了建设祖国、保卫祖国，我们有大量的工作要做。

我继续教我以前组织起来的各个俄语班，并且又在中苏友好协会济南分会开了一个班。开始时这个班有学生二百三十人，一年半后，只剩下十几个坚持学习的学生。

中华人民共和国宣告成立的第二天，苏联就予以承认，两国建立了外交关系，这就掀起了学俄语的热潮。苏联人是我们最好的老师，其语言当然不能不学。每个人都渴望掌握俄语，渴望更多地了解苏联，渴望唱苏联人民的歌。这样一来，我就成了个大忙人。

苏联青年代表团访问济南的消息传开了。为此，我在自己教的那些中学生身上下了不少功夫。我教他们用俄语唱《国际歌》、呼口号、说“欢迎”。经过反复耐心的练习，结果令人满意。代表团到济南时，我们准备去火车站，给他们一个“苏联式”的欢迎。

学生们激动，我也同样激动。最后一天下午，我们排练到很晚，对几个音素和单词又做了最后的校正。刚刚排完，有人告诉我市长派车来接，他正在办公室等我。十分钟后，我坐在市长办公室里，满心不悦地听着他抱歉的解释。他说我最好不去车站迎接苏联代表团。否则，如果苏联人问及我的一些个人问题，可能不便回答。其实我的父母并不是白俄，父亲经商，母亲是苏维埃政权下的医生。我们在上海时，只因白俄与使馆闹事，使我父母失去了办理申请苏联公民身份的机会。市长相信我能理解这件事。不带欢迎队伍去车站，我是可以理解的，第二天我也确实没去，但我好几天心里都不痛快，几乎有点儿后悔自己为准备工作付出那么大的精力和热情。

几天后，代表团到我校参观。这一次建议我在代表团参观学校期间最好待在屋里。一天下午，我在校园内一个僻静的角落散步，谁知代表团成员正在那里和学生赛排球。其中有些人我曾在报刊上见过照片，现在一眼就认出来了。有苏联共青团中央书记米哈伊洛夫、作家西蒙诺夫、著名的乌克兰飞行员卡热杜勃。他们充满了年轻人的活力，打得很起劲，一旦发球或扣杀成功，就大声叫好。

1949 年 12 月月初，我校成立了政治系、中文系、俄语系三个系。

俄语系总共有系主任、一名教师（我）、一名政治辅导员、一名负责学生生活的年轻干事四名教职员。学生四十三人，分成六个小组。学生中没有一个懂俄语的，我这个当先生的倒懂，但也在为中学时没在语法上下苦功而后悔。

俄语是我的母语。在哈尔滨上小学时学过几年，在海参崴又上过三四年中学。不过那时正值俄语语法和正字法改革时期，有的教师采用新规则，有的老师反对新规则，结果十分混乱。如今我要教俄语了，一开始就碰到的两个基本问题都是模糊不清。一是俄语到底有多少字母，三十三还是三十四？二是俄语到底有几个格，六个还是七个？

后来，只要翻翻语法书、查查字典，这些问题都会迎刃而解。可在当时，我们除了一本贺青编的教科书外，其他一概没有。何况这本教科书太简单，因而用处不大。学生要了解苏联和苏联人民，要知道苏联的历史地理，要欣赏苏联的文学艺术，我就成了唯一的资料来源和公认的权威。可我又到哪里去找需要的资料呢？

在当时的情况下，我做了正确的抉择：向大家摊牌交底。我老老实实地告诉学生，有许多东西我自己也不知道，但我会尽最大的努力去学。我向他们保证，我要全力以赴、搞好工作。日复一日，月复一月，我的行动证实了我的保证。

教学工作并非一帆风顺。每天，我都面对着四十三个学生。四十三双眼睛盯着我发音念字的嘴，盯着我在黑板上写单词写句子的手，盯着我的每一个手势、每一个动作；四十三双耳朵直竖着听我讲课；四十三双手举起来争着回答我提出的问题、抓起笔赶忙记下我讲的内容。这四十三双眼睛、四十三双耳朵、四十三双手有时使我失望，有时使我高兴，有时使我得到启迪。

从我第一天教这班学生开始，直到1952年夏送他们毕业，我发现这些年轻人确实令人惊异、令人喜爱。他们如饥似渴地学习，记单词的小本从不离身。这个小单词本，早晨和他们一道起床，晚上伴他们一起睡觉，跟随他们到教室、会场、食堂，陪他们去看电影，听音乐。就是在校园散步，到城里办事，身边也少不了它。恕我粗鲁加一句，就连上厕所，他们也丢不下这个小单词本。

我教学无方，学生毫无怨言；我上课出错，学生也不计较。

他们服从命令、严守纪律，叫干什么就干什么，从不多嘴多舌。政治辅导员要求他们学习期间不谈恋爱，他们就做出保证、严格遵守。可后来他们发现这位政治辅导员自己却在和一个学生谈恋爱，还利用大家去爬泰山之际和这个女生结了婚。这就使大家很难再严守自己的诺言了。

这位政治辅导员反复向学生灌输盲目服从，到头来却自食其果。一天，学生们都在操场上体育课，这位辅导员也在玩儿双杠。突然他手下一滑，从双杠上重重地摔下来。学生没有一个上前扶他，因为这样做会打乱了队形。这位辅导员可是反复强调过，无论出了什么事都不许打乱队形。

学生们乐于互相帮助。他们尽自己最大的力量不让一个同学掉队。为此，他们还接受了我制定的荒谬制度：评分时给每组一个平均分数。

我与这些学生当时结下的友谊一直保持到现在。我常常在祖国各地碰到他们。虽说都已是五十多岁的人了，可他们总爱说我永远是他们的老师。还有什么比这能让他们这位年迈的老师更感到欣慰的呢？

六

1950 年春天到了。我天天忙于教学，一天比一天更喜欢自己的工作。

1950 年 3 月，山东分局的直属单位评选先进工作者。我们学校也是直属单位之一。我当选为二级先进工作者，先进事迹登在校刊上，其中讲到我的工作热情和勤奋。说我每周算上中苏友协和中学的课，共要授课四十五小时，而我无论身体好坏，天晴天雨，从未耽误过一次；表扬我乐于学习、改进工作；称赞学生在我的指导下学习效果很好。同时，还表扬我生活俭朴，自愿把自己翻译稿费的百分之六十交给国家，并且和学生关系十分密切。

中苏友协俄语班的同志送我两面锦旗。大红的锦旗上绣着白字，一面是“循循善诱”，一面是“万世师表”。

奖励和锦旗对我是极大的鞭策。党和人民好像在对我说：“新中国成立半年来你工作出色。你选择了正确的道路。你要更勤奋地工作，做出更大的贡献。”

当时，我们正巧在学伟大的生理学家巴甫洛夫给青年人的信。他说：“永远不要认为你自己是无所不知的。不管别人怎样赞扬你，你都要有勇气承认：我还是个门外汉。”巴甫洛夫的这些话及时提醒我不要让骄傲自满冲昏了头脑。

在后来几年中，我的工作更加艰巨，我受到的表扬、得到的荣誉也越来越多，骄傲自满这个小鬼也不时在我耳边嘀咕。我费了不少劲儿才战胜了它。同时我也发现：工作紧张，把全部精力投入到工作中去，时时注意别人的忠告特别是学生的忠告，这些都是克服骄傲自满的法宝。

七

华东大学搬到青岛，准备与山东大学合并。华大俄语系在这个城市风景优美的地区暂时找到了落脚之处，那地方叫太平角。想到几百里外正在激战，这名字不能不带有几分嘲弄的意思。我们住在太平角，一面继续上课，一面等待合校。

青岛有几百名俄国人，许多人没有职业。在他们回苏联之前，政府每月发给他们救济金维持生活（1945 年，苏联政府宣布一切俄国移民，不论过去历史如何，都可自愿返回祖国）。我到俄国俱乐部去过几次，那地方沉闷无聊。俱乐部进进出出的俄国人大都出生在俄国，但已在中国生活了多年。从思想感情方面，他们好像既不属于中国，也不属于苏联。一两年后，苏联驻天津领事馆的一位官员到了青岛，给愿意回国的俄国人签发了护照。

两校合并遇到的困难，比我们预想得还要大。阻力重重，有明的，但大部分都是暗的。山东大学的许多老教授认为华东大学只能算个干部学校，华东大学的教职员工想搞学术还不够格；华东大学的师生认为，山东大学的人满脑子资产阶级余毒，是些落后分子。自然而然，合校就碰到了许多困难。经过几个月的时间，两校才算合并起来。

除了照开俄语课外，又让我教原山东大学学生的英语口语课。我很愿意干这项工作，再说我当时对自己的教学能力也比较有信心，但忽视了旧大学生的特点。这些旧大学生学习用功，但缺少我们学生具有的政治立场和严格纪律。头一次上课，我问他们最喜欢干什么。第一个发言的学生说他最喜欢在月光下陪女友沿海滩散步。我不得不承认自己事先根本没有想到学生能做出这般回答。我们华东大学的学生可不干这种事情。即使真去散了步，也绝不会如此大言不惭。我想笑，可连自己也明白要笑也是装出来的。我纠正了这位年轻人的几处语法错误，对此根本无人注意。后来发言的学生争先恐后地告诉活跃的听众他们的爱好与憎恶，没有一个能引起我的兴趣，有的甚至使我震惊。这堂课给了我一个教训，使我明白了一个道理：老师必须了解学生。

八

新中国成立的头几年，是恢复和改造的年代，并将以此记入现代史册。这几年，无论是国家，还是我个人，都经历了一些关系到命运的重大事件。国家发生的大事下章再讲，这里先说说我自己的事。

大事一共三件，都是喜事。头一件就是结婚，日子是 1951 年 11 月。

那年我三十七岁，职业舒心稳定，成家理所当然。我未来的妻子是俄语系学生，老家安徽。她有着我一贯认为最重要的品质：诚实、正派、坦率。这位姑娘年轻可爱，是我意中的妻子。我征求了领导同志的意见，他们表示支持并相信我们会和和睦睦。只有一点异议，就是说这位姑娘亲戚多，又都住在不同的省市，她和亲戚之间的关系也很密切（那时，一个真正的革命者要心甘情愿地和家庭亲友断绝一切关系）。我说她亲戚虽多，可我在中国一个亲戚也没有，两边一匀，也就平衡了。除此之外，还有许多手续。她是团员，共青团要考虑她的婚事；我们结婚还要经学校领导正式批准。但这些都没遇到什么麻烦。1951 年 11 月 20 日，我们“结为夫妻、苦乐与共、永世不渝”了。结婚三十年来，我们在一起幸福快乐，即使是在十年“文化大革命”中，也是如此。

结婚仪式是欢乐的。早上我们到市政府登了记。晚上在我住的房子里举行了婚礼。那房间不算小，却还是容纳不下前来贺喜祝福的朋友同事。来宾至少有一百多人，挤不进屋的只好在窗外看热闹。

许多来宾带了礼物，有的教师还送钱，要不是朋友对我解释说结婚送钱是中国的风俗，我真要为这种礼品感到不快了。

当时的校长是位知名的历史学家，他的礼物是他自己的几本著作。凡是在场的同志都用毛笔蘸墨在一块鲜红的绸子上题名留念。现在我们仍然珍藏着这块大红绸子，遗憾的是其他礼物已不是样样俱在了。

在婚礼上，让我们出丑的游戏不多。中国传统的闹洞房，有一项就是新郎新娘咬苹果。用一根线拴住苹果，吊在新郎新娘之间，再让两人同时去咬，你咬我咬，弄不好嘴唇就贴到一起去了，于是观众来宾哄堂大笑。我们虽有幸没咬苹果，但逼新郎（新娘怕羞）讲述一下恋爱经过，以启发未婚的男女青年。有人提了些窘人的问题，依照西方的观点也算不了什么，但对中国人来说却是难以启齿。

这会儿我显得口拙舌笨了。也许在这种场合自己过于严肃，问题是我以前从未有过这番实践。我只好讲了讲主要的恋爱过程：她一进俄语班，就引起了我的注意，第一印象挺不错，以后的印象越来越好（对此我讲得较为详细）。我讲到我们长长的散步、久久的谈心，散步谈心当然是伴着月光。我说有一天晚上，她身穿工人装去参加化装舞会，那神态真令人倾倒。至于我是怎样向她求婚的，这是我们两人的秘密，恕不奉告。我还讲了许多别的"经过"。新郎新娘喜气洋洋。这天晚上整个气氛都是欢乐、幸福、甜蜜的。

那时我俩毫无积蓄，可朋友们不管参加不参加婚礼的，总要向我们讨喜糖。我们只好借债买了大量的糖果、花生、香烟、茶叶。我们没有备酒。当时我还是享受供给制，每月只有二十元左右的现金补贴，因此过了好几个月才把债务还清。但我们俩称心如意，幸福愉快。我们在工作学习中相互勉励。当时我妻子还有半年就要毕业，我们决心不让结婚妨碍她的学业和她与同志间的关系。

俄语系学生于1952年夏毕业。为了不使我们夫妻分居两地，领导上未征求我的意见，就决定把我妻子留在俄语系当助教。

插曲：

婚后不久，夫妻对坐。

“我要做你的好妻子。”

“我相信你，你是个优秀团员，你也一定会是个好妻子。”

三十年后，妻子又对我说：“人言结婚是恋爱的坟墓。可对我们来说，结婚是恋爱的开始。”

我们非常幸福，一直非常幸福。

领导信任我，早就告诉我妻子毕业之后留校工作。她自己不知道，觉得大概会被分配到外地去。我认为自己无权事先向她透露消息。她要去城里买捆行李的绳子和其他需要的东西，我还一本正经地陪她一道去买。分配方案公布之后，她才发现我早已知道她的分配去向了。我的组织纪律观念深深打动了妻子。

后来，人们问我怎么会有这么强的纪律观念，怎么能这么严格地遵守纪律。我回答说有一半是因为我决心摒弃过去、摒弃旧习惯和旧态度的本能愿望，这当然也包括改掉自由散漫的作风。另一半就是无数同志榜样的影响，他们夫妻长年分居两地工作，他们从一个地方调到另一个地方，干了一种又一种工作，只要革命需要，从不计较个人得失。他们无条件服从命令听指挥，党叫干啥就干啥。

九

第二件大事是 1952 年 10 月，我和学校的另外五名同志一道，当选为青岛市劳动模范大会列席代表（教育界只有列席代表）。

从几百名候选人中选六名代表也是不容易的。代表提名人必须在教学和行政工作中做出了卓越的贡献，要积极参加各项爱国主义运动，还要得到群众的拥护。首先要在系一级提名，在院一级减少提名人数，最后由校领导批准。当选的代表除我以外，还有一位教授、一位行政干部、两位工人和一位护士。我们这几个人倒是颇有代表性。

出席市劳模大会的代表共有七八百人，许多都是著名的劳动模范。离我不远坐着的就是郝建秀，她刚刚发明了一种新的织布法，使棉布产量成倍地提高了。郝建秀当时是个传奇式的人物，是中国的斯达汉诺夫①。能和这样的劳动模范在一起参加大会，我感到很荣幸。

我们听各行各业的先进人物做报告。他们谈到自己在本职工作中取得的成绩，也谈了未来的希望与打算。他们的报告生动有趣、激人前进。自己和他们比起来差得很远，我要好好向他们学习。

会间休息时，我们就各谈各的工作。一到这时，代表们就把我围得水泄不通。这倒不是因为我有什么不平凡的事迹，而是因为我是个苏联“老大哥”。人们总让我用俄语说几句话，俄语的发音逗得大家直乐。只有一两个代表问了问我的工作，想必也只不过是出

---

① 斯达汉诺夫（1906—1977），苏联煤矿工人。20 世纪 30 年代中期因精简和改革工作法而提高了生产效率。——原注

于礼貌而已。

开会开累了，我们几百个人就一起跳起秧歌舞来。大家常跳秧歌舞，这是农村的民间舞，当时处处盛行。一排排跳舞的人扭出扭进，三步向前、一步向后，轻快地鞠躬，两手有节奏地起劲摆动。舞，跳了一遍又一遍，人人快活，人人高兴。

插曲：

代表们到处寻找纪念品，这当然是请“英雄”签名留念。我算不上英雄，但让我签名的人也不少，他们自然要我用俄文签名。他们还问我是否见过列宁，见过斯大林多少次，是不是莫斯科人。我解释说，我从没见过斯大林，也没到过莫斯科。他们听了很失望，有人还不大相信。

郝建秀的座位离我不远。这位劳动模范引起了我极大的注意。休息时，我请她在我的笔记本上签了名，还和她谈了一会儿。她说她没受过什么教育，只上了两年小学，新中国成立后才到纺织厂工作。她说自己做的工作很少，一切都归功于党，她要使出浑身的力气提高产量，报答党的恩情。

后来，郝建秀到我们学校附属的速成中学学习。毕业后又保送上了纺织学院。大学毕业后，她到青岛一个大型纺织厂担任副厂长，“文化大革命”后担任了纺织工业部部长一职。后来，郝建秀成为一名有经验的讲演者。我在劳模会上见她的时候，她还是个普通的妇女，讲话朴素自然，这倒使她的话更令人心悦诚服。

开完会回到学校，校刊记者采访了我。这是我生来第一次接受采访。我不知该说什么，也不知该怎么说，但说出来的都是心里话。我说：“参加劳模大会是很大的荣誉。我从来也没敢想过，我，一个外国人、一个知识分子，能参加这样的大会。参加大会使我增添了力量，我决心更好地工作，做出更大的贡献。

“我爱青年人，我爱每一个青年人。我知道，他们是祖国未来的建设者。

“学生们愿意来看我，我更愿意和他们在一起。

“一天不工作，心中不畅快。

“我愿全心全意为人民服务……做一名人民教师是世上最崇高的职业。”

这些话刊登在1952年10月的校刊上。今天重读那篇报道，我发现，三十多年过去了，纵然有“文化大革命”中发生的一切，自己的这些想法却一点儿也没有改变。这确实是不容易的。

十

第三件事尤其值得一提。

到1952年春，我已当了五年的“国际友人”了。虽说这个身份、这种称号没啥不光彩（也没啥特权），可我越来越觉得，我们自己的共和国已经成立，我不能继续只当“友人”了。

1951年苏联驻天津领事馆的一位官员到青岛安排苏联人回国事宜。我和他谈过一次，这个人不叫人喜欢，一张又肥又圆的脸，说话的声音单调乏味，俨然是一个耐心的老大哥教训愚笨的小弟弟的神气。可他的话也不无道理。他说：“你在中国参加革命多年，所以实际上已是个中国人了。连你的样子也像个中国人（真的?），你还要回苏联干什么?”

于是我去找校长，就是那位历史学家，把情况告诉了他。他说：“你为什么不申请加入中国国籍？我想你会得到批准的。”他说的正是我的心里话，问题解决了。我填了些必要的表格，三个月后，收到了内务部部长谢觉哉签发的公民证。那时我在青岛工作，籍贯自然也就是青岛了。

公民证的签发日期是1953年6月24日。

那年年底，我到上海出差。出火车站时，一位警察拦住了我。他把我领到一间小屋里，请我出示护照。他倒并非官僚，只是警惕性很高罢了。当时对来中国旅行的外国人小心点儿没啥坏处。我出示了自己的证件，那位警察连连向我道歉，说给我找了麻烦。为此我心中大喜，甚至有点儿幸灾乐祸的意思。走出火车站，我真后悔当时没改用一下马雅可夫斯基的诗句："看吧，妒忌吗？我是中华人民共和国公民！"

从那天起，我不仅在思想感情上，而且在身份地位上，都和中国人民融为一体了。我不再是"友人"，我是四万万五千万中国人民中的一员，我和他们同舟共济、苦乐同当，我和他们一样为伟大的党、伟大的祖国、伟大的人民、伟大的人民共和国而骄傲。

我成为我的共和国的一个公民。为此，我从未感到后悔，我每时每刻都感到自豪。

第十章　政治运动

一

在讲述从新中国成立到所谓的“文化大革命”开始的这些年代时，我既不打算判别种种事件的是非，也无意去评论在这些事件中起了作用的人物之功过。我只希望自己作为一名亲历者忠实地记下这些事件，并且也不为著书的需要去篡改历史事实。如若有时我确有评判之词，而又评判有误，也请读者予以谅解。因为凡人皆会出错，我也不能例外。

一百多年来，我们为反抗国内外敌人进行了斗争，终于取得了胜利。在斗争中，中华民族无数优秀的儿女献出了自己的生命。战争结束了，我们应该把人力物力、全部时间和精力投入到建设中去，努力把贫穷、落后、软弱的旧中国改变成为繁荣、先进、强大的社会主义国家。然而，接踵而来的是一个又一个的政治运动，这使社会各阶层的人们应接不暇。虽然千百万中国人民刻苦勤劳、不乏才干，但他们几乎没有时间、没有精力去从事生产建设，去推动科学技术的进步，去为幸福美好的生活而奋斗。

但是，在当时虽然有些人，特别是知识分子，对这次或那次运动中出现的过激现象不太满意，我们仍然愿意跟上形势，积极参加每一次运动。

回忆我们当时的所思所想，分析事情的动机原因，不外乎有以下几点。

首先，我们对党无比信任。我们唱的是“没有共产党就没有新中国”“你是灯塔……我们永远跟着你走”。这些歌唱出了我们的心里话。这也正是党在我们心目中的形象，我们坚信党永远正确。我们对党是绝对服从，几乎是盲目服从。这种无条件服从也反映了封建意识的因素。

党不断提醒我们，要做真正的革命派，而不是做不革命派或反革命派，就必须时刻牢记阶级斗争、牢记各种社会矛盾（特别是无产阶级和资产阶级之间的矛盾），就必须警惕阶级敌人，对他们展开无情的斗争，和他们断绝一切联系（我们称之为“划清敌我界限”）。党每发动一个运动，就会告诉我们运动的对象——或是某个人、某些人，或是某个社会阶层、某种社会现象。我们也是党指到哪里就冲向哪里，愿意甚至渴望成为党领导下的“积极分子”。

其次，我们对敌人有着深仇大恨。几十年来，帝国主义分子、资本家、地主残酷的压迫和剥削，在工人、贫雇农以及广大群众胸中点燃了仇恨的火焰。革命虽然胜利了，这火焰仍未熄灭。党的政策从来不是以牙还牙，以血还血。但是，血，曾流成河；恨，扎下了根。我觉得，在很大程度上，这就是为什么许多政治运动往往偏“左”，这就是为什么各级领导干部要“宁左毋右”。

国内外阶级敌人确实存在。地主阶级作为一个阶级是消灭了，但地主分子人还在，他们不会心甘情愿地放弃自己的权力、土地和房产。许多资本家大搞贿赂、偷税漏税，在完成与政府签订的项目时弄虚作假、偷工减料。国民党特务的破坏、暗杀活动也从未停止过。在我们解放时接管的组织机构、政府部门中，由于没来得及对其人员进行鉴别，还隐藏着反革命分子，也有思想反动的官员和高级职员，这些人一直在搞阴谋、使诡计。地下道会门的头子也在利用迷信向党进攻。

这些敌人的背后是各国帝国主义分子。一个世纪以来，他们一直把中国视为“一块肥肉”，每时每刻都想卷土重来。

所有这些敌人猖狂嚣张、纠集成一股恶势力，他们的存在和活动使人民的旧恨烧成了新仇。

最后，我们有建设社会主义的强烈愿望。苏联“老大哥”的光辉榜样在我们眼前闪耀。我们相信社会主义在苏联取得了巨大成功，但社会主义在中国将是什么样子，能不能也取得巨大成功，我们谁也不清楚。当然，那时我们还没有发现苏联的社会主义有何缺陷。只是在后来，在 1953 年斯大林逝世后，我们才看到了苏联社会主义的一些弊病。而在当时，我们一心想实现社会主义，想立即实现社会主义。

我们有建设社会主义、过社会主义美好生活的热切心愿，甚至可以说是急不可耐的心情，却又往往忽视了中国的具体情况，再加上缺乏经验，或许正是这些因素导致了后来出现的冒进现象。

二

那些年月运动不断，我先从 1950 年的事件讲起。

新中国成立后第一个重大政治运动是镇压反革命运动。1950 年春运动拉开序幕，口号是“坚持党的群众路线”“稳、准、狠地打击敌人”。

当时正值学校从济南搬往青岛。由于我忙于搬迁工作，又急于熟悉新的环境和任务，所以错过了运动的“动员阶段”。我不了解运动搞得多么彻底——后来中央批评山东省有些地方运动拖拖拉拉，有些地方却过于草率——但是我们在1951年参观的一次展览说明这次运动是一场激烈复杂的斗争。展览会展出了反革命分子的罪证，这些人中有土匪头子、特务（我认出有两张照片是我曾见过一面的两个美国传教士。他们在齐鲁中学任教，现已被驱逐出境）、地主及其爪牙、杀人犯、强奸犯、盗窃犯等。这些人的罪恶活动，激起了广大群众的义愤。其中少数人因有人命或重大罪行，民愤极大，被处以死刑。许多罪犯被判死刑，缓期两年执行，强迫劳动，以观后效。

我亲眼看到的两个场面，至今仍是记忆犹新。

第一次是看到一辆卡车缓缓驶进我校大门。卡车上站着一个中年男子和一个年轻妇女。两人五花大绑，面如死灰。左右两边是手持短枪的警察。

卡车慢慢驶过校园，开往学校后门。学生们站在路旁，他们似乎认识那个男人。有个学生告诉我，那个男的姓马，曾当过训导主任。“训导处”是国民党在大中小学中设立的一种机构，负责进行反动宣传教育、监视进步师生，必要时镇压进步师生及其活动。新中国成立前，这个训导主任曾向国民党宪兵队出卖过好几名学生，镇压过学生运动，另外还犯有其他反人民的罪行。学生对他恨之入骨。卡车上的妇女是附近一所中学的体育教员，她在其学校犯有同样的罪行。两人现在是游街示众。

我看着卡车开过，想到自1947年秋以来自己在革命道路上前进的步伐，不由感到几分满意。当年看到一个女地主被拉去处决的情景，自己还为之震惊。1950年我经历了同样的场面，却未有丝毫的怜悯和不安。对卡车上的两个人，我只有仇恨。

我环顾四周，心中也感到畅快，因为我看到的是学生们冰冷的目光和紧握的拳头，目光中射出了仇，拳头里攥出了恨。

我看到的另一个场面是不久以后在青岛市体育场里。那是次公审大会，审判两名反动道会门的头子。一名是个六十多岁的女人，她缠着小脚，身材又高又胖。另一名是个老头儿，矮壮敦实。体育场里坐着五万名激动的听众，因而我也听不清检察员在讲些什么。旁边的人告诉我，那个老太婆是一个寺院的头目，害死了好几个信徒，坑去了人们大量钱财，还犯有其他罪行。那个老头子强奸了尼姑庵里六十个尼姑，其中有些还因此丧生。

公审结束后，带两人绕场一周示众。这里说带还不如说是拖。所到之处，激起听众一阵阵吼声，最后这一男一女被拉到卡车上带走了。

镇反运动教育了我，想必也教育了其他和我一样生在城市长在城市的人，尤其是那些富家子弟。它使我们看到了危害平民百姓的罪行是多么可恶，看到了广大群众对这帮坏蛋是多么仇恨，看到的对罪犯的惩罚是多么公正。这真是一种切合实际、行之有效的教育。我总觉得自己能经受这种教育，确实是很幸运的。

三

1950 年下半年，抗美援朝开始了，前后持续了三年。

中美双方对战争经过的报道和解释各不相同。1950 年 6 月月底，中国报纸报道，李承晚傀儡部队的十个师，遵照麦克阿瑟将军的命令，在美国海军和空军的支持下，越过“三八线”，入侵朝鲜。随之而来的是美国第七舰队侵占中国台湾、美国飞机轰炸中国东北。

爱国主义浪潮席卷了全国。大多数人认为美国的行动是侵略行为，其矛头不仅是对着朝鲜，而且直接对准了我们刚刚诞生的共和国。朝鲜战争一时成了街谈巷议的主要话题，我们讨论国际形势时，胸中燃烧着怒火。

我注意阅读报纸，时时收听广播，出席抗议大会，参加示威游行。看到的消息、听到的新闻使我深感不安，我不愿看到世界那边，战火又起。同时我也无法理解，为什么一个世界上的强权大国要把手一直伸到亚洲，来干涉小小朝鲜的内政。我反对这种做法。听到美国士兵在朝鲜城乡胡作非为，我感到厌恶、感到气愤。我全力支持我国政府对美国侵占我国台湾、轰炸我国领土提出的抗议，并为我国的坚定立场感到自豪。

1950 年 10 月 25 日，中国人民志愿军跨过鸭绿江，去和朝鲜人民军并肩作战。出兵之前，我国政府庄严宣布："我们绝不袖手旁观!"我一直认为，这句话，是一个人、一个国家说出的最值得骄傲的豪言。

志愿军战士武器低劣、装备简陋，他们出发了，我们的心也伴随着他们去了。那年冬天，志愿军在冰天雪地的朝鲜为保卫祖国安全、捍卫远东和平而浴血奋战，我们在后方为战士们捐献冬衣。我献出了我的棉大衣。在农村，这件大衣为我挡风御寒出过力。在我之前，一个八路军战士还穿过它……我还把所有能拿出来的东西全捐上了。每个人都在捐献，每个人都因自己能为共同的事业尽点儿力而感到欣慰。

我们中间也有为数不多的知识分子，或是早年侨居美国、留学美国，或是在解放前与美国传教士交过朋友，他们坚信美利坚是自由、民主、文明的国度。当时我就碰到过这样的人，不是毕业于哥伦比亚大学、麻省理工学院，就是毕业于燕京、金陵、圣约翰、齐鲁等教会大学。他们对美国的这种信念根深蒂固。想想美国近年来在中国扮演的角色，想想第二次世界大战胜利后美国人在上海和其他地方的所作所为，崇美思想真叫我难以理解。这些人数量不多，但在一部分知识分子和民主人士中有一定的影响，他们的观点还有市场。为了使这些人改变这种观点，为了使他们看清一百年来美国在中国的政策有何特征、为何目的，1950 年年底发动了批判“崇美、恐美、亲美”思想的运动。这场运动来得及时，也十分有益。

从中文系一位老教授身上就可以看出这些观点之影响。1950 年，山东分局决定华东大学和山东大学合校。当时有项政策，就是使旧大学与解放区里党领导下的新型大学合并，从而改造旧大学。正是依照这项政策，才决定两校合一。多数教师理解这项政策，支持两校合并。再说青岛之美，全国有名，我们也喜欢到那里去工作。可中文系这位老教授却是例外，他不赞成搬迁。理由何在，我后来才明白。原来他害怕美国空军。青岛位于第一线，济南地处内陆，相比之下，当然是青岛更容易挨炸。

1950 年 12 月，我们全部搬到青岛。这是我们大学第一次搬迁，后来又搬了三次，最后才在济南定居下来。

这一年冬天，我们送走了班上的一名学生，他是保送到大连海军学院去的。海军学院的一部分学生是从大中学学生中选拔的。我们这位同学学习成绩不算太好，但他出身好，成分是贫下中农，这是第一重要的条件。因为这些年轻人要成为新中国海军的栋梁，政治上必须可靠才行。

我并不清楚这次征兵是否与朝鲜战争有关，也许会有这方面的因素。不过我对欢送会印象非常深，因为我第一次在会上长篇大论地发言。我是用汉语讲的，头一句话还记得很清楚，我说：“作为中国人民的朋友，作为一个把中国当成第二祖国的人，作为一个深深热爱这块土地的人，年轻的朋友们，我希望你们……”我的话发自肺腑，听众一定会感觉到这一点。后来听说我这次发言给大家留下了深刻的印象。

四

1952 年年初，美国有点儿招架不住了。传言说美国人为了取胜，使用了凝固汽油弹、毒气、细菌武器。可在读这类报道时，我还很难相信美国人会如此丧尽天良。一天晚上，事实说服了我。夜里高射炮的吼叫把我们惊醒了。大家跑出来站在门口，倾听曳光弹的爆炸声，观看交叉相错的火光。有一会儿，我们似乎看到了一架飞得很高的飞机，但眨眼间那飞机就消失在黑暗之中。突然，一切又陷入了沉寂，我们回去睡觉，心中揣测着到底是怎么一回事。

第二天一早，我们听说一架美国飞机想在青岛上空撒下带细菌的虫子。还没等撒完毒虫，飞机就被赶跑了。市里组织了几百名学生出来寻找毒虫。他们每人拿着一把镊子和一个小瓶，大街小巷四处转，寻找可疑的虫子。找到后就放在瓶子里，带到收虫站。收虫站检查送来的虫子，然后再把虫子处理掉。后来一两天，在海滨及附近找到的虫子更多。飞机上的人没能在青岛市区上空把毒虫撒完，大概就把剩下的撒到海边了。

总而言之，在我的心目中，美国在朝鲜是打了败仗。美国人发动了战争，美国人指挥了战争，可战争并没有为星条旗增光。美国不仅仅在政治军事方面威信扫地，还使成千上万的美军官兵致残丧生。

五

1951 年年底，“改造知识分子”运动接踵而来。

“改造知识分子”是第一次涉及每一个知识分子的运动。当时，新中国成立仅仅两年，还没有时间造就新一代知识分子。而我们这些老知识分子大多来自旧社会，难免有些旧观点、旧思想、旧意识。至于我自己，和其他老知识分子又有所不同。（有的同志总结说：“你是解放别人的，他们是被人解放的。”）但是，我也存在旧思想、旧意识。

最初的设想是让我们“自我改造”——找出自己的资产阶级思想及其各种表现，分析解剖，然后找出根除的方法。同志们、学生们自然会来帮助改造，但外因总是其次的，问题主要靠自己解决。

在一次教师大会上，我们开始深挖思想、剖析错误，寻找解决方法。有些人言过其实，这也在意料之中，他们的主导思想大概是，挖出的资产阶级思想越多，人就越革命；剖析得越深刻，自我改造的决心也就越大。也有些人轻描淡写，他们的分析也是敷衍搪塞，空洞无物。有个人一张口先说：“现在我来说几句……”这种开场白选得不妙，让人一听就觉得此人并未准备进行深刻的自我剖析。

我有所准备，坦然发言。我就是要实事求是地进行自我批评。大家未加多少评论就通过了我的发言。只有学生提了一点意见，说我不该把斯大林的《论自我批评》一文安排在一年级教授，这本来是二年级教学计划里的内容。学生提的意见和本次运动的目的毫无关系。可既然他们认真热诚地帮助我进行自我改造，他们说的是什么我倒也并不在乎。

总的来说，我觉得这场运动是有益的。它帮助我们认识缺点、找出缺点、追根求源、查清危害。但当时，我们显然还不习惯批评和自我批评，所以容易走向两个极端，这样一来，往往伤害了感情。再说，当着同事的面，让学生批评自己，这也使一些教师颇感丢脸和不快。

以后多次运动，知识分子都成了“活靶子”。这场“改造知识分子”运动作为一次演习，倒也不无好处。

六

1951 年年底开展了“三反运动”，随后是“五反运动”。

“三反”是反贪污、反浪费、反官僚主义。自革命胜利以来，这些现象在党政军机关和群众团体内一直存在，严重地阻碍了国民经济的恢复和发展。又因为许多犯错误的人是党员，事情就愈加严重了。

和“三反运动”并行的“五反运动”是反行贿、反偷税漏税、反盗窃国家财产、反偷工减料、反盗窃国家经济情报。搞这些罪恶活动的人多是私人工商业者。

我们学校停课一学期搞运动。对于长期停课搞政治运动，我是后来才逐渐适应的。当时还觉得学校停课非同小可。说句老实话，我从来就没有彻底解决“政治与业务之间的矛盾”。

学生三五人一个小组，到工厂、商店检查账目，看看是否存在偷税漏税现象和其他不法行为。我妻子（这时我们已经结婚）在新中国成立前曾当过几个月的会计，这次对她寄予很大的期望，希望她能给不法商人、资本家来个措手不及，抓住一个两个的。可她后来告诉我，他们每到一处，资本家便笑脸相迎，账目也写得一清二楚，有时还送上点儿小礼品，谓之“同志辛苦，薄礼慰劳”。妻子的结论是，以往的经验毫无用处。面对成堆的账目、收据、票证、清单，她也是一筹莫展。她和同伴们后来因工作努力而受到表扬，要说实际成效，却是收获甚微。

富有经验的调查人员揭露出惊人的犯罪行为。有些资本家坦白认罪，还检举他人之恶。一些工厂主和国家签订了合同，为志愿军生产军需品，他们在生产中偷工减料，结果产品质量低劣。好几个资本家以纸代皮，用籽棉冒充脱脂棉，然后又贿赂政府工作人员接受这些劣等产品。这些资本家受到了严厉的制裁，那些受贿的政府工作人员也受到了严肃的处理。

与此同时，这些运动在大学里也是势头大增，挖出了许多“老虎”（贪污分子的绰号）。其中有些是“大老虎”，如一个基建科长，贪污了一大笔款子，等于科里几年的预算数字。也有“中老虎”“小老虎”。气氛激荡紧张，群众义愤填膺，控诉大会接连召开。“老虎”被揪上台去，向周围几千名群众坦白罪行。他们的交代常被愤怒的口号声打断。人们高呼“打倒某某某！”“立即逮捕某某某！”不过当时对“老虎”也不准肆意虐待——大打出手是“文化大革命”中“四人帮”的发明创造。然而，听到这口号声，即便是顽固分子也会心惊胆战。交代人常把自己的错误说成罪行，把小罪夸张为“滔天罪行”，在某种程度上也是这些口号的威力。

有几次控诉会仍然留在我的记忆之中。

一次是控诉学校幼儿园的一个小职员。据说他贪污了给孩子们买棉被的钱。此人身材矮小，生性怯懦。周围吼声一片，吓得他魂不附体。他的交代语无伦次，话刚出口就淹没在口号声中。他看上去可怜巴巴，可没人可怜他。

另一次是校医。他的罪行是偷窃、私卖麻醉药品，给病人注射的却是蒸馏水。病人疼得大喊大叫，他却在一旁咒骂病人。群众听到这些，真是怒不可遏。

这两个人由于坦白彻底，态度诚恳，只受到降职处分，把他们调去干与孩子病人都不沾边的工作了。

第三次大会的批判对象是一位历史系教授，其罪行是向香港商人泄卖经济情报。批判会一连开过几次，但规模较小，一般都是在室内进行。除了教职员工外，没有学生参加，罪证也不足以使人信服。

批判期间，对这位教授实行了隔离，以防他与同谋联系。同时还派我的几名学生日夜看守着他，免得他寻死。两次运动中都有人自杀，小心点儿没坏处。

后来给这位教授恢复了名誉。但在“文化大革命”中，他最终还是走上了自杀这条绝路。

广大群众显然是拥护这两次运动的。腐败的国民党政府官员，自上而下，贪污腐化，官僚作风盛行。几十年来，这一直是人民的祸害。清除这些罪恶，是令人鼓舞的社会变革。偶尔也听到有人抱怨，说某人被诬告，受到错误的处分，这种现象确实存在。但判死刑和自杀的人数极少，绝大多数错案可以得到纠正。事实上，也在一定的时候得到了纠正。

插曲：

运动期间和运动之后，青岛东郊的委托商店大量出售旧衣服，家具、自行车、打字机以及其他零星玩意儿，价格低廉，这当然是卖主急需现金，以便与政府结清账目。我买了两把极好的扶手椅，只花了八块钱，价钱低得令人难以置信。

1952 年夏天，我送走了第一批毕业生。这些学生分配在国家部委、政府机关、高等院校里。当时国家需要大量会俄语的人才。

这时，我又迎来了新的任务，这可占去了我全部的精力和时间。我们的第一个孩子出世了，是个女孩。工作、家庭两副担子压在肩上，我就无法像以前重视工业、农业、文化战线上的惊人变化那样关心朝鲜战场的形势了。

七

时间到了1953年。这一年，对我个人、对我们的国家，都是不平凡的一年。

1953年我成为一名光荣的中华人民共和国公民。同年，我又加入了中国主要民主党派之一的中国民主同盟。我校有些教授是“九三学社”“国民党革命委员会”等民主党派的成员，我的许多同事朋友是民盟成员，因此我也参加了民盟。

我一直渴望加入中国共产党。我曾一度认为自己是在中国革命的紧急关头自愿参加革命队伍的。这虽不是大功，总也算是个入党的有利条件。况且我工作认真努力，这也是有目共睹的。可后来我才觉察到影响我入党的是些其他因素。我父亲算在资本家之列，我是个资产阶级知识分子，还有海外关系。这些自然是问题的关键，其他则都是次要的了。要说我这几年的表现，那就更是无关紧要。从某种意义上说，我理解党的政策。家庭影响、旧时代的教育、旧社会的环境，都使我沾染了非无产阶级思想，这也不是在短时间内能根除的。再说党组织也很难搞清我那些亲戚朋友的职业情况和政治背景。这一切我可以理解，并为此深感苦恼。

我们系里有个民盟支部，七八个成员都是中年人。活动也不少：学习、开展批评与自我批评、参加政治运动。这些活动都是在党的领导下进行的。

不久，我就感觉到群众并不认真对待民盟支部，和我们也不算接近，因为我们常常是政治运动的对象。有些年轻人公开声明，宁做无党派人士也不参加民主党派。

党对民主党派成员的政策，总的来说是好的，我们愿意接受。遗憾的是在某些地区、单位、组织，执行政策时不是“左”，就是右，或是只讲团结，不管教育改造，或是只教育改造，而不注意团结。无论前者后者，对工作都是有害无益的。

尽管如此，我仍把加入民盟看作自己政治上向前迈进的一步。同时，我不断努力，积极要求加入中国共产党。

1953 年也是我教学工作的一个转折点。

原先我一直教授外语系学生的课：精读、语法、口语、作文、教学法等。这一年，我的教学工作蓬勃发展起来。我又教了历史系和数学系的学生，同时还给教师授课。教老师这件事值得一提。

1953 年 1 月，我们在全校办起速成班，教理科各系老师学俄语。我负责化学系。我不懂化学，但我英语很好，那些“化学专家”的英文也很好，所以也就弥补了我不懂化学的缺陷。

速成班的教学目的是使学员在短短二十五天的时间里能够以一定的速度阅读化学读物。目标颇高，学员心切，大家都起早贪黑。学员中有些人虽已年过半百，也照样连续拼了三个星期，连星期天也不休息。他们的家属承担了全部家务，免得做丈夫、做父亲的分散了学习精力。当然我们这些授课人员也是每天工作十五个小时。

战果惊人。学员们确实能用较快的速度阅读苏联出版的化学读物了。有些人许多年来一直没有把俄语搁下，因而能够了解苏联化学界的最新成就。想到自己起到的作用，我心里不免感到骄傲。

50 年代初，我还干过一件工作，说起来就没有什么值得骄傲的地方了。我接受了一项任务，帮助青岛五十多所中学的英语教员改学俄语。那时认为英语是“帝国主义”的语言，既不该教也不该学。于是组织了夜校学俄语。教俄语的光荣任务落到我肩上，这是因为我通晓英俄两种语言，在教学过程中可以做些必要的对比。我用了一年时间帮他们扔掉了一些“帝国主义”的语言，学会了俄语的基本知识。时至今日，偶尔遇上一两位当时夜校的学生，才知他们大多已又转教英语了。一提起那些日子来，我就觉得尴尬，还不知那些中学教员怎样骂我呢。

1953 年我升为副教授。自 1948 年我在华东大学任教起，人们一直以教授相称。其实我只不过是个讲师，级别比教授低得多。这对我来说倒也无所谓。新中国成立前我从未在高等院校教过学，所以也并不把职称看得太重。这次提升对我来说，只不过是对自己以往工作的评价，对自己今后工作的鼓励，鞭策我更好地教学，做更多的工作。

同年 9 月，校刊载文，称赞我和中文系的一位教授是遵守纪律的模范、认真工作的标兵。我把这一表扬同样看作一种鼓励。

谈到 1953 年的工作与生活，还应该讲讲我家经济情况的改善。当时我工资较高，妻子也从学生成为教师，我还常常收到翻译稿费。虽说积蓄不多，可也生活舒适，不负债务。和前几年供给制相比，我觉得自己已相当富裕了。

当然还存在一个富裕标准的问题。对此我反复考虑过。就西方标准而言，我们夫妻两人的收入微乎其微，我们的衣食住房也只能算是说得过去。但我们俩知道，我家过得不比亿万群众差，我们的生活无论现在还是将来都确有保障，我们的必需品一样不缺，我们不用为担心失业而焦虑、因害怕生病而失眠。我敢说能夸此海口的西方人恐怕是寥寥无几。

八

国民经济恢复和改造时期即将结束，祖国面貌日新月异。在所有的变化之中，我最熟悉的是高等教育领域中的变化。

我们的教育制度是旧中国遗留下来的，其中孔子、考门斯基①、约翰·杜威②、乌申斯基③，再加上他们在中国的门徒弟子，各种思想，无所不有。新中国成立后又搬来了苏联教育家凯洛夫。凯洛夫的教学法成了中国教育家和教师的圣经。

1951 年至 1956 年期间，我国教育制度经历了重大的改革。对于苏联教育战线已经实行和正在实行的一套体制，我们一律采用。我们真可谓是用功的“学生”，一丝不苟地学习，整套整套地照搬，很少考虑苏联的教育制度是否适应我们的具体情况和需要。

在这场改革中，全国高等院校于 1952 年下半年到 1953 年春天开始进行大规模的院系调整。华东大学和旧山东大学的合并也是调整计划的一部分。当时，山东大学已设立了五个学院，即文学院、理学院、工学院、医学院、农学院。合并后的山东大学进一步调整，把后三个学院分出去，与外地同类学院合并，组成许多新学校。难怪后来我们夸口说我们学校“下了十个蛋”。学校的改组使教员、设备、领导干部进一步集中，高等院校的特征也更适应国民经济发展的需要了。

---

① 考门斯基（1592—1670），捷克教育家。——译者注
② 约翰·杜威（1859—1952），美国教育家。——译者注
③ 乌申斯基（1824—1870），俄国教育家。——译者注

另一项重大改革是在学校建立党委领导制度。而在这之前一直是教授治校。政治教育作为必修课列入课程也是1954年的事。

改革的过程也是向苏联学习的过程。我们学到了许多东西，诸如理工科分家、建立教研组并将其作为系里的基本单位、废除学分制、采用苏联教材（当时大量苏联教材译成了汉语）、改变课程、开设讨论班等等。至于是否有效、是否适用，则没有人在意，至少我是如此。新中国成立前我未教过书，封建的或资产阶级的教育思想在我脑中并非根深蒂固。我毫无保留地欢迎苏联的教育制度，我对一切来源于苏联的东西也都是持这种欢迎态度的。

对我来说，学苏联，意味着开课办班。除了前面提到的俄语速成班、英语教师俄语班以外，我还给我校领导同志办了一个俄语班。学员中有校长、副校长、院长等。这个班为时不长，“学生”太忙，不能坚持正常上课，课后更无时间复习巩固。但在开课期间，他们可是个个态度认真，上课也是专心致志。学苏联，还意味着和老师们一起学习、宣传凯洛夫及苏联其他教育家的教育思想和教学法。学苏联，也使我贪婪地阅读能够到手的有关俄国十月革命前后的一切材料。

那几年，工业、农业、商业也在大踏步前进。报纸上的消息鼓舞人心，因连年战争和“四大家族”破坏而遭受严重损害的工农业生产，不仅得到了恢复，而且超过了战前最高水平。商品价格稳定，和新中国成立前物价飞涨的日子相比，这可真是一大奇迹。

当时还有一件大事，就是1953年11月实行的粮、油统购统销制度和第二年实行的布、棉统购统销制度。在我的记忆中，这项措施最能稳定局势。开始时有人反对这项政策，有人误解了这项政策，隐藏的敌人则恶语中伤，叫嚣“揭开统购统销的黑幕”。但是，这一政策很快就显出了威力。当时，四大商品——粮、油、布、棉——严格定量分配。虽说如此，只要自己计划得当，就可以满足需要。再说价格也是合理稳定的。

当时实行了多种政策，统购统销只是其一。这项政策使我有一种感受：祖国是安全稳定的，公民的日常生活和基本需要有人关心。这种感受暖人心田，是旧中国的普通百姓从来未曾有过的。

九

1953 年进行了公民普选，选举各级地方政府。这是我至今仍记忆犹新的一件大事。当时，我骄傲地在选举站门口出示了选民证，在选票的四个人名上画出四个圆圈。我的手在发颤，摸索了半天才把选票投入票箱。我还可以在选票底部的空白处填上一两名我认为更合适的人，但我想不出更能干、更适合的人选。几天后在操场开大会庆祝选举工作胜利结束。大会发言结束后，选票上有名的四位代表出场与选民见面。当他们四人缓慢庄重地绕场一周时，大家报以热烈的掌声。

1954 年 9 月，中华人民共和国第一届全国人民代表大会第一次会议在北京召开。这又是一件大事。会议的召开使大家激动万分。会议期间，毛泽东同志当选为中华人民共和国主席，刘少奇、周恩来、朱德等深受全国人民爱戴的同志担任了政府中的领导职务。这消息更激起了人们无比的欢乐。

全国人民代表大会通过了《中华人民共和国宪法》（以下简称《宪法》）。《宪法》中写进了过渡时期总路线——在相当长的一个历史时期内，逐步实现国家的社会主义工业化，逐步实现对农业、手工业、资本主义工商业的社会主义改造。全国上下开展了对《宪法》的讨论。虽然我们未提出能使《宪法》更臻完善的重大建议，但我们享有讨论《宪法》的权利，这本身就使我们认识到，我们是国家的主人，我们肩负着主人翁的责任。

当时还有一个重要文件，那就是《发展国民经济的第一个五年计划》（以下简称《计划》），五年是从1953年至1957年，《计划》于1955年7月正式通过。中央号召我们对这一计划进行讨论。第一个五年计划早在1951年就开始制订。在全国人民代表大会第二次会议正式通过之前，我们已经知道了计划的一些具体内容：某些主要目标、苏联要帮助我们在全国建设的一百四十一项大型工程，其中包括长春汽车制造厂、几家钢铁厂、电厂，还有其他一些大型企业。

我们还听说过苏联的工业化和五年计划（当时，苏联的第五个五年计划即将结束）。我们羡慕苏联的建设规模，但也深信，我们将来的发展速度一定会赶上甚至超过苏联。

十

大体上说，这三年是平静的间歇。新中国成立初期的风暴刚刚过去，以后的骤雨还未来临。

我和妻子奋发工作。

我们愿意工作，工作也找上门来。除了正常教学工作外，我还兼有许多行政事务，诸如出席会议、制订计划、检查并总结计划的实施情况、听新教师讲课等。我妻子毕业后的第二天就上了讲台，肩上的担子同样很重。

我和妻子努力学习。我们学习党的文件和报纸社论，参加校长办的哲学讲座。不知是校长口音难懂，还是我对哲学知之甚少，反正是越听越糊涂。但我坚持听完了校长的所有讲座，同时，我自己还阅读过大量英、俄文学著作和教育学、教学法书籍。我妻子则努力提高自己的俄语水平。

我们有许多事要干，我们心中也觉得有许多事应该去干，所以我们都是时过午夜才上床睡觉。但是我们非常愉快，因为我们为工作付出了自己最大的努力。

1954 年，我们的第二个女儿出生了。

我妻子一直工作到最后一刻。生其他孩子时她也是这样。她身体健康，决心尽可能少耽误课程。

我和妻子积极参加各项体育活动。妻子 1952 年打破了青岛市女子一百米短跑的纪录。我也不甘落后，凡是学校开运动会总少不了我，虽说从未打破纪录，但也不是倒数第一。

我热衷于表演，扮演的角色之多，简直可以像老演员那样从头到尾夸耀一番。戏中只要有外国人，我就是当然的人选，演得相当不错，这并非夸口吹牛。在我的“舞台生涯”中，我演过艾森豪威尔、勃列日涅夫、印度巡捕、英国资本家、苏联工人等等。我还真爱表演。

我和妻子还参加体力劳动。20 世纪 50 年代初，我们只是打扫自己的办公室，后来就打扫整个大楼，包括走廊厕所在内。以后我们又到农村去耕种收割干农活儿。我总盼着在田野里劳动，和农民在一起心里畅快。我喜欢使出全部的气力、舒展浑身的筋骨，挥发满脸的热汗，然后在地头上舒舒服服地休息一会儿，喝一碗绿豆汤，抽一支烟，和农民聊天。我坐在温暖的阳光下，感觉到的是，这里人人平等，我也一点儿不差。

必须承认我没有学会多少农活儿，但是，我学会了尊重劳动、尊重劳动人民。在城里，每当看到满载的车辆上坡过桥，我总要上前帮一把。拉车的男女老少，也总要向我道谢，这样的情景算起来也有几百次了。

有时买到票，我和妻子就去看戏、听音乐会。就在这个时候，我们观看了京剧演员梅兰芳的告别演出。梅兰芳时已年迈，远不如20 世纪 30 年代我在上海看他演出时那样风姿秀逸。但这场演出象征着一个伟大演员的伟大舞台生涯之结束。我和妻子、所有的观众，都是这样看待梅兰芳的这场演出。所以，虽说他的剑舞和唱腔不如从前，大家也不苛求责备，落幕时大厅里仍然是掌声雷动。

还有一次，一位著名小提琴家来青岛演出。他运气不佳。演奏尚在进行，听众便开始向外走去。当最后一个音符消失时，大厅里的人已是寥寥无几。青岛人一直偏爱京剧，为那位小提琴家的运气感到惋惜的人实在不多，我不过是其中的一个。

这，就是我的生活。任何别的生活都无法与之媲美。

说话之间已是 1955 年夏天。这一年是多事的一年，而且预示着，将来更会是风云变幻。不过这就是下一章的内容了。

第十一章　三面红旗

一

我暂且停下对20世纪50年代中期的叙述，讲一讲1953年3月5日斯大林的逝世。

不久前，人们才庆祝过斯大林七十大寿，现在正准备迎接他的七十五周年诞辰，他却溘然长逝了。各国革命人民在悼念他，中国人民也理所当然地悼念这位世界伟人，悼念这位中国人民的朋友。

我校举行了追悼大会。万众悲切哀悼，气氛肃穆庄严。大家倾听着哀乐和悼词。深沉地叹息、断断续续地抽泣，回荡在阴冷的天空之中。

这使我追忆起二十九年前的1924年，列宁去世时，苏联人民哀悼的情景。那时我虽是个戴着红领巾的孩子，却也沉浸在哀伤之中。现在，又一颗巨星陨落了。又一个历史时期宣告结束。谁又能预料斯大林的逝世，对这个风云变幻的世界会产生什么样的影响呢？

二

1955 年 5 月，“肃清反革命运动”开始了。记得运动来得十分突然。

据说北京揭出一个“反革命集团”（最早叫作“反党集团”）。不到一个月的时间，大小报纸都登载了有关文章和所谓的“胡风反革命集团”材料。这批材料共分三期登出，每期都加了编者按语。

在此之前，我对胡风知之不多，只听说他是上海文学界一名活跃的作家。现在批判胡风，说他在给“胡风集团”其他成员的密信和给党中央的一封长达三十万字的上书之中，“攻击党的领导，攻击党的一些政策”。“材料”说该“集团”的成员并不像人们想象的那样只是一批文人，“他们是一伙混进政治、军事、经济、文化教育各个部门和机关的反革命分子……”

该“集团”秘密活动的罪证多来自他们之间的来往信件。这些信件现在都加上了编者按语登在报纸上。我们仔细阅读每天的报纸，学习编者按语。

阅读这些书信，努力琢磨字里行间的含义，然后再对照编者按语。我汉语水平低，理解这些半文半白的信函时受到了很大的限制，当时我想，也许主要的原因还是自己的政治觉悟太低了吧！

反“胡风反革命集团”的斗争突然也反到我们学校里来了。中文系一名教授被指认为胡风同党。我和这位教授有过几面之缘，他是个文弱书生，年方四十，身体一直不好。他在翻译俄文诗歌，曾来找我问过几个问题。

“肃反运动”在我校日益深入。我系一个副教授、俄语专业负责人被拘留了。说他原是国民党特务，新中国成立前曾在新疆维吾尔地区中进行过特务活动。

接着发生了一件事，使每个人都感到震惊。我们的校长突然被宣布为反革命分子。校长是位知名学者，校内校外，成千上万的人听过他的时事报告和哲学讲座。此事并无正式文告，批斗会却召开了好几次，控诉他的“罪行”。然而，谁也弄不清他到底有何大罪。二十年后，我偶然遇到省监狱的看守长，听他说校长一直关在那里。他还告诉了我一些有关的情况。校长和“胡风反革命集团”毫无联系，其罪行是企图搞不受党中央领导的“独立王国”，包庇坏分子，阴谋叛国外逃，剽窃斯大林著作，等等。真是人一打倒，罪名就来。诸如违法乱纪等等，不管是有是无，都纷纷加到他的头上。

批斗会在大礼堂的一角召开。参加人数不多，校长坐在一张椅子上，面无表情地看着发言的人。他站起身子的时候，裤子滑落下来，听说是怕他自杀，所以腰带也给摘去了。

批斗会结束了，校长给押走了。从此，我再也没有见过他。

我结婚时，校长曾赠送我一套自己的著作当作贺礼。而现在这套著作却必须上交。这套书未能保留下来，我一直感到十分遗憾。

1980 年给校长恢复了名誉。可此时他已经去世了。

胡风及其“反革命集团”的大多数成员活到了平反的那一年——1980 年。他们曾被指认为从事反革命活动，而实际上只不过是各抒己见而已。

随之而来的是一场噩梦。当时说知识分子思想上有保护坏人的“防空洞”，这就使反革命分子趁机从事反革命活动。自然而然，“防空洞”必须填死。

于是新名词应运而生。“背靠背批评”——在背后批评别人；“替别人擦背”——帮助别人批判其未曾意识到的缺点错误；“洗温水澡”——进行不甚严厉的批评。

实际上，“温水”热得足以烫伤皮肤，“擦背”擦得几乎脱皮伤肉。虽然没有人说我们是反革命分子，但我觉得即使成了反革命分子，处境也不过如此。我们耳边听到的是斥责，头上压的是各种罪名，有些简直不堪入耳。一位年轻人叫我“垄断资本家”。听起来可笑，但当时我真觉得扎心刺耳，因为我只不过做过职员而已。根据推理，我既然是“资产阶级知识分子”，就能无恶不作；就是当时还没干坏事，将来也必然会去干。

这场运动的收尾，和其他运动也没啥两样。我们总结运动的收获，我们说运动很有教益，我们对同志们的热心帮助感激不尽。别人说啥我也说啥。然而我并不愿意这般学舌，因为我心里明白大家说的不是真话。

这场运动给我留下的是酸楚。我认为运动搞过了头。我并不抱怨一些年轻教师做事过分，他们想的是积极参加运动，结果却被引入歧途。

三

1956 年初春，周恩来总理关于党的知识分子工作报告发表了。总理的报告客观地阐述了知识分子在革命中所起的作用，深刻地分析了新中国成立以来中国知识分子的思想进步及他们当时的思想状况，总结了各级党组织的知识分子工作情况。报告体现了对知识分子的极大关怀，并号召知识分子在为群众服务、为社会主义事业服务的同时，努力进行自我改造，以便做出更大的贡献。

总理的报告是在“肃反运动”后不久发表的，若是用诗人的语言形容，这个报告真可谓医治灵魂创伤的灵丹妙药。我们觉得新中国成立后知识分子进步不小，但似乎无人对此予以确认。我们（我指的是像我这样的知识分子）知道自己仍有缺点，却又苦于无人给我们指出如何去克服。同时，我们也不太满意有些干部对我们的态度，不太满意我们的工作条件和生活条件。周恩来总理承认在党的知识分子工作中还存有不足之处，并要求予以改正。我们对自己缺乏信心，“肃反运动”之后尤其如此。所以，我们需要有人信任我们。周总理代表党中央正式表明了对知识分子的信任。

总理的报告就是一股暖流，来得及时，对知识分子大有好处。我们中许多人认为总理在报告中指出的不足之处，在我们学校党组织的工作中也存在，因此讨论时便直言不讳，有些人言辞激烈，岂不知 1957 年夏季的反右斗争开始之时，便是他们的后悔之日了。

四

农业社会主义改造也是当时的一大运动。目的是要在农村建立和巩固高级农业合作社。这是一项艰巨的任务，关系到亿万农民的劳动与生活，建立高级农业合作社远远不只是改变传统的劳动组织形式，要从根本上改变劳动形式和生活方式，改变农民的思想意识，改变家庭成员之间的关系，改变妇女的社会经济地位。

大约就在这个时候，我们去农村帮助农民打井，和农民同吃同住同劳动。

我们在农村待了两周左右。时间虽短，却使我们开阔了眼界。农民吃的很差，几乎顿顿是红薯就咸菜。农民住的更差，房子和从前没啥两样，又小又挤，烟熏火燎，肮脏简陋。孩子们穿的也依旧是破衣烂衫。然而，整个形势在变：冬闲成了冬忙，妇女和男人一道出工，有几个干部正在安排生产、分配工作，他们看上去很是精明强干。

离开农村之前，我们相互谈了谈自己对农村的印象。给我们留下印象最深的是妇女的变化。她们愿意在与丈夫、兄弟平等的基础上参加生产劳动，她们也有能力做到这一点。

农业社会主义改造原计划1960年完成，最早也要到1959年，而现在才1956年就已成为现实。下乡一趟，使我们更好地理解到为什么这项工作完成得这么快。

手工业社会主义改造指的是建立手工业合作社。手工业合作社的生产项目以修理服务为主，同时也制作食品、服装、工艺品。在生产工艺品方面，中国久负盛名，也确实是名副其实。

我不怀疑建立手工业合作社是对我国国民经济进行社会主义改造的一个重要部分。中国有几百万手工业者，必须把他们组织起来，进行合作生产。我不知道参与改造的人想法如何，但在改造高潮中，许多城市居民并不完全赞成。改造之前，街头巷尾就可修鞋，半小时内就能理完发走回家，不出胡同便能买到日用杂货。可现在，走上一二里路才能找到个合作社。生活一下子变得很不方便。我们后来渐渐地适应了，但在当时，许多人不欢迎这种改变。

资本主义工商业社会主义改造就是把私人工商业改为公私合营企业。公私合营企业是一种新型的资本主义企业。公私合营工作进行得比较迅速，也比较顺利。合营之后，资方取利润的四分之一。另外四分之三分别以福利基金的形式发给工人和以所得税的形式上缴国家。有一部分利润积蓄起来，以便扩大再生产。

资本主义企业变成公私合营企业与我们这些人没啥关系，只是看到多年来的老字号一下子全换上了“公私合营”的牌子。我们听说过资方和工人的摩擦，这倒也不足为奇。我们还听说一些资本家发了大财，但从未听说过有哪个企业关门倒闭。

鞭炮齐鸣、锣鼓喧天，喇叭声此起彼伏，千万人欢声雷动。

干部、工人、农民、民主党派人士、资本家、店主会集成长龙般的游行队伍，大街两旁挤满了观众。秧歌队、腰鼓手在人群中扭出扭进，三人长的狮子和着鼓钹的节奏扭腰摆首，迈着方步。

全国人民都在庆祝社会主义改造的胜利完成。

1957 年 1 月，我们的第三个孩子出世了——是个儿子。

妻子半夜时分突感肚痛。直到她确信是分娩征兆时才把我叫醒。妻子知道我第二天早上要给学生口试，她想让我多睡一会儿。

我急忙穿衣下楼，准备送她去医院。家里没有电话，当然无法要汽车。我从邻居家里借来一辆板车，铺上毯子，摆好枕头，尽量把车子搞得舒服点儿。然后就推着妻子直奔医院。夜半三更，大雪纷飞，医院离家很远，途中还要上几个陡坡。妻子疼痛难忍，我则竭尽全力，终于赶在分娩之前把她送进了产房。

后来我常常告诉儿子这次风雪之夜送他降生的板车之行，儿子却有点儿无动于衷。一个新生命降临人世，母亲要受分娩之苦，父亲要去操心费力，然而年轻人把这些都看成是理所当然的事情。

清晨时刻，婴儿出生。护士兴奋地告诉我是个男孩，我感到骄傲、激动。

那天早晨，我还要给学生进行俄语口试。我赶回学校，还没耽误第一个学生的考试。参加考试的学生大多数成绩优良，是何原因，自然不必再做解释了。

五

1957年5月，党发起了整风运动。开始只在党内进行，不久党中央发出指示，请人民群众向党提出批评，帮助党开展整风运动。虽说是“请”，可若要置身事外，那是绝不可能的。不管愿说不愿说，你都必须提出批评意见。

几天之间，校园墙上贴满了大字报。如果不愿写大字报也没关系，党团支部、民主党派召开的会议一个接一个，再加上校刊专栏，说话的机会有得是。若是愿意在大庭广众之下发表意见，校园里专门为此设立了讲台，你尽可登台，面对有兴趣的听众，畅所欲言，发表演说。

校园里的气氛一天比一天紧张，一天比一天激烈。每天都会出现几百张大字报，墙壁上、走廊里、楼梯里、大门上、黑板上，到处都是。虽然大字报上常常注明“保留三天”，可头天贴出的第二天就又让新大字报盖上了。校园里从未有过这般热闹景象。人们三个一伙，五个一组，拿着成卷的大字报、端着糨糊盆（脸盆代之）、拈着糨糊刷（笤帚代之），匆匆忙忙，来来往往，四处寻找空墙闲壁，挤贴上二三十张大字报。人们聚集在大字报前，激烈地议论着。有些人不愿把自己的想法白纸黑字地写出去；也有些人整天在校园里东逛西逛，浏览别人写的大字报，时而记下自己感兴趣的东西。

我密切注视着事态的发展。直接或间接攻击社会主义制度、攻击党的领导的大字报很少见到，多数是对有些外行领导（有一两张大字报骂他们是“土包子”）表示不满，认为这些人没有资格领导“内行”——知识分子。还有些大字报留恋教授治校时的“黄金时代”。

我还发现，绝大多数大字报和会议发言是针对个别党员干部，批评他们的工作作风或对待群众、处理问题的方式方法。

这些大字报里，有的是普通党员写的，他们指出了党组织工作中的缺点。但这类大字报为数极少，因为当时我系只有几个党员。还有些大字报是泄愤，其作者都是心怀不满，当然有的不满是有根有据，有的则是凭空想象出来的。这些人倒也有啥说啥，毫不吞吞吐吐。不过这类大字报也不算多。大多数教师学生愿意帮助党克服官僚主义、宗派主义和主观主义，这也正是整风运动的目的所在。这类大字报遵循中央的指示，采取“和风细雨”的方式，思想内容丰富，对运动很有帮助。

这种活动持续了几周。我对许多问题迷惑不解。后来报纸上登了两篇社论，回答了我的疑问。一篇名曰《这是为什么?》，另一篇叫作《工人阶级说话了》。社论指出右派分子向党向人民向社会主义制度猖狂进攻，民主党派中和高等院校里的反动分子就是急先锋。党一直未进行反击，为的是让这些人暴露思想，当众亮相。现在时候到了，要打退右派分子的进攻，把毒草连根拔掉。

记得一位年轻教师对另外一个同志说：“风向转了。”事实正是如此。两篇社论向共产党员、共青团员、广大人民群众发出号召，让他们向资产阶级右派分子发起猛烈的反攻。

此时正是1957年初夏。

后来的七八个月，一直是在反攻斗争。全国上下都动了起来——城市、农村、组织、机关、工厂、政府部门，无一例外。到处的斗争都是同样激烈。也许是自己政治、历史、社会学等知识有限，反正我难以理解，新中国成立只有七八年，为什么运动规模一次比一次大、火力一次比一次猛？为什么我们知识分子总是斗争对象？难道这就是社会主义国家阶级斗争的规律？

批判会天天召开，批判错误或反动观点（两者之间有何重大区别，无人得知）。开始还不点名，后来，虽说尚未开始扣“右派”帽子，但对人却可以随意点名批判了。

不论是谁，想逃避斗争是绝不可能的。有位老师拒绝参加批判会，说中央指示强调，非党员群众参加与否，纯属“自愿”。于是压力盖顶而来，最后他也只好决定“接受邀请，参加大会”。

但就我自身而言，参加运动却又是障碍重重。第一，我是“资产阶级知识分子”，这几乎和右派分子身份相同。第二，我是民盟成员，民盟在党的整风运动中扮演的角色似乎不算光彩。据说民盟头头带领“右派分子”向党进攻。第三，我曾对某些党员的工作作风表示过不满，现在不免提心吊胆，生怕哪一天自己也会被点名批判。

同年9月前后，民主党派内部的整风开始了。我们天天开会、学习、讨论、揭发、分析、开展批评与自我批评。这种整风不像系里的反右运动那样激烈，因为我们这些盟员年龄相仿、地位类似，思想观点也有不少共同之处。我们在学习讨论中触及到一些重大问题，诸如接受党的领导在实际行动上意味着什么，什么是外行，什么是内行，等。讨论之中似乎澄清了一些混乱的想法，讨论之后，许多新的问号却又在反思中产生。

1958年4月，被划为右派的人名已是众所周知。在我们外文系，“右派分子”人数占百分之十。外系的比例多比我系小，但个别系的比例却还要大些。

我们中间竟有这么多“反党反社会主义”的敌人，真叫人难以置信。但名单是从上面下来的，当然不会出错。下一步就该确定这些右派分子属于哪种类型了。分门别类，一共五等，从“极右”到问题性质不太严重的，依罪而定。尽管大家手头的材料都一样，但定等分级时意见分歧有时却很大。几乎没有人敢为降低某右派之“级别”而争辩，大多数人对右派都是宁严勿宽。因当时有种提法，“左”是认识问题，右是立场问题，谁愿意犯立场问题的错误呢？

最后，“反右”斗争结束了。在我们中间出现了一个新的阶层，外文系属于这个阶层的有几十个人。他们被社会所遗弃，没有人理睬，没有人愿和他们打交道。他们进进出出都耷拉着脑袋。他们受到降职处分，工资也削减甚多。有的送去劳改，有的妻离子散。

二十年以后，他们这些人才最终得以平反，才卸去“反党反社会主义”的罪名，才恢复了工作职务。可是二十年啊，这对许多人来说，半辈子已经过去了。

六

“反右”斗争结束，随之而来的又是接连不断的大小运动。

首先是“向党交心”。要求每个人毫无保留地写出自己对党的领导、对社会主义、对其他重大问题的真实看法，并保证不论说什么，都会给我们严格保密，也永远不会拿交心材料整人。我们相信党的话，确实“交了心”、说出了心底的真话。我交上了一份材料，列出自己考虑已久的五百个“想法”。材料是真实思想的写照，我为此受到了表扬。后来，即使是在“文化大革命”中，我也从未因向党交心而后悔过。

后来，我们又接连参加了两个运动。两个运动时间相同，内容类似。一个叫作“拔白旗”，一个叫作“反对资产阶级个人主义”。“白旗”是指非无产阶级思想；“资产阶级个人主义”的主要表现是追求名利。

在这两次运动中，“白旗”多为老教授所持，“追求名利”也多是老教授所为。说老教授之所以著书立说，唯一的目的就是想成名成家、捞取稿费。自愿帮人“拔白旗”者不在少数。这一次没有给受到批评和进行自我批评的人贴上政治标签，运动可以说是平平稳稳。

就在这时，我系和全校一下子办了许多展览，其中漫画居多。讽人嘲物，两种皆有。

有一个展览引人注目，内容是一名政治系年轻教师的思想意识和所作所为。据说这位教师是知识分子中一心追逐名利的典型。展览由该教师本人讲解，这可真是加足了辛味辣劲。

七

九年当中，政治运动连续不断，有的运动也出现了过火现象。有些人不是敌人，却也被当作敌人看待；有些人挨了批斗，他们的感情受到伤害，他们的事业心遭到打击。在“反右”斗争中就确实出现过这些情况。

1958 年夏季，提出了“三面红旗”的口号。

第一面红旗是党的建设社会主义总路线，鼓足干劲，力争上游，多快好省地建设社会主义。

第二面红旗是国民经济“大跃进”。

第三面红旗是人民公社。

人们热情洋溢，忘我劳动，人们全力以赴，献身事业，这种情景处处可见。我曾看到过海参崴的星期六义务劳动，看到过解放区的秋收春耕，看到过 1949 年黄河大堤上的抢险抗洪，但这些都无法与“大跃进”的场面相比。

男女老少，亿万群众，不管有没有技术，一律卷起袖子上阵。人们不分白天黑夜，不计较个人得失。再也听不到“我累了”“我困了”“我不行”之类的话了。人们总是说：“我行！”“我能坚持！”“我一定尽最大努力！”

这一切超乎寻常，这一切完全出于狂热。这种事以前从未有过，今后也不会再发生了。但在当时的中国，这的确是事实。

那年秋天，我校从青岛迁往济南。多数师生不愿离开这个美丽的港市迁往省城。搬迁影响了我们参加“大跃进”运动，但搬迁前后，我们一直是全力以赴地为“大跃进”贡献力量。

两个月中，我们忙于打包装箱，一批批的人员器材也都上了开往济南的火车。与此同时，我们拼命搜寻废铁。国家需要生铁，高炉急等废铁。1959 年一年，仅土法操作的小高炉就打算炼出一千万吨生铁。一时之间，凡是看上去像铁的东西全成了宝贝。我们挖遍校园，还真找到了多年前日本人埋在地下的废铁。有些上了年纪的人还记着哪里埋着一节铁管、一段铁轨、一个铁制机器零件，于是便带着一伙性急的小伙子前去搜索。这些上了年纪的人也和年轻人一样激动，眼巴巴地盯着挖地三尺是否会有收获。

班与班之间、系与系之间，纷纷展开竞赛，比谁的贡献大。有时我们连正在用着和完全能用的东西也当废铁拖走了。

有一次，人们说离城四十里处有一个地方可以挖到废铁，因为日本人曾在那里办过铁厂，大多数老师立即出发，我也跟着去了。到了那，天色已晚，四周一片漆黑，隐约看到几百人正围着一块地不停地在挖土，那地方看上去就像个大弹坑。夜幕之中不时闪出一道两道手电筒光，映出一张面孔、一个光着的脊梁，映出握着铁镐的手；映出跪在地上赤手工作的身影。不时会传来叽叽咕咕的说话声；呼哧呼哧的喘气声，压低嗓门儿的骂声，还有兴奋惊喜的叫喊声。我拼命地挖，也无暇环顾四周，心中抱着一线希望，巴不得我的镐尖能碰上一块铁锭。夜更黑了，然后，渐渐又泛出了白色。天亮了，周围的一切依稀可见。接着，太阳出来了，光芒四射。看看我的赫赫战果吧：几段锈管子头，几根铁条，外加一小块铁块儿。又是新的一天，新的一天毕竟又充满了新的希望。

我随搬迁的先头部队于1958年7月由青岛抵达济南，为搬迁工作做准备。学校大部分人员设备要在10月1日才能到济南。实验仪器在搬迁过程中受到了极大的损失，卸车和安装又用了一个月。记得后来十个月我们分秒必争，忘记了疲劳，简直犹如发疯一般。

在青岛时，我们一直在收集废铁。现在我们又试着把废铁炼成生铁。操场挖得高低不平，那样子就像是一群地老鼠在这里打了多年的洞。一群中高炉和小高炉，成千的人又把高炉团团围住，加焦炭、填矿石、放配料。至于配料有用没用，谁也不知道。炉子填得是够高的，数量有了，合适与否，也是不得而知。

我被任命为一座中高炉的技术员。但我一不懂炼铁，二不懂建炉，需要用的化学、物理等知识，有些我根本没学过，有些虽说学过，可也早已忘记了。但既然要求我当技术员，我就接受下来。就这样，我当了两个月的技术员，后来我们这个高炉显然不出铁，也只好扔下不用了。

我又接受了一个任务——砸矿石。我领了一把锤子、一副手套，还有一个防止碎矿石乱崩乱飞的铁圈。我并不是单枪匹马，差不多有二十人和我一起干活儿，其中有些是中年人。这活儿都是在夜里干，这样白天就可以腾出时间干别的。我们在一个光线很暗的棚子里干活儿。砸石头倒不需要什么技术，午夜之前，一切都顺顺当当。可到凌晨时分，就非要技术不可了，那时候人困神乏，若不使出绝技，锤子就只砸手指，不砸矿石了。

在那种事多人忙的日子里，我们的口号是："一天等于二十年。"困倦、疲乏，锤子敲手指，这些都算不了什么。

后来，我们又把"大跃进精神"落实到学术活动上来。我们同样采取了党的领导和群众运动相结合的方法，号召老师们提出科研项目。教师们纷纷响应，提出了几十万个项目，大多是从近几年的苏联刊物的目录上抄袭下来的。我们原来希望搞一百万个项目，据说青岛有所学校就搞了一百万个项目。结果令人失望，报上来的项目离一百万大约还差三十万。

我们组织编写俄语教材，师生平等，人人有份。时间虽短，数量可观，只是质量尚有待于提高。这些教材浸透了我们的汗水，是我们辛辛苦苦的劳动成果。就像那一堆堆炼出来的钢铁，消耗了多少人的心血和汗水一样。

八

我想回过头来再说说 1958 年的夏天，那时山东大学还在青岛。

8 月月初，河南省新乡县出现了一个新型的社会主义组织。这个组织包括了工农商学军各行各业，人口五万多，土地四万亩。这个组织得名"人民公社"。不久，在原有高级社的基础上，在"大跃进"的鼓舞下，全国各地涌现出成千上万个人民公社。

我有机会参观过几个著名的人民公社。一个是在济南郊区。虽说我们的参观时间不长，却看到了一些现象，用莎士比亚的话说，可谓“异常惊人”。我们看到一块稻田，秧苗十分稠密，人从上面走过，保证不会湿鞋；一头猪又肥又大，简直站不起来；有棵卷心菜大得一个人扛不动。可公社干部的介绍比这些奇观更为惊人，他说今年水稻亩产量估计能超过一万斤，平时每亩才产五六百斤；还说那头猪至少能长到两千斤，一般的猪不过就是四五百斤；预计若要把这个公社的卷心菜送到市场出售，每棵都要占一整辆手推车。最令人震惊的是来年的地瓜亩产量不少于二十万斤，而平常听说每亩的地瓜产量也不过几千斤。

我们参观的另一个人民公社离济南四百来里，就在民间传说中英雄武松赤手空拳打死猛虎的山岗附近。在这个公社的所见所闻比在济南听到的更使我们惊叹不已。一走进大田，就听见到处人声喧闹。在一块地里，我们和四位姑娘见了面。这可是四位铁姑娘，个个身强力壮，结实的胳膊晒得黑黝黝的。我们彼此没有交谈，因为她们的情况已由当地的党支部书记详细介绍过了。她们给我们唱了几支歌，就又回去干活儿了。我们对这个四人小组很感兴趣，据说她们发誓不创高产决不结婚。后来又听说没费多大气力，就说服她们收回了自己的誓言。

我们还参观了另一个人民公社。

我们到的那天，正赶上那个公社召开成立大会。会在村里开，可离村大老远，我们就看到有几千农民都朝一个方向奔走。这是个重要的日子，农民们穿上了他们最好的衣服。老远就能听见锣鼓喧天，人群沸腾。大会要在市场上召开，通往市场的街头上插满了彩旗，竖起了标语牌。最大的一座标语牌引起了我们的注意。上面用大字写着：“三月之内跨进共产主义！”我们这些人在最乐观的时候，也没想到过这种豪言壮语。我们无暇多加考虑，蜂拥的人群挤着我们一直来到场另一头搭起的主席台前面。在这里专为我们留了席位。讲话者说了些什么，我已记不全了，场上的喧闹声淹没了发言声，但有两件事情我听清楚了。一是共产主义的定义，讲话的人说："共产主义就是人民政治觉悟的极大提高，物质财富极大地丰富。"这不是马克思主义的科学定义，但农民可以理解，他们为之欢呼。另一件事更为具体——"当我们进入共产主义的时候，人民公社的每家每户都会有一幢两层小楼，每个社员都能分到鸡蛋、鸡、肉、牛奶、蔬菜、鱼，这些东西会月月发给。"讲话的人每念完一样东西，人群中便爆发出一阵欢呼。

我不知道身旁其他几位老教授对那讲话人的许诺、对那阵阵的掌声有什么想法。然而我在思忖，强烈愿望、凭空想象，再加上无知，这些在一定的条件下，到底会把人变成什么样子。同时，我还是衷心希望这个新成立的人民公社的社员能够实现他们的愿望，因为，他们完全应该生活得好一些、富裕一些。

九

若要对那些沸腾的年月做个完整的叙述，还必须提一下 1958 年至 1959 年的教育革命。

我国国民经济在那两年以极其迅猛的速度向前发展。经济的迅速发展，必然要导致一场教育革命。

我校的教育革命，作为一场运动，于 1958 年开始。当时我们还在青岛，学校迁往济南后，运动继续进行。俄语专业没有学生，我们搞革命的条件就差了不少。从 1957 年夏到 1959 年夏，整整两年的时间俄语专业没有招收新生，因为当时俄语人才已经过剩。这样一来，革命化的工作只好全由教师自己承担起来。

我们所做的一切，想要做的一切，都是以 1958 年公布的党的教育方针为依据的。方针指出："我们的教育方针，应该使受教育者在德育、智育、体育几方面都得到发展，成为有社会主义觉悟、有文化的劳动者。""德育"是指政治思想教育。党的教育方针强调要做"有社会主义觉悟、有文化的劳动者"，我们的教育制度必须能够培养出全面发展的人。教员是人类灵魂的工程师，自然应该首先树立榜样。

教育革命，以"大跃进"年代的精神和速度，迅猛发展。

我们为理科学生编写了大批俄语教材，从内容到形式，一派革命化。

我们举办各种题目的讲座和讨论。记得我们讨论过什么是"多面手"，讨论过教材应该一开始就结合各系专业，还是先从语言基础知识讲起。第二个问题在各高等院校已讨论了几十年，争论了几十年，现在仍在继续讨论、争论。

我们制订教育计划和教学大纲，为招收外语系学生做准备。至于招生与否，我们都不知道。有几个青年教师自称"未来派"，他们提出了一个四年教学计划。按照这个计划，四年之内学生不但能精通俄语，还可以学习自然科学和其他知识。

我们参加体力劳动，到农村帮助农民下地干活儿。我们积肥拾粪，用大桶把肥料送到人民公社。

我们学会了打枪。我还达到了射手级标准。虽说这是射击运动中最低的一级，但有个等级总比没有强些。

我们编写了一出五幕剧，为近千名观众演出。我扮演了一个印度巡捕，第二幕出场追赶革命者。我冲进咖啡馆，大喊一声："人呢?"我有外国口音，头上又系有印度头巾，再加上观众中没几个见过真正的印度人，这就使我成功地扮演了巡捕的角色。直到今天，我仍然觉得这是我最出色的演出之一。

不论干什么事，大家都热情十足。不论老弱病残，没人要求照顾，也从未搞过特殊。我还记着去世已久的一位教英语的老教授，他就是突出的一例。那是个乐呵呵的老头儿，常常喜欢喝两盅。他还是个京剧迷，有时上课也唱上两句。就这么个老头儿，在体力劳动中，从来都是和大家一起出力流汗。

1959 年秋天，这一切都似乎结束了。三面红旗也暂时卷了起来。

我们一直努力工作，使出了全身的力气，现在确实累了。在那些值得纪念的年月里，有过火焰般的热情，有过真挚的同志情谊，有过勇于自我牺牲的精神。然而，那样的热情，那样的情谊，那样的精神，我再也没有见到过。

第十二章　风暴欲来

一

1959年，党中央有几位领导同志因对三面红旗提意见而受到了批评。这些领导同志也被戴上了“右倾机会主义分子”的帽子。于是在党内外发起了一场批判“右倾机会主义”观点的运动。

我不是党员，除了从小道听来的一点儿消息外，对整个情况很不了解。可是我却有自己的“右倾机会主义”思想，并且很诚实（也许该说是很不谨慎）地在一次会议上公开讲了出来。我的话正巧又与“右倾机会主义分子”的观点不谋而合：“多快”和“好省”有矛盾；“大跃进”中的人力物力浪费超过了取得的成绩；广大农民在思想上、组织上对普遍建立人民公社还没有充分准备，应该像中央指示的那样，先选择一些地方搞试点。

为了证实自己的观点，我列举了自己认为是说服力很强的事实材料。这样做不但没给我带来好处，还招来了连珠炮式的批评。虽说这些批评一点儿也不叫人心悦诚服，但就理论水平而言，却是够高深的了。幸好没给我戴上帽子。

我感到自己的观点和积极参加“大跃进”时，和在农村以敬佩的目光看着热火朝天的场面时的感想产生了矛盾。我仔细地听着对我的批评，什么低估农民的政治觉悟，不同情农民对社会主义的渴望；什么不相信群众，污蔑群众；什么抓住工作中个别的、暂时的缺点，肆意夸大；什么不理解通过群众运动保持人民群众高度革命热情的重要性；什么只见树木不见森林；等等。我尽管倾听着对我的批评，但是，我始终没有改变自己的观点。

四个年轻力壮的姑娘发誓不嫁；二十多个中年教师深更半夜在漆黑的工棚里砸矿石；成千上万的人乱哄哄地围着高炉转，浪费一吨又一吨的废铁、矿石、焦炭，去生产一两公斤的生铁；我的同事早上2点起来辅导学生，辅导的抬不起眼皮，被辅导的昏昏欲睡；农民把煮饭烧水的大铁锅当废铁捐献……这些事情，还有许许多多别的怪事，当时却显得那么正常，那么正确，那么革命。等到狂热冷下来，万事也就显出了原形。事实的真相是，经济上的极大浪费，在政治上嘛，据说还是合情合理的吧。

“反右倾”运动很快就宣告结束，但是中国人民仍然面临着灾难。

二

从1959年下半年到1962年，是中国历史上的“暂时困难时期”。

1958年是少有的丰年。据报道这一年中国的农业总产值比1957年增长了百分之二十五。这就使人们在收获时掉以轻心。从前，每棵庄稼、每个麦穗、每粒谷子都被看成是珍宝，看作是汗水换来的，庄稼就是命啊。可这些观点现在却一钱不值了。共产主义近在眼前，何必小题大做，何必让这些不久就去喂牲口的东西颗粒归仓呢？

庄稼长得多、收得少，储备起来防歉年的就更是寥寥无几了。第二年，干旱、洪水等自然灾害一起袭来，人们在思想、心理、物质各方面几乎是毫无准备。一时之间，全国上下两万四千个人民公社的社员和城市居民，都面临着饥饿的威胁。

当时我没机会去农村，只听说在有些公社出现了饿死人的现象。但我的确亲眼看到、亲身经历了城里的饥荒。

我的妻子和四个孩子（1959 年我们又有了个小女儿）也与我一起经历了三年的困难时期。

我家的收入比一般人家要高，但多一点儿钱也不能解决根本问题，因为当时拿着钱也买不到东西。胡萝卜成了可口食品。当时胡萝卜四角五分钱一斤，比从前贵了近十倍。但我们一见到胡萝卜就买，仅买胡萝卜就用去工资的三分之一。我们煮胡萝卜当饭，什么菜都不用了，其实也无其他东西可吃。我们真吃了不少倒霉的胡萝卜，能买到胡萝卜，还是要谢天谢地。今天，没人会再把一根胡萝卜放在眼里了。

当时胡萝卜真是赛过山珍海味。想想那些日子吃到肚子里的其他东西，浑身都发麻。把地瓜秧和高粱面、地瓜面、玉米面等杂粮粉（当时白面大米根本见不到）掺在一起做大包子吃，虽然苦涩难咽，却也能充一时之饥。

我们还把挖来的各种野菜当饭吃。虽说都能下肚，可许多野菜味道实在不美。我们也把池塘里一些样子古怪的水草捞来，同米一起煮着吃。又自己培养了些菌类作物，权且当蘑菇下饭。

我和妻子都算“高级知识分子”，享受一点儿特殊待遇——肉、糖、大豆，外加两条香烟。这可使我家的伙食丰盛了不少。

这样过了几个月，许多人得了水肿，有的患贫血，有的身体虚弱。水肿很讨厌，手肿脚胀，有时连脸都肿起来。当时患水肿病的人不在少数，病人有时可以分到点儿鱼，救救一时之急。

生活艰辛，许多生活必需品，诸如食糖、食油、猪油等，都成了想都不敢想的奢侈品。为了填饱肚子，许多老师连同一家老小开始干农活儿。那些懂农业技术又有办法（能弄到工具、种子等）的人便利用一切能够利用的土地种地瓜、胡萝卜以及其他蔬菜。会打算盘的人更是“见缝插针”。他们找到一小块一小块的地，在几平方米的小块土地上创造奇迹。

我们常常饥肠辘辘，有时是半饥半饱，很多人身体虚弱，孩子多的家庭就更不好过。但人们并没有放松自己的工作，大家知道困难是暂时的，坚信在党的领导下，中国人民一定能克服困难，也一定会克服困难。

偶尔也会听到一两声的抱怨。系里有个老师，是个高两米左右的大块头。他是南方人，南方一直比山东生活好，自然他就不如山东人能吃苦。有一次他说：“既要马儿跑得好，又要马儿不吃草，能行吗?”为了这句话，他被整得多少年抬不起头来。

在那些日子里，大吹大擂使我们吃亏不小，在工业、农业、教育及一切战线上，预测、估计、报道，处处浮夸成风。

每亩能产二十五万斤地瓜，白菜大得能装满一辆大车，诸如此类的预测比比皆是。还说母鸡每次进窝都能下两只蛋，这种无稽之谈，竟也有人相信。

搞一百万个科研项目，这真不是极大的讽刺，却也算作事实。

我的一个学生有一次碰巧一小时内记住了一百六十个俄语单词，这倒是创了纪录。因此，第二天当地的报纸就把消息登了出来。当天，我看到学生们都在认真地计算，如果一小时记一百六十个单词，多少天可以掌握全部俄语词汇，多长时间就可毕业……计算的结果使人心大振：一个星期，绰绰有余。可是才到了第二天，那一百六十个单词忘掉了一半，实在令人羞愧，也实在令人可怜。

1960 年 7 月，在中苏之间发生了一系列事件之后，苏联政府决定一月之内撤回在中国经济领域和其他战线帮助搞建设的一千多名苏联专家，撕毁了几百项合同与协议。

这对中国经济确实是一个很大的打击。幸好我们长期以来学会了自力更生，打击虽重，却并没有把我们打垮。

1960 年是最困难的一年。后来形势渐渐好转；到 1962 年，我们度过了困难时期。1961 年，党中央提出了“调整、巩固、充实、提高”的八字方针，在恢复国民经济方面起了重要的作用。

恢复国民经济、恢复人民健康都需要时间，但恢复的速度比预期的要快。中国经历了这样重大的灾难，责任该由谁负？导致这些灾难的是主观因素，还是客观因素？对这些问题，没有人予以过多地考虑。好大喜功，不顾客观实际，任意发号施令，这些该是主观因素；干旱洪水，不可预测，无法避免，这些自是客观因素。至于其他，现在已渡过了难关，就不必多想了。世界又成了理想的世界，至少是一个我们习惯了的世界，我们受过苦的世界，我们奋斗过的世界。我们属于这个世界，这个世界也属于我们。

我常常观察中国人民，我对他们怀着无比的崇敬。他们能够忍受艰难困苦，能够鼓起勇气和力量，能够重新投入战斗。他们总是向前看，对前途无比乐观。这就是我看到的中国人民。“暂时困难”时期他们是这样，今天，他们仍然没有变。

三

1962年夏天，我来到泰山脚下的一个疗养院，治疗我由于长期过度劳累、营养不足而造成的失眠症。

一夜无眠，迎来了早晨。我打开病房的窗户，听见疗养院后面的小溪在欢快地流淌，花园里的鸟儿在对我歌唱，这真比那些天天塞满肚子的中药、西药叫人舒服得多。

我向窗外望去，只见郁郁葱葱的青山，直刺被朝霞染红的晴空；山坡上有一群农妇，手中扶杖，背上负筐。人们告诉我，他们是在挖草药。

我在疗养院里一分钟都待不下去，条条规定、种种限制、天天按摩电疗，外加太极拳和气功。我“老老实实”时，大夫护士就对我无限同情，大发慈悲；我烦躁发愁时，他们又磨破唇舌，又劝又哄。这反倒使我心中不安。还有更可恨的，那就是禁止吸烟（我烟瘾很大）、禁止读书。这两样我一样都放不下，可整天偷偷摸摸地读书吸烟，又叫人心里不痛快。

我和同屋的病友混熟了。这些人大都是患心脏病、高血压、失眠症，再不就是其他神经系统病症。我们在一起谈三面红旗，谈“三年困难时期”。我和他们讲最近几年发生的事情，发现这些人和我有相同的看法，其中不少人都称得上是所谓的“右倾机会主义分子”“资产阶级右派”。

医生对我的“判决”是两年住院治疗。可我第二个月还没到头儿就逃之夭夭。我是一天一天算日子，到了第五十七天，我再也无法忍受下去了。正巧妻子来看望我，我和她一商量，决定一起到她的老家安徽去。结婚十一年了，我还从未去过安徽。两个孩子和我们同去，小家伙们自然是欢天喜地。

火车上挤满了人。两个人的座位四个人坐，边上往往还要再挤上一个。过道上也挤着几百名乘客，有的坐在背包上，有的坐在筐子上。火车慢慢吞吞地驶过江苏平原地带，每到一站，都有一批乘客拥下去，另有一批从门里窗里挤上来。脚踩手、脚踩脚，引来不少怨恨的白眼和嘟嘟囔囔地咒骂。

夏日的空气闷热得难受；车厢里又是汗臭，又是尿臊（车厢里挤得无法走动，根本去不了厕所，于是小孩子只有随地大小便了）。

我四下看看，像我们这样坐车出去走亲戚的真没几个。许多是逃荒的农民，因为南方各省一直比山东富裕。还有不少是搞投机倒把的：一张张面孔露出贪色，仿佛要吞噬一切；一对对眼睛四下飞转，显得无比机灵精明；一双双手紧紧抓住随身携带的大包小包——这一切使人们只消一眼就能看出他们是干什么的。

我儿子要喝水，又喊又叫，又哭又闹，但车上根本没有一滴水。孩子没有办法，张着干渴的嘴唇，睡着了。

我们在蚌埠转车。蚌埠是安徽东部的一个中等城市。我们在车站上买了几杯不凉不热的茶，价钱高得吓人。我们找了个阴凉地方，围成一圈坐下，等着去阜阳的车。阜阳就是我妻子的故乡。

车站里人声嘈杂。我们在乱哄哄的声音和闷热的空气中迷迷糊糊地睡了过去，后来又被一阵叫骂声惊醒了。原来是一个衣衫褴褛、瘦骨嶙峋的要饭小孩惹的祸，他正想穿起一个农民的鞋逃走，却让这个农民一把抓住了，接着就是一顿痛打。几百人围观，无一人上前管闲事。孩子终于从农民手里挣脱出来，骂着、哭着跑了。

我们到了阜阳县城，妻的两个亲属在车站迎接。这儿离住的地方还有二十里路，不过根本别想找到汽车，大家只好步行。当我们沿着小街往家走的时候，路两旁的小生意人和家庭妇女都盯着我们看，眼光里有尊重、有敬慕、有忌妒。来了个当“教授”的“外国”客人，这可不是家家都有的荣耀！

我们受到了诚心诚意的欢迎。亲戚足有好几十，男的女的，老的少的，各行各业都有。在阜阳待了半个月，直到最后，我也没弄清究竟谁是谁。中国人对亲戚的称呼真是复杂，姑姨叔舅，界限分明，难怪我在称呼人的时候总是出错。虽然如此，我和他们相处得十分融洽，他们也都喜欢我。

虽说阜阳地方穷，甚至比山东还苦，但我们这几个客人还是吃得不错。有时我们围着小城闲逛，还到城边“自由市场”去转了转。市面很不景气。这里曾是个繁荣的小城，可眼下市场上农产品很少，其他东西也不多。据说这里的人民公社实际上已经解散，如果有生产任务的话，也已经包到各家各户。

我和妻子拜访了她以前的几位同学。有位同学在当地报纸的编辑部工作，他告诉我们这份小报的大部分工作人员在1957年都被打成了右派，根据熟悉情况的人所说，“反右”斗争中在安徽涉及的人比山东还要多。

我们离开阜阳，踏上归程。出来二十多天，好像是过了很久似的。这次旅行使我们看到，不管怎样，山东还不算太苦。仅此一点收获，旅行的价值就足以抵消一路的辛苦了。回到家里，只有儿子不太高兴，他还没坐够火车，我们把他拉下火车的时候，他一直在大哭大叫。毕竟，他只是个刚满五岁的孩子。

四

我又上班了。苦苦折磨我的失眠症也渐渐地不治自愈。我精神十足，感觉什么任务都能承担。

1963 年，上海出版的一本杂志发表了一篇文章，提醒人们注意教育领域中使用的教材又成了 1959 年教育革命以前用的老一套。有人——文章暗示是“资产阶级知识分子”——又在我们的课本里塞满了“洋人、死人、古人”的货色。于是，屠格涅夫的叶琳娜（《前夜》）、契诃夫的别里柯夫（《套中人》）、普希金的达吉雅娜（《叶甫盖尼·奥涅金》）和高尔基的作品、法捷耶夫《青年近卫军》中的片断，再加上中国小说的俄译本。就这么点儿材料，对一个想掌握俄语的人来说，选择余地实在太小了。

这些还不够，上边又来了对教育工作的新精神、新指示，例如缩短学制、减少课程、减轻学生负担、改革考试制度、废除填鸭式教学等等。新精神、新指示当然要认真学习、贯彻执行。就这样，大家忙忙碌碌地走进了 1964 年。

五

也就在这个时候，中苏论战成了大家关心的大事。从 1956 年苏共第二十次代表大会以来，我们和苏共领导的关系日益恶化。1963 年 9 月，“一评”发表了，这篇文章批评了苏共中央对当前国际共产主义运动中一些根本问题所持的观点。后来，大约每月出一篇评论文章，大家急切地等待着每篇文章的发表。这一系列的文章吸引了大家，并激起了大家热烈的讨论。

1964 年夏发表了最后的一评——《关于赫鲁晓夫的假共产主义及其在世界历史上的教训》，这在某种意义上总结了前面的八篇评论。那时山东正在召开知识分子会议，我们在会上学习了这篇文章。

六

那次知识分子会议是在烟台召开的，与会者有大学教师、医生、工程师，共三百来人。住的地方正是1947年我初到解放区时住过的旅馆。这次会议，大家吃的住的都挺好；天气凉爽宜人，我们舒舒服服地坐在软椅里，吸着香烟、喝着热茶、优哉游哉地摇着扇子，进行学习和讨论。大家想说就说，想到什么就说什么。总的来说，这是开得最轻松舒适的一次会议，气氛简直就像在自己家里一样无拘无束，当时大家都称这次会议是“神仙会”。

会议背景有二。一是国内形势：1962年周恩来总理代表党中央宣布摘掉多年压顶的“资产阶级知识分子”这个帽子，我们成了“劳动人民知识分子”。二是国际形势：关于欧洲修正主义问题。这次会议的目的就是弄清知识分子的想法，帮助他们正确认识问题，帮助他们认识并承认知识分子改造的必要性。

与会者个个都经历过不同的政治运动，对所受的批判仍记忆犹新，说话也就格外小心。于是只好用劝告、催促、鼓励、说服等方法，反复解释党的政策是“不打棍子、不抓辫子、不扣帽子”。虽然花费了不少时间气力，但终于营造了心情舒畅、生动活泼的会议气氛。

在此次会议中，我们学习了《关于赫鲁晓夫的假共产主义及其在世界历史上的教训》，我们还学了刚刚发表的毛泽东主席1957年3月《在中国共产党宣传工作会议上的讲话》（以下简称《讲话》）。《讲话》主要是谈中国的知识分子问题，是以后许多年中处理知识分子问题的基本文件。

根据当时我的理解，会议的主要精神是：虽然周恩来总理在

1962年已宣布我们是“劳动人民知识分子”，但是我们仍要把自己视为“资产阶级知识分子”才行。既然如此，改造自然是必不可少了。

这种逻辑多年来天天响在我们耳边。我们不但接受这种逻辑，还以此为基础进行讨论，真可谓缺乏理智，思想僵化。既然周恩来总理已代表党中央宣布我们现在属于“劳动人民知识分子”，并为此向我们祝贺，那就没有理由抓住一顶“资产阶级知识分子”的帽子不放。坚持这种观点的人不多，我却是其中之一。我还进而坚持说，不管是现在还是将来，我永远不会相信我会把学生拉到资产阶级一边。结果自然又是我错了。

会议开了三四个星期，然后通知我们回济南听报告。当在济南继续开会的时候，气氛就变了。我们再也当不成“神仙”了：大家在烟台说得太多、太自由，因此，对我们的错误观点应予以驳斥和批判。后来宣布烟台会议为“黑会”——就是秘密会议或反动会议的代名词。

七

据说气氛的改变与一个负责知识分子工作的领导同志有关。这位领导同志被指责犯了右倾错误，罪名是对知识分子“团结有余、教育不足、改造不足”。

气氛一变，就预示着要发生令人不愉快的事情。不久运动就来了，这次运动的名称，是“社会主义教育运动”。

有的地区和单位是重点，需要进行彻底细致的工作。我虽不清楚重点地区单位的运动情况，但想必是十分激烈的。我校是面上单位，运动只进行了几个月，形式还是老样子，先开动员会，造成必不可少的声势，号召大家冲锋陷阵。我们呢，当然又是运动对象。

运动形式和以前那些运动大同小异。所谓有异，只是这次和我们一起当运动对象的还有学生，涉及的不仅仅是政治问题，而且还有生活作风问题。

除此之外，一切照旧——措手不及的“进攻”，铺天盖地的大字报，兴师动众的批判会。

想想社会主义教育运动中大字报上写的那些东西（用句俄国俗话说就是“纸都跟着受罪”），我觉得如今禁止了大字报，真是大快人心。当时，仅一夜之间，据大字报揭示，所有的教师全都成了地主、资本家的狗崽子。有一位教师是个贫农的儿子，却突然发现自己的父亲硬被说成是地主。一张大字报竟说我在家里挂黄色照片。这纯属捏造，实在荒唐可笑。可这张大字报挂在那里，人人都可以去看。看了所有的大字报，结论只有一个：我们不配教学，我们只会用资产阶级思想毒害青年，自然我们也不会喜爱工农出身的学生。

有些学生的日子也不比教师好过。有个长得不错的女生上了漫画，画中这位女生成了一个蜘蛛，身居八卦阵中央，吐丝缠住许多男学生。据说这些男生有的和她谈过恋爱，有的正在和她谈恋爱。

几个党员干部被指责虐待“出身好”的学生。据说有个学生无法忍受这种虐待，曾试图自杀。于是，一时哄起一阵大喊大叫：“逮捕杀人凶手！处死杀人犯！”当然，逮捕处死均未兑现，但在那几天中，教学楼中的火药味是够浓的。

大字报最不公平的一点就是无论怎样诬陷好人，怎样毫无根据，怎样荒谬绝伦，对所写的内容一概不准反驳。大字报贴在墙上，成百上千的人去看，除了少数知道事实真相的之外，大多数人还是信以为真。受冤者无处申诉，也没有机会澄清事实，真可谓：加上坏名声，永远洗不清。

若是公开反对大字报的内容，或再写一份大字报予以驳斥，甚至对诬陷之词略微皱眉蹙额，对荒谬之语稍稍一笑，无疑都是自找苦吃，因为这一反一驳一蹙一笑，都被视为对抗运动，而对抗运动就是滔天之罪。

当时妻子不在家，到山东东部农村搞社教去了。她在那里教起了小学。妻子发现那个地方很穷，农民识字的不多，甚至连最基本的教学设施也没有。

妻子的工作十分艰苦。她要同时在一间教室里教四个年级的学生，还要时时让每个学生都有事干，这对一个没有这种经验的教师来说真不是件容易事。再说学生年龄差别很大，大的十五六岁，小的才五六岁，一下子照顾这么多孩子，更是困难。可最棘手的还是那些来上学的大孩子总要带着弟弟妹妹。这些小家伙一刻也不安宁，有的动手打架，有的要玩儿玩具，有的想去撒尿，东一声西一声，嚷个不停。

这可真是个烦心的工作。可是妻子一说起来，总是满心高兴。日复一日，她尝到了自己的劳动成果。看到许多孩子对知识的渴求，对于一个老师，这难道不是最高的奖赏？

妻子在农村待了将近一年。她回来的那天，我让孩子糊制了些小彩旗，写上“欢迎！”“欢迎妈妈胜利归来！”等字样。没想到妻子那天提前回来了。她走进家门，看见孩子们东倒西歪地都睡着了，拿着彩旗的小手攥出了汗。妻子回家了，欢迎仪式虽没举行，但我觉得她心里一定感到了甜蜜欣慰。

1965 年年初，社会主义教育运动结束了，是时候该考虑一下新学期教学工作了。

以前，从来没有一个政治运动像社教一样苦味不息。我思考着眼前的任务，以多少年来从未有过的沉重心情看待未来的工作。我简直无法想象，自己怎样走进教室，怎样面对学生。不是刚刚还说我一直在毒害他们的思想吗？我也不敢奢想去和教研组的同志们共同商讨问题，虽然彼此之间都尽量掩饰，可是“大字报”已经完全破坏了我们的关系。

从此之后，同事之间、师生之间的正常关系不见了。不久以后，“文化大革命”爆发了，动乱一起，就持续了十多年。

八

所谓的“无产阶级文化大革命”于1966年5月底“正式”开始，标志是北京大学七个青年干部教师写出的一张大字报。大字报指责校党委第一书记镇压学生运动，企图转移斗争大方向，以及其他“反党反社会主义的罪行”。

实际上，“文化大革命”半年之前就开始了。那是1965年12月，著名历史学家和剧作家吴晗的历史剧《海瑞罢官》受到了严厉的批判，批判这一历史剧含沙射影地攻击党中央，为1959年“右倾机会主义分子”彭德怀的罢官鸣冤叫屈（彭德怀正是敢于对三面红旗提出批评的那位领导同志）。

吴晗这位老历史学家若是只攻历史，也许不至于有什么不测，可他到了老年偏偏要写剧本，不能不说是自找苦吃，于是大祸临头，成了“文化大革命”的第一个牺牲品。

以后的事就难以形容了。报纸上发表的文章一篇又一篇，批判《前线》《北京日报》《北京晚报》几年来刊登过的《燕山夜话》和《三家村札记》；批判吴晗的自我批评，说这与其说是自我批评还不如说是新的进攻；批判据说是对吴晗明批暗保的文章。什么批评、自我批评、对自我批评之批判、对批判之批判，诸如此类，真需要头脑极度清醒之读者明察字里行间、看透幕后关系、分清东西南北。校园之中，又是大字报铺天盖地。“毒草”“反党反社会主义三家村”“反党反社会主义黑线”，顶顶帽子，满天乱飞。可这些帽子再大，也根本无助于辨明事实真相。

后来，在报纸头版和大字报上，有关批判的文章越来越多，指控反党反社会主义分子密谋策划，妄图把激烈的政治斗争变为一场学术讨论。形势日趋复杂，斗争日益激烈，气氛日见紧张，显然一场暴风雨正在酝酿之中。这场暴风雨会给我们带来什么样的命运呢？

4 月月底，又开始了一场运动，名曰“政治大检查”。实际上这算不上运动，但很像搞运动的样子。据宣布“政治大检查”的目的是检查各级领导班子的政治大方向。检查了几个星期，结果表明“许多系的领导权都不在无产阶级或马克思主义者手中”。这样的检查结果听起来十分荒谬，得出的结论就更是离奇无比：如果我校可以代表全国的高等学府，如果高等学府能代表各行各业，那就该理直气壮地问——中国向何处去？是坚持社会主义、马克思主义，还是走向资本主义、修正主义？

对这样理直气壮的问题，我倒并不担心。我考虑的是祖国的命运：现在到底发生了什么事情？将要发生的又是什么？天天警告我们防止修正主义，这个修正主义是编出来吓唬人的，还是真正存在的威胁？

风暴欲来。报上没完没了的文章、预示着凶险的大字报、到处乱飞的帽子，一时间遮天蔽地。可这些显然只是表面现象，是炫耀武力，是火力侦察，是短促出击，是部署兵力。急风暴雨还没有开始，真刀实枪还在后面，而且很快就会到来。我们等着，我们感觉到了暴风雨的来临。

6 月 2 日，学校里出事了。

一个月前，也就是 5 月 4 日，副校长给学生和青年教师做报告，号召他们积极参加对有没有清官等许多问题的讨论，这些问题当时在学术界激起了波澜。6 月 2 日，工作组（“文化大革命”中上级派下来组织指导运动的一组干部，人数有时多有时少）进校，顷刻之间，几千张大字报贴得到处都是，矛头直指副校长，说他企图使青年人脱离政治斗争。“文化大革命”之火在我校点燃了。

6 月 10 日，外文系出事了。有些师生见北京大学起火，心里也就动起来。这天，他们冲进办公楼，吵吵嚷嚷地把总支书记、系主任、副系主任和几个党员团团围住，随后又趾高气扬地把书记主任们押到操场上，先令他们绕跑道游场一周，接着又开了批斗会。参加批斗会的大都是学生，其中也有几个教师。批斗之时，一个很革命的青年教师把一个挨斗者推倒在地，学生们也强令挨斗的人低头。低头，当然是有罪者的本分。

“文化大革命”的烈火就这样在我系燃烧起来。

就在几天之前，我自己也出事了。

6 月 1 日，《人民日报》登出了《横扫一切牛鬼蛇神》的社论。几天之后，我爬上楼梯，赫然入目的是一张大字报，这张大字报在墙上占了好几平方米，标题是“我系的十一个牛鬼蛇神”，另外还有十一幅漫画，十一项说明。我在漫画中一眼就找到了自己。画家的功夫还不浅。同上漫画的另外十个人也不简单，有几个是老教授，有几个是党员干部。

我被划为“牛鬼蛇神”，这头衔缠了我好几年。后来又来了个“资产阶级学术权威”，再往后便成了“苏修特务”。

“文化大革命”的烈火就这样烧到了我的身上。

今天想来，“文化大革命”确实给国家给人民带来了莫大的损失与痛苦。弥补损失、消除痛苦，特别是精神上的创伤愈合，将需要很长的时间。

“文化大革命”开始时，我一点儿思想准备也没有。有许多事情，我无法理解，也不能接受。我受了不少苦。在下面几章里，我就要谈谈自己的耳闻目睹和亲身经历，谈谈我的亲人、朋友、熟人、同事的遭遇。

也许，读者读完我的叙述会说：“我感到失望，因为读完之后，许多事仍然无法理解。”如果真是这样，我所能做的只是劝读者等待历史做出公正的评判。而我自己，只能忠实地讲述那些年月发生的事件。我愿请耐心的读者相信，在以下几章里，我所记下的事件都是真实的。

第十三章 “牛鬼蛇神”

一

“无产阶级文化大革命”开始时，我的态度是坚决相信党、坚决相信群众。必须承认，在参加革命后的十九年中，我有过困惑，有过疑虑。但是，我怀疑的只是50年代后期各种政治运动中执行党的政策时所产生的过激行为，而对党的基本政策，对人民群众的政治方向，我一直坚信不疑。何况我认为过激行为的原因也只不过是缺乏经验而已。

正是由于坚信党、坚信群众，才使我熬过了“文化大革命”这一关，才使我在遭受折磨，特别是在“牛鬼蛇神”高帽压顶之时，产生了忍受磨难的力量。若是没有这种信念，我早就陷入了绝境。虽说不至于像有些老知识分子那样自寻短见，但起码会对社会正义、人类尊严、共同道德这些宝贵的东西失去信心。

“牛鬼蛇神”这顶帽子我戴了好几年。“牛鬼蛇神”就是人民的敌人，就是“反党反社会主义分子”。我从报纸和大字报上得知，我们社会里存有“牛鬼蛇神”，他们妄图“复辟”，如果想在党和国家内“反修防修”，就必须进行斗争，等等。从理论方面抽象地说，我也能明白这一大套。可是，要说我在实践中亲身体会到其中的含义，还是在教学楼墙上出现了“十一个牛鬼蛇神”的大字报之后。

一天，我正在给五年级学生上俄语课。平时，学生们都喜欢上我的俄语课，我也爱教这门课。可是，这一次教室里突然出现了一阵沉寂。我虽然眼没离课本，可心里已感到了这沉寂的不祥。随后，一个盛气凌人的声音用汉语说：“够了！你还是讲讲你‘反党反社会主义’的罪行吧！谁是你的同谋？谁是你们的后台？你们的目的又是什么？”我呆呆地望着全班的学生，接触到的却是不友好的目光。这目光是那样陌生，几乎充满了敌意。我站在教桌后面，极力使自己镇定下来。我四周看看，还是那块黑板，还是那盒粉笔。教桌上的课本，课本旁的手表，一切如旧，一切都那么熟悉，一切都在原来的位置上。可是教室里的气氛、学生一张张的面孔，却和往常全然不同了。

在教师会议上，紧张气氛不断出现，相互攻击也不止一次。然而，在教室里出现这种场面，的确使我感到震惊。我一下子意识到，正常的教学，正常的师生关系，都已不复存在了。我，用颤抖的声音说，自己没有犯罪，没有搞阴谋，没有同伙。学生们一定觉察到了我的激动，于是还是那个盛气凌人的声音命令我滚回去考虑自己的问题。

从第二天开始，大字报铺天盖地，贴满了教学楼。走廊里、楼梯上到处都是，就连走廊中间也像晾衣服一样扯起绳子，挂上了大字报。我在这大字报的海洋里游来游去，找出哪些是批判我的。我和大字报早已是老相识，这次也不例外：口号多，事实少。你要愿听愿信，也能说得过去。你若稍一用脑，就实在无法相信。批判我的大字报大多都是无关痛痒，只有两张引起了我的注意。一张断然宣布我在十月革命中惨无人道地杀害了许多共产党员。当时我只有三岁零一个月。另一张用斗大的字质问是谁把我派往解放区的？我到解放区目的何在？这张大字报的作者是位教师，他自己显然无法回答这样的问题。但他暗示，我这样一位洋人，自己跑到解放区去，其中必然大有文章。这张大字报正贴在教学楼大门口旁边。我出出进进，每次都看到它对我虎视眈眈，逼我回答。好在我对自己1947年怎样到解放区和为什么到解放区这两件事清清楚楚。否则，这张大字报真能使我自己怀疑自己了。

二

从此以后，我成了个多余的人。“牛鬼蛇神”自然无权和革命师生一起闹革命。于是，我大部分时间都是足不出户，隔上两三天才到教学楼去一次。各个教室里都在进行着火药味十足的会议和唇枪舌剑的辩论，人们又争又吵，慷慨激昂，一个比一个嗓门儿大，一个比一个手势吓人。还有的正饱蘸笔墨，奋笔疾书，笔下大字报一张接一张。一种从未有过的孤独感笼罩了我。我甚至希望到人们中间去，哪怕是作为批判的对象呢。

有时，我也进城去看看大字报，看看街上发生的事情。若是见大字报标题有趣，就停下来看看，人多的地方我当然不敢逗留，因为我总是提心吊胆，生怕人家认出我这个“牛鬼蛇神”，那反倒招来了麻烦。

我整天置身事外，无活儿可干，心中不免感到烦闷。于是，有一天我去找从前的一个学生，问他我现在该干点儿什么。这个学生是系里掌权的群众组织头头。我俩站在走廊里，他见四下无人，就和和气气地回答了我的问题（只要没人的时候，学生们仍对我十分友好。不过当着人面，他们自然也不愿背个和阶级敌人划不清界限的黑锅）。至今我仍记着他的话："要是你真的无事可做，就到农场参加劳动吧，这对你有好处。我们还是希望把你打成'左'派！"对这个"打"字，我倒也不介意。他当然不会真的动手打我，他的意思是说他们希望改造我、锻炼我，使我成为"左"派。他自是好心，这我也明白。

这一"打"，就断断续续地"打"了两年。

三

两年"打"的过程，容我以后再说。另有些事情倒是值得先提提。

1966 年 8 月，中央宣布了《关于"无产阶级文化大革命"的决定》，也就是众所周知的《十六条》。《十六条》规定了"文化大革命"的政策和原则。

我们当然无权和其他教师一起学习《十六条》，于是就自己学习，必要时参考一下报刊上的文章。当时我认为这是一个极其重要的文件，它能帮助群众坚持正确的方向。但同时我又有点儿担忧。《十六条》说是对几个月来群众运动的总结，可我这几个月亲眼看到和亲身经历的事情和《十六条》的规定大有出入。再说《十六条》中不断使用"资产阶级代表人物""资产阶级反动学术权威""资产阶级反动学阀"等字眼，也让我感到心神不宁。若没有党组织的严格控制，这些字眼很容易被群众在运动的火头上误解误用。《十六条》第一部分中提到破除"剥削阶级的旧思想、旧文化、旧风俗、旧习惯"。依我看，"四旧"这一概念模糊不清，几乎可以包罗万象。事实证明，我的这些担心并非是多余的。

一天，学生告诉我要到我家帮助"破四旧"。他们直言不讳，不过口气还算客气。立刻，几个学生就跟我到了家里。他们让我打开门，然后就直奔书房。在书房里，学生们发现了一大批“四旧”：俄国古典名著和十月革命后苏联出版的书籍，共一百五十多本。其中有《普希金全集》《托尔斯泰全集》《涅克拉索夫全集》《契诃夫全集》《果戈理全集》，还有后来出版的一些很有价值的工具书。此外，学生们还找到了一百多张唱片，有贝多芬、柴可夫斯基、莫扎特、巴哈、门德尔松、格里格和其他音乐家的作品。这些唱片都是我 1947 年离开上海时带出来的。后来撤离烟台，我把唱片分装在几个箱子里，藏在乡下。济南解放后，唱片才又回到我的手里。学生们把所有的唱片塞进一个麻袋，接着又脚踏麻袋跳起“舞”来。书，全部没收，我痛心；唱片，顷刻粉碎，我伤心。我感到了许多年都没有过的气愤，我简直不能理解这些年轻人、这些大学生的心理。他们野蛮疯狂，自己却反倒觉得大获全胜。

学生们走了，带走了我的书。对那些粉碎的唱片，他们倒是慷慨大方，留下来让我自己全权处理。门关上了，可马上又打开了。一个学生回来，又在其他房间里马马虎虎地看了看，找找是否漏下了能毒害青年人的照片雕塑。他看看四壁，查查玻璃板底下，没发现什么有趣的玩意儿，就跑去追他的同学们了。

我的书被拉到教学楼里，和从其他教授家搜来的一起堆放在一间教室的地板上。没过多久，书就一本本地开始失踪。有些懂俄语的学生倒是不怕“中毒”，是他们把书拿回家里去了。

过了不久，我在街上亲眼看到一件事，使我意识到“破四旧”这般大事有时竟也让人忍俊不禁。那天我从城里回家，老远就听见一个女孩子的哭喊声，她好像正在和一群戴红袖章的男孩子争吵。我猛蹬自行车，决心帮这位姑娘摆脱那群小霸王。走到人群前面，我看见姑娘身边围了七八个中学生。她一手抓着一条刚被手持大剪刀的男孩子剪下的大辫子，另一只手拼命护住另一条还没剪下的辫子。男孩子们正在尽力“教育”这位姑娘：难道她不知道长辫子是“四旧”？难道她不明白剥削阶级正是用这类破烂儿“腐蚀”年轻人的思想？难道她不懂迎头痛击资产阶级的进攻是每个革命青年的义务？姑娘少不了是个“落后分子”，她站在那里，一面不顾一切地护着那条还未剪下的辫子，一面默默地流着眼泪。

我没等到收场就走开了，因为我突然想起自己是个“牛鬼蛇神”，要想为资产阶级鸣冤叫屈，那可是罪不容诛的。

四

天下大乱。整个中国都动起来了，年轻一代更是一马当先。

年轻人受到鼓励，开始大串联，去和其他省市、其他院校的革命青年建立革命联系，交流革命经验。乘火车、坐公共汽车一概不用付钱，串联学生所到之处，吃饭住宿全部免费。从未坐过火车、出过家门的年轻学生不远万里，到北京、上海、南京、杭州、广州去串联，到革命圣地延安、韶山、瑞金、遵义、井冈山参观访问。

多数人奔向祖国的首都北京。毛主席在一百天的时间里在北京八次检阅来自全国各地的红卫兵，参加检阅的红卫兵人数超过一千万。

我是“牛鬼蛇神”，当然无权串联；可妻子和两个大孩子给我讲了大串联的情景，想想真似以色列人出埃及①，只不过一个远古，一个近代，背景全然不同。若是论规模，出埃及是绝不敢与大串联

---

① 以色列人出埃及，典出《圣经》，叙述摩西率以色列人逃脱埃及人的奴役，在沙漠中流徙的情景。——译者注

相比的。

有些学生要仿效红军1934年至1935年的长征，步行到延安和其他地方串联。这主意妙不可言，我们只能支持。于是从前的学生纷纷到我家来，借手表、借照相机、借自行车、借指南针、借地图、借手电筒，只要我们有的，他们都借。我当然不敢说红军长征时是没有这些东西的。只要拿得出，我都出借。公公正正地说，我对这一伟大事业的“捐献”，差不多都还回来了。疲惫的学生长征归来，也把东西送了回来。只是自行车在内地不翼而飞。不过后来，要钱、要自行车却成了某些学生的习惯，也许他们特别偏爱这两样东西吧。给钱给东西我倒不在乎，叫人心里难受的是，他们把我的钱说成是“剥削劳动人民的钱”，让我“物归原主”，还要“以革命的名义”勒令我在某时某刻之前到某地亲自交出我的自行车。

我在农场劳动时，日子过得很愉快。和普通工人农民一起在田里出力，心里觉得痛快。他们好像也不在意我是什么“牛鬼蛇神”。我不怕累、不怕脏，很快就赢得了他们的尊敬。这些工人农民甚至喜欢我了，他们叫我“老金”。听到他们这样称呼我，我比什么都高兴。

五花八门的农活儿我样样都干：为牲口备草料、喂马养骡子、挖沟平地、给果树施化肥，叫我干啥我干啥。在农场里，我轻松愉快，没人找我的麻烦，我在劳动，我有用处。

要是能不去想前前后后的烦心事，我真就痛快到家了。可是，外面的世界给闹了个底儿朝天，还告诉我们这就是革命，天下大乱就是革命时期的秩序。可我理解力太差，怎么也不明白，既然说“文化大革命”的目的是“反修防修”，为什么要用这么疯狂的方式去反去防？我还不明白，我和许许多多我这样的老知识分子有些有用的知识和技能，叫我们养牲口干杂活儿，对国家到底有什么好处？

五

半年过去了。这半年固然难熬，而前景则更不堪展望。

冬天的狂风，把我校“文化大革命”初期开始掌权的那个群众组织席卷而去，另一个群众组织夺了大权。所谓的“造反派”取代了所谓的“保皇派”。对这些变化，我并不太注意。我置身事外，对发生的一切知之甚少，所关心的就更是微乎其微了……直到有一天，我突然接到一个电话，命令我第二天早晨到学校木工厂报到，时间7点整，不得有误。电话里的声音十分专横，想置之不理是办不到了。第二天，我提前十分钟到了指定地点（在去木工厂的路上，我还暗自思忖，明知此行凶多吉少，竟还像去给学生上课一样准时，真可谓禀性难移）。

木工厂的院子里站着四十多个人，有的是校、系领导，有的是老教授。几个学生正不耐烦地等着我们。他们让我们站成一排，有个学生开始训话。在以后的两年里，这种声调语气，天天在我耳边响个不停。这次训话的大意是：你们是一小撮坏透了的“牛鬼蛇神”，工人农民好心养活你们，你们却恩将仇报，对党对人民犯下了滔天罪行。现在给你们一个机会，让你们用体力劳动改造自己，争取宽大处理、重新做人。为了加强语气，每句话开始，他都来个“他妈的”。这小伙子训得起劲，他要让我们明白，他是主人。不管我们愿意不愿意，只要他一训话，我们就必须立正站好，低头弯腰、洗耳恭听。

我在木工厂干得不错。我们的活是把散在地上的木材木板捡出来堆整齐。干这种活儿根本不用什么技术，只要有力气就足够了。

我的力气用不完，全然忘了这是劳动改造，竟热情地大干起来。没人比得过我，也没人愿和我比。

上午过去了一半儿，大家坐下来休息一下抽支烟。我们三三两两地坐在一起，闲聊几句，可一看见红卫兵那咄咄逼人的目光，大家就急忙分开了。

吃了午饭接着干。下午 5 点半钟，该收工了。红卫兵还是用早上那种方式把我们集合起来，早上训话的小将又来总结一天的劳动：大部分干得不错，但有的没有尽力，有的还明目张胆地耍滑偷懒。别以为人家看不见，偷懒的要好好想一想，别自欺欺人，别玩火自焚。耍滑的要小心，小心自己的“狗头”。

突然，他出人意料地说：“我希望，你们都要像某某某那样下力干活儿。”他又说了什么，我没去听。刚才他点名表扬的典型竟然是我。

我摇摇晃晃地拖着步子走回家。但我的心在唱，我觉得自己打了胜仗。可打了什么胜仗，我，不知道。

我们在木工厂堆木材、扫院子，整整干了一个星期。红卫兵表扬了我三次。我听到有人嘀咕说：他想讨好红卫兵，他想让大伙难堪，他想自己出风头。对这些风言风语，我丝毫也没在意。我喜欢劳动，我喜欢使出全身的气力，我喜欢让我的肌肉筋骨自由自在地舒展开来。

六

对于我，对于无数革命干部和知识分子，那些日子是另一种生活的开始。直到今天，十五年过去了，一切噩梦都已结束，可是一想起那些日子，我仍然伤心，仍然气愤。

一夜之间，我可爱的祖国变了模样：群众专政代替了党的领导；宪法、法律完全失效；公检法陷于瘫痪状态；党中央和政府的指示可以不予理睬、恣意违犯；国家给予公民的基本权利任人剥夺；没有丝毫证据就可以指控一个人罪大恶极，还要让他自己证明自己有罪；没有任何理由就能打人、折磨人、侮辱人；逼人参加强制性劳动，逼人干最不光彩的事，逼人丢丑蒙耻；没有搜查证，却无论白天黑夜随意抄家；私人钱财被没收，银行存款冻结，工资也减少到仅仅能够维持生活的数目……若是受不了这些折磨和屈辱而结束自己的一生，第二天就会贴出大字报，说是“畏罪自杀”，全家还要宣布与死者划清界限，以免遭受株连。

然而，伴随这一切的，又总是最最革命的口号，激动人心的演讲、朗朗背出的毛主席语录、谱上乐曲的“语录歌”。

我在这种环境里过着这样的生活，直到 1969 年 2 月 9 日宣布“解放”为止。按“文化大革命”的语言，“解放”即为“免罪”。公平合理地说，尽管我完完全全地经历了“文化大革命”，我却一没挨打，二没戴高帽子游街。有人说我“情况特殊”，有人说这是因为我和学生关系好，还有人怀疑这是命里有福，是幸运的巧合。不管怎样，大家公认我的命运就算不错。

七

现在我回顾 1967 年到 1968 年的好多事，已很难保持当时的时间顺序了。随着时间的推移，我对那两年的情景细节，忘却的越来越多，记着的越来越少。那两年充满了痛苦、屈辱、酸楚、坎坷。人也变得麻木而沮丧，对苦难何时能结束，常常是毫无一线希望。不过记不清事情发生的具体时间和先后顺序，倒也无关大局。重要的是我周围的人，我目睹的事。有了这些，也就足够了吧。

提起两年中逼我做的那些事，可真是离奇古怪，五花八门：参加劳动、写“交代材料”、“出席”批斗大会（当主角的时候少、做配角的时候多）、一条一条没完没了地背语录、参加政治学习、写“劳动日记”，等等。

体力劳动成了我的主要职业，干其他事的时间加在一起，也不如出力干活儿的时间长。我发现，当忘记自己是被强制劳动的时候，干起分配的活儿来，倒也觉得挺痛快。

搭大字报棚是常干的活儿，渐渐地我成了把好手。我们先用竹竿扎架子，然后再绑上席子。我喜欢和这些光滑的竹竿、又新又干净的席子打交道，也喜欢用麻绳把席子扎在竹竿架上，这活儿既轻快又容易，干起来让人感觉舒心。

我还是打扫厕所的能手。办公楼、学生宿舍的厕所都由我们这些“牛鬼蛇神”打扫。这活儿和搭大字报棚比起来，可是既不轻快也不容易。每天都有几百人用厕所，没有几个讲卫生的，也没有几个还能想到要讲卫生的。厕所里的景象真是不堪入目，这就使我们这些清扫厕所的难上加难。按理说真该贴个通知，让学生们注意厕所卫生。可我们是什么身份，岂敢对红卫兵发号施令？

我们的任务是天天保持厕所清洁。这真比赫拉克勒斯[①]打扫奥革阿斯的牛圈更为艰巨。如果我没记错这个希腊神话的话，赫拉克勒斯只要照管三千头公牛，而且还有一条河（也许是两条）受他指挥、帮他干活儿。而我们的工具只有一把煤铲、一把笤帚。我们倒是还发现了一样工具——碎玻璃片——用这玩意儿刮大便池十分

---

① 赫拉克勒斯，希腊神话中的英雄。曾服十二项苦役，其中之一是清扫一个积粪如山的牛圈。——译者注

管用。

虽然费了不少时间，我到底还是习惯了这种西西弗斯式的劳役(上中学时就记着西西弗斯了。西西弗斯被罚往山顶上推巨石。可石头刚到山顶，就又滚下来。西西弗斯只好重新推石，石上石下，循环不止)。我终于习惯了不戴手套干活儿。也不用口罩挡恶臭。我们总是尽量把厕所保持得干干净净。后来我和几个“同事”看到厕所天天干干净净，几乎是一尘不染，竟有几分自豪。但这就是后来的事了。

一天下午，在从大便池上刮干粪的时候，玻璃片把我的手指割了个大口子，鲜血流了出来，滴到大便池里。看到自己的血，我突然感到一阵心酸，眼里涌出了泪水。我呆呆地站在那里，弯腰对着臭气熏天的大便池，想想真还不如一死了之。当时，我多么希望有人对我说一句话，说句同情和安慰的话。也许，这念头只是一闪即逝。一个学生走进厕所。若叫他看见我这副样子，那自然是不妥的。

我当“厕所清扫工”这段时间，还有过一段奇妙无比的插曲，那就是我和同系一位老教师的谈话，内容是我们本来的工作。

“不会再让我们教课了。”他说，“真猜不透，万一‘文化大革命’能有结束之时，会分配我们干什么工作。”

“就是不让教学，我也不在乎。”我说，“他们反正要给我们找点儿活干。一辈子打扫厕所也没啥，我保证能干得挺好。只是希望咱们能有几样顺手的工具。”

“这话不假，咱们得想想法子。我想找点儿废铁条，弯个弯，再磨尖（他一面说，一面在地上画了个草图），那可比碎玻璃片好用多了。再说也安全些。”

直到今天，那次谈话有时还在我耳旁回响。我不禁在想，当时，两位老知识分子竟认真地考虑打扫厕所，还准备打算把它当成终生职业。可见他们是多么灰心、多么失望。那次谈话，只能算小事一桩，但足以使人心寒了。

“文化大革命”初期，毛泽东主席说：“造反有理。”有一次我也试着造了反。可惜我忽视了一个事实：毛主席指的当然不是“牛鬼蛇神”造革命战士的反。因此，这个反我也没造好。当时一个新的群众组织在学校掌了权，通知我去办公楼打扫卫生。我们全家对这一命令进行了讨论，最后一致决定：我应该去办公楼，但不应该打扫卫生。全家人给我“打足了气”，我就上路了，真有几分勇气，也颇带点儿反心。我在这个群众组织的总部里整整待了一个小时，我说自己不是“反动学术权威”，不能逼我劳动改造。他们的观点很简单：如果我不是学术权威，系里谁还算学术权威？如果一个资产阶级知识分子不是反动派，又有谁算反动派？我得到了警告：若是第二天不准时到达，一切后果由我自己承担。于是乎我的造反活动告终。这是十年“文化大革命”中，我与红卫兵唯一的一次辩论。虽然我竟敢冒天下之大不韪，却还没有挨打。

八

我只在三次批斗会上当过主角。这个以后再讲。但在批斗其他“牛鬼蛇神”的大会上，我可是常常到场陪斗。

我们系二十多个“牛鬼蛇神”排成队，站在台上靠后边的地方，中间突出的位置自然是留给主要批斗对象的。若是主持会议的是我以前教过的学生，他就常常把我安排在后排，这样我就可以倚在后墙上休息一下，也不会被人发现。学生知道我有肾结石，九十度大弯腰站上几小时就会疼得受不了。再者站在后排还有个好处

——少挨打。要是站在前排，碰上主要批斗对象挨打，他设法躲过的三拳两脚可就顺势落到陪斗者的身上。

只有两次，我吃了苦头。

一次是请了位老贫农来忆苦思甜。我恰恰站在他身边。他讲旧社会的苦日子时，我也在教室里陪他一起受罪。为了更有力地表达对地主和一切剥削者的深仇大恨，他把我推来搡去。原来我的头已经够低了，可他硬要再按我低头。等他讲到新中国成立后生活的时候，我已是筋疲力尽，再也无福与这位老人共享好日子了。

还有一次是批斗另外一个人，此人后来被判了二十年徒刑。会上红卫兵宣布已经掌握了他反革命活动的确凿证据，但让他自己公开认罪。红卫兵是决心让此人开口，此人也是横下心不服输。红卫兵又踢又打，帮他"清醒清醒"，可他一口咬定："不！""不知道！""不记得！"我和他站在一排，自是分享了不少拳打脚踢。

附带说一句，这个人在监狱里被关了十三年，1980 年才得以出狱，并得到了彻底平反。他出狱后我见过他一次，看上去身体还不错，只是这十三年的时光一去不复返了。

当时我有一项重要任务——写"交代材料"。

交代材料当然要用汉语写，这对我可不是件容易事。我还在学汉语，写得又慢又小心，字典也不离手，时时查找不会写的字。虽然我的汉语语法有时让这些红卫兵摸不着头脑，有时引得他们哈哈大笑，可他们还是称赞我的字体端正清楚。

有的"交代材料"是让我想到什么写什么，诸如何时何地与何人干过何事，讲过何话，有何动机，等等。还有的"交代材料"则须根据红卫兵的要求，交代自己生活中的一些行为和事情，讲明我过去认识的一些人。

最稀奇古怪的是令我列出自小学毕业后认识的所有外国人的名单。我可以交代说自小学毕业后我认识的都是外国人，无一例外，因为我自己就是外国人。但这样交代既不合要求，也绝对通不过。红卫兵让我不仅要列出人名，还要写出他们的家庭背景，现在的地址、职业、政治态度。这些情况我也实在不清楚，所以只好让想象前来助一臂之力了。我只能记得十几个旧日同窗朋友的姓名，寥寥十几个当然远远不够，于是只好再加上四五十个“死魂灵”①。对于这些洋人的家庭背景，我是一无所知，只好让他们统统背上个“坏出身”的臭名。像我这样的“牛鬼蛇神”，即便是在孩提时代，自然也不会和出身“好”的人交朋友。经过反复思考，我把这些人安置在澳大利亚、美国及南美这样的地方，这样就无人可以跟踪追迹了。还有，给他们各个编个适当的工作也是件难事，但这也无关紧要。

我精心编纂这份名单，得趣不小，正要沾沾自喜，红卫兵却发现名单对他们调查我的案情没啥帮助，因而也就毫无价值。他们让我不要写了，俨然是一副需要的材料已经到手的神情。

有一次我实在无啥可写，就对我的专案组（每个“牛鬼蛇神”都由一个这样的专案组负责）成员照实说了。专案组的成员是两名一年级女生，她们听后的反应可是大大出乎我的意料。一个立即跳起来，大叫大嚷，说我反对“文化大革命”，反对“群众专政”，让我自负其责。我站在这位小将面前，低头弯腰，任她谩骂恫吓。后

① 死魂灵，出自俄国作家果戈理的长篇小说《死魂灵》。书中讲到当时俄国每十年进行一次人口登记，而在两次登记之间死去的农奴在法律上仍被当作活人。有的地主便拿这些死去的农奴充数，作为抵押品向国家银行借款。书中主人公乞乞科夫是个招摇撞骗的“天才”，他到偏远地区，收购这些死魂灵，用以牟取暴利。——译者注

来她也许是嚷得气力不足，也许是觉得脏话都已说尽，就让我回去。接着就让我写“检查”，检查拒不写“交代材料”、对抗运动的罪行。这份检查还拿到全系“牛鬼蛇神”会上进行了讨论。从此之后，我再也不说没什么可写，再也没犯类似的“罪行”。

九

我的一天。

早上 7 点半之前，我赶到特意为“牛鬼蛇神”准备的小屋里。7 点半整，我们在毛主席像前站成一排，低着头，把“红宝书”高高举过头。革命师生是把“红宝书”擎在胸前，这是对我们有令在先，不准让“红宝书”贴着我们的“黑心”。然后，由一个红卫兵或一个“牛鬼蛇神”领着大家背诵语录。这一仪式谓之“请罪”。一般要背上八九条语录，都是针对我们各自的情况特意选出的，没人敢背错一个字。

上午总是政治学习。我们学毛主席在 1948 年和 1949 年推翻国民党统治前夕写的敦促国民党投降的文章、《论人民民主专政》、关于反革命两面派之伎俩的材料、党对敌人的政策以及其他材料。目的是让我们明白，唯一的出路是“放下武器，停止抵抗”，否则死路一条。何去何从，由我们自己选择。

有时，一个红卫兵战士前来参加我们的学习。十有八九是个扎两条小辫儿的女红卫兵。她的任务是帮助我们认清自己的过去、现在和未来。她一开口，总要借助那些使罗杰老先生[1]也自愧未能收

---

① 罗杰：18 世纪英国作家和词典编纂家。这里指女红卫兵骂人之词“丰富多彩”，使编辞典的人也自愧不如。

集的言辞。她骂人的话可真是丰富多彩，应有尽有，而且是从她那两片鲜亮年轻的嘴唇上滔滔不绝地涌出来。她的本领就是善于把最平常的字句，变得龌龊刺耳。

大部分“牛鬼蛇神”都不愿回家吃午饭。胸前挂着牌子，“特务”“叛徒”“资产阶级反动学术权威”，各自的身份，不言自明。我们一到街上，就引来许多观众，他们毫不掩饰自己的兴趣，对我们评头论足。有时“革命儿童”还会向我们投之以石。

不回家吃饭的，可以在大伙房就餐。我们排队买饭，既不能行动太慢，又不可跃居人前。我们还只准买五分钱一份的最便宜的菜，不管炊事员给的饭菜再少再差，最好的办法就是装作什么也没看见。

下午全是体力劳动。大家都愿到农场干活儿，那里地方大，一举一动也无人监视。有时甚至能找个“牛鬼蛇神”一起坐下抽支烟，也不用提心吊胆地怕为此而受惩罚。

晚上回到家里，我们就陷入了阴郁的沉默。一家人谁也不愿说一句话，说，又能说什么呢？

“文化大革命”初期，一天一天都是这样过来的。后来的日子就热闹起来：革命步伐加快了，打人也就成了常事。

十

各系的“牛鬼蛇神”编成了一个“劳改大队”，由二十多个红卫兵看管。每天早晨，我们到红卫兵总部集合点名。几乎每天早晨，值勤的红卫兵都要宣布这个或那个“牛鬼蛇神”犯了这样或那样的罪行。于是，点了名的“牛鬼蛇神”就转到一位壮小伙子手里去接受惩罚。小伙子可以教会他老老实实，还能使其余的“牛鬼蛇神”得到启发。

一天早晨，红卫兵点了我的名。我走出了队列。我从来就不是不怕挨打的勇士，也从来未夸海口，说自己不怕皮肉吃苦。一听到点我的名字，我浑身发颤。我暗想挨打是免不了的，就摘下眼镜，防备着挨耳光。负责的红卫兵责令我背诵毛主席关于反动派不打不倒的著名语录。我背了出来，心想可千万别出差错。这时该挨上一下了，可是万幸，红卫兵不知为什么没有动手。他把一样东西拿到我的眼前，我机械地伸手接过来，原来是我昨天的“劳动日记”。“看看你昨天写的是什么！”我拼命集中精力，看着他手指的地方。我一下子蒙住了。我看到自己的日记上写着：“凡是反动的东西，你不打，他就倒。”天啊！我竟把后半句中那个关键的“不”字给漏掉了！

我已记不得以后发生的事了。周围一片混沌，隐隐约约还能听到红卫兵的骂声。他大概是命令我回到队列中去，可我什么也没听见，于是他把我推了回去。

在去农场的路上，我趁红卫兵没注意，悄悄地问身旁的人刚才对我下的什么命令。他告诉我红卫兵勒令我写检查，当晚必须交上。

我写了几百个字，检讨自己在引用语录时粗心大意，责备自己对伟大领袖的指示没有持严肃认真的态度，保证今后改正错误。

太阳刚落山，我已站在红卫兵政委的办公室门口了。我请求进去汇报思想。一个男人的声音叫我进去。我低着头走进门，一直来到墙上挂着的毛主席像前，小声背诵着每天必说的老一套：“在毛主席面前，我认罪，我请求受到惩罚。”然后，我又转身走到坐在桌子后边的那个人面前。他大笑起来，这笑声比破口大骂还叫我心惊胆战。他说：“检查带来了？给我吧……你怎么会在日记上写没有把握的东西呢？我们知道你用汉语写日记有困难。下次不论干什么，千万别自找麻烦了。可能出错的，就别去写它。明白我的话了吗?”我当然明白了。我也听出了这个人的声音，他是我以前的学生。于是，我慢慢地抬起头。小伙子还在笑，可似乎笑得很和气。他说：“好了，今天的事就算过去了。以后可别再自讨苦吃了。”

每星期三下午，“劳改大队”的全体“牛鬼蛇神”集中政治学习。我们在大教室集合，黑板前的讲台上站着红卫兵。政治学习一般由红卫兵政委主持，他给我们讲全国的形势，读社论，问问题，再不就提出问题供大家思考。这位政委从不骂脏话，也不吓唬人，我倒是挺喜欢他。讲台上还站着三四个红卫兵，个个手持手腕粗细的长棍子。这几个红卫兵一言不发，他们的任务不是动口而是动手。几乎每个星期三，都要命令一个“牛鬼蛇神”走到讲台上，低头弯腰，恭听红卫兵宣布他的罪状。所谓罪状，也无非是干了什么，忘了干什么，等等。运气好的，挨上几拳几脚就算了事。“罪行”严重的，顽固不交代的，就要尝尝棍棒的味道了。其他“牛鬼蛇神”是不许抬头看讲台的。可那声音阵阵揪人心。不止一次，我听到棍棒断裂的声音，就不由自主地抬起了头。立刻，红卫兵大喝道：“低下你的狗头!”

我讨厌这种政治学习，也害怕这种政治学习。政治学习就像达摩克利斯之剑①，时时悬在我的头顶之上。有一天，这把剑真落下来了，好在不像我想象的那样可怕。政委问大家有关当前国际形势的问题，目的是检查一下大家是否天天读报。突然他点到我的名字，问我

---

① 达摩克利斯之剑，典出希腊神话。叙拉古王狄奥尼修斯请达摩克利斯赴宴，但在其座位上方挂着一把用马鬃拴着的利剑，随时可能掉到达摩克利斯头上。人称此剑为达摩克利斯之剑，转义为临头之险。——译者注

昨天的报纸报道了什么重大事件。我也回答对了。谁知他又问了一个问题，当场我就卡了壳。他问这一事件的重大意义是什么。也许社论中讲到了重大意义，我可是一点儿没注意。我站在那里，绞尽脑汁想猜出点重大意义，无奈搜索枯肠，一无所获。只好背上老一套，什么“划时代的事件”，具有重大的“现实意义和历史意义”，“毛泽东思想的又一伟大胜利”，等等。政委打断了我的话：“以后多注意看报。坐下吧！”我心里明白：这位从前的学生又对我宽大处理了。

十一

我系要到农村帮助秋收。一大早我们就出发了，前面是浩浩荡荡的革命师生开路，最后才是我们这些“牛鬼蛇神”，身旁还有几个红卫兵押送。

我们要去的生产队坐落在离城四十多里的群山之中。将近傍晚时分，我们到了目的地。这地方够苦的，什么水源也没有，附近没有河流，就连平时用水和浇地的水井也没有。每天从早到晚，汽车马车接连不断地去城里取水，装在大橡皮袋里运回来。运来的水刚够浇地，吃水都要十分节约，至于洗脸洗手根本就不用想。

第二天早上我们就开始干活儿了，我的任务是扛玉米秸。从地里开始，下一个山坡，一直扛到场院上。离开了学校、离开了当时乱哄哄的一切，真叫人高兴。我扛着重重的玉米秸捆，沿着田间小路，简直是在飞跑。

路边、场上都坐了些农民。显然他们喜欢我干活儿的卖力劲儿。我听到他们称赞我，我看见他们竖起大拇指。他们还让我坐下歇歇，把自己的烟袋递给我。我感到一种不同寻常的幸福。然而好景不长，当天晚上就勒令我们戴上白袖章，好让农民别把我们错当成“好人”。从那之后，一直到离开这个山村，我再也没见过一丝微笑，再也没见过赞许的表情和目光。

一天，通知我和革命教师一起干活儿，任务是翻一块大约六十米长的地。三十几个人站成一行，每人手中拿一把大镢头，大家排成一条线，一步一步同时向前进。镢头一起一落，再跟上一镢砸土坷垃，就这样循环往复，一环扣一环。我一边是个年轻工人，另一边是个年轻的解放军战士（我系的工、军宣队成员）。两个年轻人镢起镢落，很有节奏，干得优哉游哉。他俩不时望我一眼，一是怕我落后，二是检查我挖的深浅是否合适，土坷垃是否都砸碎了。我使出浑身的力气，尽量不让他们把我落下。虽说他们干得很快，我还是寸步不落。当时，我的旧病肾结石犯了。要在平时，起码要休息一两天，可眼下休息根本不可能。我咬紧牙关，一步一步往前赶，虽然满脸淌汗、浑身流汗，一阵一阵的绞痛让我真想喊出来，但我只能把呻吟硬憋在嗓子里。我一镢一镢地挖，这倒并不是害怕挨打受骂，而是一种人的尊严在支撑着我。我不想让他们看出我的痛苦，我不想让他们超过我之后再回头笑话我。

终于到了地头。大家来到另一块要翻的地里，放下镢头，坐下休息。我找了个离众人很远的地方，一屁股坐在地上，浑身上下筋疲力尽，肾部也疼痛难忍。有那么一小会儿，我可能是打了个瞌睡，也可能是疼昏了过去，但一声怒喝把我惊醒了。一个教师正在对我大喊大叫，骂我“偷懒”，警告我不要耍滑。他命令我立即爬起来干活儿去。我站起身，拾起镢头，又去翻地。此时此刻，这把镢头好像有千斤重。革命教师和工、军宣队员们仍在休息，他们开怀大笑，他们戏谑嬉闹，只有我自己孤孤单单地在田间干活儿，身后传来他们的大喊大叫、他们粗鲁的谑语、他们嘶哑的笑。我恨，不是恨这样对待我的人，而是恨对我之不公，恨这一切之中包含的残酷、不义、愚蠢。

这一天总算过去了，我累得半死，疲劳似乎压过了病痛。但是，我思绪纷纭，别人进入梦乡已经很久了，我还是睡不着。对于发生的一切，我怎么也无法理解。这些和我一起在地里干活儿的老师，都是多年的老相识了，有些曾是我的朋友，有些曾是我的学生，他们干这种卑鄙的事，不会是出自真心。他们也不可能愿意干这种事，更不会对我怀有深仇大恨。他们身后一定有鬼，一定有人逼着他们这样做。可鬼是什么？人又是谁？

在后来的十天之内，我两次在大会上挨批挨斗。一次批斗会是劳动时在地头召开的。教师们围成半圈席地而坐，我面对人们，低头站着。莫名其妙的指控一个接一个，叫人无法回答，其实也根本不用回答。只有一个问题值得一答：1947 年是谁把我派到解放区的？我较详细地讲了自己怎样做出了投奔解放区的决定，办理了哪些手续，谁建议我到共产党上海办事处等情况。看来他们对这些事早就了如指掌，现在重提这个问题，只不过是想打我一个措手不及。人们没再追问，批斗会开了不到半个小时。一开完会，就又命令我去干活儿，当然他们也没忘记像往常一样让我“放老实点儿”。

第二次批斗会是几天之后召开的。那天早晨，我正要去干那些不提精神的活儿，红卫兵却通知我、另一位老教授和前系主任在其他“牛鬼蛇神”走后留下来。一小时后，红卫兵领着我们三人朝另一个方向走去。红卫兵走得很快，我们三个跟在后边，很有分寸地与他们保持一定的距离，心里直嘀咕，不知到底要出什么事。

到了一块地边，红卫兵停了下来。然后他们叫来了十几个正在平地的社员，其中有几位老人，两位中年妇女，还有几个嘻嘻笑笑的姑娘。红卫兵让我们三人靠着一块大石头站好。有两个红卫兵一左一右在我们两边站定，另一个红卫兵开始对社员讲话。他说我们三人一个是苏联特务（我），一个是美国特务，还有一个女的是国民党特务。他说我们三个都是人民的敌人，党对我们十分宽大，我们却死不改悔。他说我们多年来一直妄图复辟。他号召大家紧密团结起来，打退我们对党对社会主义的猖狂进攻。如果不把我们消灭干净，中国就会重新出现地主资本家的统治，人民就会再像新中国成立前一样受压迫、受剥削。他讲得绘声绘色，每句话都像一根针，直刺进我们的心里。此人真乃口才非凡，若不是有两个姑娘哧哧地笑个不停，他的讲演满可以大获成功。

红卫兵不时振臂领呼口号，社员却没有热烈地响应，也许他们还不习惯这种场面，只有一两个年轻人三心二意地重复一下口号的最后几个字。

这时，地头上来了个摄影师。他让社员站成半圈，“横眉冷对”圈里围住的三个人。他还要求农民举起手臂，做出高呼口号的样子。有一个小伙子被摆在我们三人面前，“控诉”我们的“罪行”。摄影师照了四五张相。我觉得他对社员不大满意，因为社员们并不密切配合，可他也毫无办法。

后来我看到了这几张照片。因我们三人都低着头，所以脸面看不大清。有几个社员在笑，有的在四处张望，没有一个像解说词所写的那样“义愤填膺，充满了对敌人的仇恨”。

十二

要回家了。队伍和来的时候一样——学生打头，教师居中，“牛鬼蛇神”排在最后。天近黄昏，我们回到学校。我走进家属院，疲惫无力，满身尘土。就在我家窗前，我看见三个十几岁的孩子把我十一岁的儿子团团围住。我儿子背靠着墙。另外三个孩子都比我儿子高出半个头。他们一面指手画脚地挑衅，一面高喊："狗崽子！狗崽子！"不时地，三个人这个上前推一把，那个上前扯一下。他们见我来了，却既没走开，也没停止叫喊。我对儿子说了一声"回家"，就急步走开了。我没停下看看儿子是不是跟着我往家走。一个孩子在我背后大喊："牛鬼蛇神！"我走上楼梯，打开家门，走进卧室。妻子帮我把背包卸下来。我呆呆地站着，泪水突然潸潸而下。妻子吓了一跳。她不住口地问："怎么了？出了什么事？"我的孩子一个个站在我身边，我感觉到了，可我一句话也说不出来。怎么了？出了什么事？让我怎么解释这一切的一切：戴白袖章的侮辱——不让农民把我错当好人；那个教师的声音——命令我强忍剧痛独自一人去大田干活儿，而他却在休息、说笑；红卫兵的鼓动——企图煽起与我无仇无冤的社员们对我的愤恨；我儿子那张坚毅而又可怜的小脸——我是他的父亲，我是如此地爱他，却又使他的心灵受到如此残酷的蹂躏。

我无声地哭着，我感到万分伤心——为我自己，为我的妻子，为我的孩子们。也许，我已经预感到了，前面等待我的会是更惨的折磨，等待他们的则是更大的痛苦。

第十四章　“牛棚”岁月

一

1968年10月9日，一道命令传来，让我们这些“牛鬼蛇神”回家取铺盖衣物，然后到教学楼去。从此以后，我们必须住在教学楼里，理由是如若回家，势必受到外界影响，不能一心一意写检查。现在给我们一个机会，以便集中思想、集中时间、集中精力。听起来冠冕堂皇，实际上纯属囚禁，只不过这种囚禁不经审讯、没有罪证，也等不来判决。囚禁到何时为止，无人可知。要是平时，我们一定会抗议这种非法囚禁。而此时此地，我们只好听命。因为我们无处抗议、无处申诉、无处寻求保护。

还有命令，不准我们离开教学楼，不准和家人接触。这，自然也是为了集中精力。

我们的新居是一楼的一间大教室。刚去时是在水泥地板上铺个草垫子过夜。后来天冷了，我们也享受到双层木床。这间教室里住了我们二十个人，女的住在同一层楼的另一间教室里。

这间教室名曰“牛棚”，因为“牛鬼蛇神”四字之中“牛”字打头，我们住的地方也就简称为“牛棚”了。

二

“牛棚”里的日子和进“牛棚”前无大差别。我们在楼里楼外劳动；我们一沓一沓地写检查；我们天天早上请罪认罪；我们参加政治学习；我们低着头走路，挨骂受辱；我们到大饭厅，吃最便宜的菜。这些和从前没啥两样。然而，日子却百倍地难熬，痛苦却千倍地难忍，因为我们回不了家，见不到亲人，听不到他们的安慰，得不到他们的支持，也不知道他们的处境。我们成了囚犯，虽不这么叫，实际上就是如此。我们不知道等待我们的是什么命运。

白天还好过点儿。一到夜里，愁思、疑惑、焦虑、痛苦就一起袭来。夜，真难熬啊。

哨音一响，“牛鬼蛇神”上床。整 10 点钟，个个都已躺在草垫上了。有的倒下就睡着了，可对大多数人来说，却又是一夜不眠。我，睡不着。

“牛棚”里不准关灯，因为值勤的红卫兵有时要进来查房清点人数。

“牛棚”的夜充满了各种可怕的声音：叹息、呻吟、咳嗽、呜咽。在这些声响之中，心宽福大者的鼾声显得特别响亮。

我仰面朝天，睁眼躺着。左右的“棚”友也是同样的姿势。有的在抽烟。我 1966 年年初戒了烟，现在也不想重新开戒。

我在思索。大脑从未这样急剧地工作过。我极力呼唤我的亲人，可是漆黑之夜，哪里有他们的影子？

有时，我感到绝望。我的命运会是什么？妻子孩儿的命运会是什么？国家、人民、党的命运又会是什么？我轻声叹息，但我的叹息很快就停止了。

我深信自己没有反党反人民，没有人能证明我反党反人民。我相信党，1949 年，是党领导中国人民战胜了强大的敌人；60 年代初，是党领导中国人民战胜了天灾人祸。这样的党、这样的人民，一定会拨乱反正，一定会使备受磨难的中华重新安定下来。我的祖国，马列主义、社会主义的堡垒，光明幸福的象征。在您的大地上，党的旗帜一定会重新飘扬。

我渐渐地平静下来。

我不断地看表。难道才 2 点？离起床还有四个小时。4 点了，从校园墙外的小村子里传来了公鸡的啼声。我喜欢雄鸡长啼，这声音总是那么亲切，这声音总是报道黎明。

这也是红卫兵常来查房的时间。重重的脚步声近了，他们当然无须放轻脚步。他们围着草垫子转了一圈，查查人数不少，就离开了房间，重重的脚步声又渐渐地远了。只有一次，有个“牛鬼蛇神”不见了。这是位又矮又胖的老教授，夜间他总喜欢把自己裹在几床棉被里面，小将们没有“深挖细找”，竟然一时未能发现。

突然，有个人起床了，他叹了声粗气，就匆匆奔向厕所。我盯准时间，一分一秒都不敢大意。因为我刚升任“牛棚”副棚长，若是这群“牛鬼蛇神”出了事，自然饶不了我。过了一会儿那人回来了，呻吟几声，又躺到床上。

一声哨响，新的一天开始了。“牛鬼蛇神”一跃而起，许多都是彻夜未眠、精疲力竭。

三

每天，总要有一两位小将光临“牛棚”。他们喊出一个名字，这个点到名的“牛鬼蛇神”就被押出去接受专案小组的审讯。

我不知别的“牛鬼蛇神”对这种审讯有何感想。就我自己而言，若是红卫兵不叫到我的名字，我会觉得心神不宁，胡思乱想会出什么事，心想若是叫到我，至少能对自己的境地有个数。可是，一旦叫到我的名字，一种恐惧又笼罩在心头。

一天晚上，两个红卫兵来“牛棚”提我。他们让我跟他们走。于是两位红卫兵前面走，我低着脑袋后面跟。走廊上很黑，也没有人，但我从未想到过抬起头。当“牛鬼蛇神”的两年，头总是要越低越好。

他们领我上了楼，在一间屋前停下。门上有块牌子，但我没看清写的什么。二人开了门，让我走进了灯光昏暗的屋子。他们把我往屋中间一推，随后一左一右在我两旁站定。从屋角暗处传来一个使人心怵的声音，问我叫什么名字。等我报过姓名，那声音又问：“知道这是什么地方吗?”“不知道。”稍一停顿之后，那声音又响起来了，仍是那样呆板冷漠。“你父亲是个吸血鬼……他用中国劳动人民的血肉养肥了自己……他是个间谍……你也是个吸血鬼、寄生虫……你一生无时无刻不在剥削中国人民……中国人民对你友好，你却对人民犯下了滔天的罪行……你还从事间谍活动……”他一句一顿，加重语气。我真希望他提高嗓门儿，对我咆哮、对我叫骂。没有什么比这冰冷的声音更令人难以忍受。这声音简直就像是法官在宣判。“你犯下了严重罪行。你一点儿也没有交代。你的同伙都已坦白了，只有你顽固不化。现在给你两分钟的时间，若是继续对抗，可别怪我们手下无情。”我感到恐惧。我呆呆地站着，浑身冒汗，手指僵直，憋得透不过气来。我知道自己没有犯罪，更没有什么同伙。我知道这位审讯官也和我一样清楚——我没有犯罪，我没有同伙。但是，我还是绞尽脑汁，极力搜索点儿什么填充一下这可怕的沉默。几秒钟过去了，屋里静得连呼吸都能听见。“混蛋!”一声大骂终于打破了沉寂。“4点以前把检查写好，听见了吗?! ……带走!”红卫兵把我押了下来。

回到“牛棚”，我倒在床上，思绪纷乱。表针已指9点，离限定交检查的时间还有七个小时。我的眼皮一刻都没合上过，我的大脑在紧张地工作、搜索。黑夜中传来了沙沙的响声，每一声都像铁锤敲打铁砧一样，敲打着我疲惫的心。

我不时地看表，表针一圈一圈地爬，时间过得真慢。远处，一只雄鸡报晓了，我的心一下子又提了起来。时间快到了，他们会怎么处置我。3点35分……40分……45分……最后的几分钟犹如一个世纪。4点整，我竖起耳朵，走廊里仍是静悄悄的。我看看房门，没有人来，也没有动静。有人上厕所，我甚至听到了他的小便声。他出了厕所，脚步声也渐渐消失了。

十分、二十分、三十分，三十分钟过去了，窗外泛起了亮光，我提着的心却仍未放下来。为什么没有人来提我？为什么没有灾祸降临到头上？

是他们没说让我早上4点钟交检查？也许是下午4点？

一天过去了，上午没有人来，下午也没有人来。这一天竟是安然无事。

四

我时刻怀念妻子和孩子，渴望见到他们的心情，简直难以表达。

机会几乎没有，可我并未放弃希望。

有一次，我见到了妻子，那是在教学楼外搭大字报棚的时候。我站在架子上，看见妻子远远走来。我知道她一定会看见我。妻子从架子旁边走过，没有抬头看我。但我双眼的余光发现她看到我了。这样匆匆一见，真叫人又喜又悲。

只要能找到借口，我就给妻子写个纸条，要点儿零碎东西。条子要通过红卫兵转交。第二天我即可收到所要的东西，有时里面还夹一张回条。有一天，我写了条子要块白布，好在上面写明自己的头衔“资产阶级反动学术权威”。好几天我一直犹豫不决，不知该不该告诉她这块白布就要挂在我的胸前。最后我决定告诉她，不然她更不放心。

有时，我向妻子要点儿粮票，再不就要几块钱交饭费。可我从不多要一分钱，除了吃饭，我别无开销。再说我知道她手头十分拮据，当时我家每人每月只发十五块钱生活费，银行存款也被冻结了。

有一次，我写了个条子要点儿咸菜吃。第二天红卫兵把我传到办公室，把一罐咸菜塞到我的鼻子底下，厉声喝道：“闻闻……”随后又是一阵大骂。“你以为自己是什么人?”又是一阵骂。“你还自以为挺精呢……”还是一阵骂。我接过罐子，顿时一阵香油味扑鼻而来。我明白了——一个“牛鬼蛇神”竟敢吃带香油的咸菜，工人农民还买不起香油呢。同时，我更理解了妻子的心——她是用自己的巧手爱心，让我享受一点“美馔”。

他们骂够了，就劈手把罐子夺回去放在桌上。其中一个看看我的脸色，插嘴说：“算了，饶他一次。拿走吧，下不为例。”趁他们主意未变，我急忙抓起咸菜罐，离开了屋子，伴随着我的是香油的香……还有妻子的爱。

11 月 20 日到了，这是我们结婚十八周年纪念日。我知道妻子多么思我、想我、需要我，正像我思她、想她、需要她一样。我要想方设法见她一面。于是我告诉红卫兵我的肾结石又犯了，疼得厉害，想到医院检查一下、要点儿药。他们同意了我的要求，派一名我从前的学生跟我同去，以防我拐到别处去。出来后，我告诉这个学生我的病历在家里，我想顺路回家一趟把病历带上。他稍一犹豫，我如坐针毡，最后他还是同意了。

踏上回家的路，我感到心在不住地跳，可又害怕押送我的红卫兵看出破绽。终于到家了。我敲门，开门的是妻子。看到我，她两眼一亮，可是马上又暗淡下来——她不知道我的突然归来是凶是吉。我进了门，那个红卫兵跟了进来。儿子在屋里，他没有抬眼看我，脸色阴沉沉的。妻子帮我找病历，翻完一个抽屉又翻另一个抽屉。这时，二女儿走进屋里，她仔细打量着我，可只一会儿，她那两只忽闪忽闪的大眼睛就沉了下去。她转过身，走了。

我凝视着女儿刚刚站过的地方，突然觉得心在流血。我的眼泪淌了下来，这是我在“文化大革命”中第三次流泪。妻子把我领到椅子边，递给我一杯水。那个红卫兵懂事地走到窗前，背过身去装着朝院子里看。就为这一点，我一辈子都真心实意地感激这位学生。

最后，我和那位红卫兵离开了我家，朝医院走去。我仍在抽泣，根本无法控制自己。那位红卫兵不住地问到底是怎么回事，问我为什么哭。然而，有些事我是无法对他解释清楚的。我只能说：“是我的错……我对不起妻子儿女……我给他们添了麻烦……”

我在医院检查了病，要了点儿中药。那位红卫兵要到别的地方去，于是就让我看完病哪里也别去，直接回“牛棚”。我，从命了。

我们夫妻结婚十八年了。像这样度过结婚纪念日，十八年来还是第一次。

五

“牛棚”里集合了一群各种各样的人。有党总支书记、党员干部、系主任、几位老教授，还有一些资产阶级右派分子。“文化大革命”前，我们这些人关系并不密切。现在虽说身居同一“牛棚”，来往却更少了。每个人都忙着想自己的事、体会自己的感受、完成自己的交代材料。有的常被带走，痛打一顿，谓之帮其反省。这些人当然是一见红卫兵的影子就心惊胆战；其他人或是受苦少点儿，或是把苦藏得更深。打人总在二楼的隔音室里，干这种事，那可是个理想的地方。

秋天，就这样一天天熬过去了。我们同室“牛友”已共处五十多天，却仍未见一丝结束“牛棚”生活的迹象。这日子什么时候才算到头？

12 月初的一天，我们请示红卫兵是否能让大家洗个澡。第二天，红卫兵同意了“牛鬼蛇神”的要求。第三天，我们排好队，到离学校四五里的澡堂去。“牛鬼蛇神”拖着沉重的步子，走在大街上，几个押队的红卫兵前呼后喊地发口令。街上的行人用好奇的目光看着我们。终于到了澡堂。洗澡的人多，我们只好在外面等。大家排成两队，站在澡堂楼外，每人手持一个脸盆和几件换洗衣服。进进出出的人看我们、打量着我们，然后就转身走开。

有的“牛鬼蛇神”洗得挺痛快，尽情地享受热乎乎的水、热乎乎的蒸气、热乎乎的淋浴。而我，我是一分一秒都在熬。我觉得全世界的眼睛都在盯着我们这些“牛鬼蛇神”。

几天之后的一个中午，大部分“牛鬼蛇神”都在午睡，棚长写了一早晨交代，此刻也已鼾声如雷。有位老教授走出屋子。我看见他走了出去，心想他是去上厕所，也就没特别在意。突然，我听到走廊上有人呼喊。一个红卫兵闯进门来，巡视一圈，就又冲出门去。肯定是出事了。

几分钟后，我被传到红卫兵办公室，他们又骂又喊，倒也使我弄清了发生的事情。原来那位老教授从二层楼的窗子跳了下去。我感到吃惊，却更感到震惊。这个老教授已经自杀过一次了。那一回他从三楼窗口跳下去，幸而窗下有棵树挡了一下，没丢性命，只摔瘸了一条腿。这一次他只受了几处轻伤。我没有提防他出“牛棚”，没有注意他出去这么长时间，所以招来红卫兵的一顿臭骂。

对于辱骂，我似乎已经习惯了。这次挨骂也只当是阵耳旁风。但这位老教授寻死的决心使我陷入了沉思。虽说常常挨打，他也不该做出这种决定。难道他不知道，一步即去，终不能返？他怎么能对光明的未来完全失去希望，而想去结束自己的一生？他怎么能如此怯懦胆小？他真是怯懦胆小吗？我苦思冥想，设身处地地揣摩他的思想情绪。我心中明白，不论发生什么事情，我决不会走他这条路。

六

1968年12月21日，我收到妻子的一张条子，说二女儿要去农村“接受贫下中农再教育”。自“文化大革命”以来，这消息对我的打击最为沉重。谁都知道，几个孩子当中，我最喜欢老二。她那年只有十四岁，一个单薄瘦小的女孩子，在农村能干什么呢？

整整一天，我心绪不宁。我知道自己拦不住女儿下农村，我也可以猜出她为什么要走。在这所城市，她是“牛鬼蛇神”的女儿，整天忍辱受屈，她受不了。也许，她真的认为自己该受“再教育”。

我要求红卫兵允许我和妻子说几句话。第二天早上，我和妻子在红卫兵办公室里会面了。她坐着，我站着，两人凄然相对。后来，一个红卫兵粗声粗气地让我也坐下。要问的，要说的，有千言万语。我们都想先安慰一下对方，可是——红卫兵就在身旁，竖着耳朵，瞪着眼睛。过去，我多次在银幕上见过妻子探监的场面，可从未细细想过狱中会面的心情。此时此刻，我亲身体会到了这种心情。有多少重要的话要说、要讲、要解释。会见的时间分分秒秒过得飞快，可又无法把万千思绪百般情感变成话语倾诉。

匆忙之中，我问了几句，妻子简简单单地做了回答。谈话完了，我该回“牛棚”去了。我们准备了多少话，可说出来的连十分之一也不到。

第二天，孩子离开了家。妻子极力劝女儿等到规定的年龄（十六岁）再下乡，可女儿决心已定。她走了，我没能为她送行。

这是家里的事，是妻子儿女在“文化大革命”中经受洗礼的一段插曲。

七

“文化大革命”刚开始时，我这个“牛鬼蛇神”的头衔还没有影响到我的妻子。她本来可以参加大多数革命教师组织的战斗队。但她不愿参加。还有几位老师也和五花八门的战斗队无缘，人们称他们“逍遥派”。妻子和这几位老师一样，只参加自己认为值得参加的活动。有时去开会，有时写几张大字报。她到过北京，和成千上万的革命战士一起接受过毛主席的检阅，看到毛主席坐在敞篷汽车里，在战友的陪伴下从人群前驶过。她喊哑了嗓子，流出了热泪。

后来，情况变了。她是“牛鬼蛇神”的老婆，必须参加专门为“人民敌人”的家属办的学习班。学习班的任务是让家属们检举、揭发、批判我们这些“牛鬼蛇神”，因为他们最了解我们的底细。他们应该站在党和人民一边，不能让私人感情干扰他们对革命事业的义务。

我不知道其他“牛鬼蛇神”的妻子对其丈夫抱什么态度，我的妻子坚信我一直紧跟着党，从来没说过一句反革命的话，从来没做过一件反革命的事。她毫不隐讳这种想法，也从不改变自己的观点，谁也无法让她动摇。无论在我关进“牛棚”之前还是之后，妻子一直对我坚信不疑。

在那些日子里，妻子备尝艰辛，酸楚之甚，言语无法描绘。她为我担惊受怕，为孩子操劳费心；作为“牛鬼蛇神”的妻子，她忍辱受屈；经济上也十分拮据。这一切她都挺了过来。为此，我终生感激我的妻子。

“文化大革命”开始的时候，我大女儿上初中。她是个好学生，对社会活动也颇积极。“文化大革命”爆发后，她更积极了。我也遇到过一些中学生，可没有一个比她的革命热情更高，比她的心灵更纯洁。她简直是一团纯净的烈火，她在炽热地燃烧。

上初二时，她决定到农村去，向贫下中农学习。她提出申请，要求在初中毕业之前就到广阔天地里去。学校领导和老师批准了她的申请，鼓励她，说她做了青年人该做的事。那年春天，她走了。妻子送女儿上车站，我却没能去为她送行。

女儿常来信，信总是乐观、充满激情。信里说她住在贫农家里，干活儿肯出力，学到了很多东西，贫下中农都喜欢她，她也很高兴。

有一次，一个贫农病重，需要输血。女儿自愿献血。当她自己的150毫升血流进了贫农的血管里，我女儿感到很幸福。

后来，我们得知她插队的村里少说也有十五个麻风病人。“文化大革命”一开始，这些麻风病人也造了反，从附近的麻风院逃出来跑到村里。有些麻风病人就和我女儿一块儿干活儿。她和这些病人在一起，也不知有多危险。我们给她写了信，让她多多注意。女儿回信说，别的农民能和麻风病人一起生活工作，为什么偏偏她特殊。最后我们终于把她转到另一个地方去了。很快她就得到了“铁姑娘”的称号。她和小伙子干一样的活儿，从不知疲倦，也从不嫌苦叫累，在全县都出了名。县革命委员会还把她树为典型，号召全县年轻人向她学习。

“文化大革命”中，我们一家人她算比较愉快的了。但是，从某种意义上说，她同样是个受害者。她失去了上学的机会，失去了受教育的机会。为此她终生感到后悔。这种损失确实是很难弥补的。

我的二女儿下乡时刚满十四周岁，是学校里自愿要求下乡的学生中年龄最小的一个。老师和工宣队的师傅都劝她先别去，让她上完高中再说。但她决心已下，不肯改变主意。

我觉得，她下这般决心，与几天前班里发生的事情不无关系。那是快下课的时候，一个非常革命的教师宣布她和几个学生属于“黑五类”子女，其他同学必须和他们这几个“黑五类”子女划清界限。

这位教师也许并无恶意。可是，他在我女儿和其他几个孩子心灵上留下了久久不能愈合的创伤。从那天起，女儿变了。她已不再是从前那个爱说爱笑、灵巧活泼的小姑娘了，她变得深沉内向。她参加了“战斗队”，在同学们中成了有名的“小老虎”，勇猛、坚韧、百折不挠。

二女儿到农村去了。同行的十一个年轻人都比她年龄大。下乡的地方离济南几百里路。那里还不算穷，只是十分落后。村里似乎根本没人知道他们要来的消息，对知识青年下乡落户也没啥兴趣。他们进村时正值午夜，连个欢迎的人影都没有，只听见几只狗在黑夜里沉闷地叫了几声。

十二个知识青年渐渐安顿下来。可那地方有个习惯，不准妇女同男人一起下地干活儿。妇女们的本分是待在家里，给男人烧饭洗衣。我女儿和其他几个女知识青年要下地干活儿，却让社员们赶了回来。为了争得劳动的权利，几个姑娘斗争了好几个月。姑娘们胜利了。我女儿后来成为知青小组和生产大队的一个棒劳力。她还学了针灸，给当地农民治病祛疾。后来，她去教小学，成了一名出色的民办教师。正是那个时候，她开始学英文，做了大量练习，寄回家让我和妻子给她改正。她那工整秀丽的书法、清晰干净的作业，使我们由衷地感到欣慰。

她在农村受了四年的再教育，比同组的知识青年待的时间都要长。这当然是因为她是我的女儿，是“牛鬼蛇神”的女儿。再说她年龄小，自然也不必急着离开农村。

我的二女儿过去是斗士，现在仍在拼搏。没有任何风暴能把她击垮，也没有任何障碍能阻止她实现自己的目标。

“文化大革命”开始那年，我的儿子刚满九岁。这年龄已经能尝到痛苦的滋味，只是还不知道痛苦的来由。

因为“牛鬼蛇神”的爸爸，孩子受欺负受侮辱，这伤了他的心。儿子尽力自卫，可他不明白为什么痛苦全要他来品尝。

有一天，老师和他谈话时问到了爸爸。孩子没有回答，却流下了眼泪。

正当孩子需要父亲的时候，他的父亲却被夺走了，这不能不使他的成长受到影响。孩子变得有点儿乖僻，他沉默寡言，抑郁忧闷。然而，我并不太为儿子担心。我了解他，知道他是个诚实正直的好孩子，能脚踏实地地工作。我相信他会努力上进的。

有一天，院里的门房跑进我家，说我儿子偷黄瓜，叫农民抓住了。这真叫人难以置信，可是……我们向窗外一看，一个农民正领着他朝我家走来。那个农民一口咬定我儿子伙同一群孩子偷了黄瓜。那群孩子都跑了，只抓住他一个人。我经过一番调查，弄清了事情的真相。原来那群孩子确实到菜地里偷走了一些黄瓜。我儿子想去劝他们别偷东西。既然儿子自己没偷，当然也无意逃走，所以就叫到场的农民抓住了。

八

第二天，我们又是照例行事：认罪请罪、政治学习、检查交代。

据宣布，一个“牛鬼蛇神”彻底坦白了自己的罪行，得到了“解放”。同时也号召我们向他学习。可是，能交代的问题，我已全部交代了，还怎么向他学习呢？我的心胸像个刚出母腹的婴儿一样，洁白无瑕。

五个星期过去了。1969 年 2 月 9 日，我的专案组把我传去，审问还是老一套：什么时候、什么地方、和什么人联系、有什么目的？我尽量答复。其实好多问题早已问过多次。稍停了一会儿之后，专案小组的成员——两个学生和一名年轻的打字员——交换了一下眼神，打字员开口了："所有无关痛痒的问题，你都交代了，但对最重大的问题，却至今避而不谈。别以为我们不了解，我们知道得一清二楚。你所有的罪证全在我这里……"他半开了抽屉，知道我也不敢往里面看。"好了，现在你回去，继续考虑问题。你休想混过去！"我明白他是在唬我，也就没放在心上。

下午，他们通知我把过去两年的交代写成一份综合材料，要简明扼要，只写重大问题。我费了整整一下午和一晚上才完成这份材料。

第二天早晨，我被带进一间会议室，全系师生都在场。红卫兵把我带上讲台，大会主席——一个学生——让我向大家交代自己的罪行。

我开始讲了，心里出奇地镇静。我一面讲，一面把胳膊肘支在讲桌上。这是我给学生上课时的习惯。一个红卫兵拉了拉我的衣袖，让我把胳膊放下来。我听见坐在前排的一个学生对身旁的人说："嘿，瞧他的眼睛，大得吓人！"

我刚讲完一半儿，主席就让我别太啰唆。我停下来，不知如何是好。刚又试着说了几句，主席不耐烦了，他打断了我的话，说了句："够了，你可以走了。"

当天，竟然正式宣布我不再是"牛鬼蛇神"了。

整整两年半的时间，才证明强加于我的种种罪名都是莫须有的。我不是牛，不是鬼，不是蛇，不是神，我是个人。虽然我还不敢说自己是一个革命者，但我绝不是人民的敌人。

这一章篇幅虽短，但我还是急于结束它。记述艰难岁月，犹如经历艰难岁月一般；回忆痛苦，同样也是一种痛苦。

第十五章　春回大地

一

我“解放”了，当然也有了权利：和师生一起参加政治活动的权利；做有益的工作的权利；行动不受限制的权利；和其他人一样抬起头来看世界的权利。但要和别人完全平等，自然也不可能，我毕竟还挂着“资产阶级知识分子”的头衔。教师中有些非常革命的人，自以为有义不容辞的责任，必须时时提醒我昨天还是个“牛鬼蛇神”，和他们这些真正的革命派不一样，比他们要矮一头。他们出言不逊，支使我干这干那。有一位还到工宣队告状，说我又开始毒害青年人的思想。经调查后发现状词毫无根据，告状的反倒挨了批。

这些我都不放在心里，我相信时间会证明一切。

这里我想讲讲我的学生们。他们待我比较亲切自然。说到他们对我的态度，我无可抱怨。学生们听说有人告我毒害青年人的思想，曾两次找到工宣队，为我申诉鸣冤。听到这个消息，我心里热乎乎的。

二

当年夏天，我就开始做些有益的事了。第一个任务是和三位老师一起把毛泽东主席自“文化大革命”开始以来发出的指示（当时称为“最高指示”）和毛主席多年写下的诗词译成俄语。翻译“最高指示”并不难，当时，大部分指示已有现成的译文，只要收集起来，检查核对就行。翻译诗词可就不容易了。有些诗词曾由苏联诗人译成俄语，语言流畅，诗韵优美，只是许多地方远离毛主席的原意，我们只好重新翻译。这项工作之难，令人难以置信。译文只好是毛主席思想、自由体诗句。即使这样，我们也已竭尽了全力。

不管怎样，极端繁忙的工作使我感到兴奋，工作完成后的闲暇却使我感到怅然。

译好的指示与诗词在我校印刷厂付印。我们黑夜白天，加班加点，浑身满是油墨，仍是心满意足地在印刷厂打杂。书终于出来了，一下子就卖出去上千册。我们感到由衷的高兴。

这时，全国大串联已近尾声，许多在外流荡了一年多的大中学生回到了学校。毛主席发出了“复课闹革命”的指示，我接受了教一年级学生的任务。这个任务使我无比兴奋。一辈子打扫厕所的思想无影无踪了，我要教学，我要传授知识，我要再看看眼前一张张渴求知识的面孔，我要在黑板上写，让学生抄，我要备课，检查作业——总之一句话，我要干自己心爱的工作。这一切，我是多么熟悉；这一切，又使我多么欣喜。

上课了。我发现学生们早把“文化大革命”前学的语法词汇忘了个差不多。但是，在这些年的“动乱”之后，他们仍然渴求坐下来，集中精力搞好学习。

毫无疑问，老课本是不能用了。我们只好用社论的俄语译文代替。这些译文水平很低，但帮助学生掌握了最高指示和革命口号，学会了“文化大革命”中创造的各种时髦辞藻，诸如“三结合”“走资派”“斗私批修”“抓革命促生产”“到农村去接受贫下中农再教育”“工宣队”，等等。这些词语在俄语中令人费解，在英语中同样难懂。

我开始试用新的教学法，尽量使学生不死抠语法规则、不埋头搞翻译，因为我认为这是外语教学中的一大弊病。我还努力使学生摆脱母语的束缚。对这种方法，学生们似乎挺喜欢。

当时天津有所中学正在试验让学生上讲台。我也试了试，但很快就放弃了。因为有个学生毫不客气地问我：“你的工资是白拿的?”这个问题提得好，合情合理。

每天早上，我们要进行“天天读”——学一小时的毛主席著作，用以正确地指导一天的工作。大家围成一圈，随手翻开“红宝书”，然后人人发言。发言内容不外乎“我刚学过某条语录，这条语录帮助我明白了某个道理，我要把毛主席的教导运用到今后的工作学习中去……”这是林彪提倡的办法，是“带着问题学，活学活用，立竿见影”，这种愚不可及的方法一直沿用到林彪折戟沉沙温都尔汗那天为止。林彪归天，他的阴谋诡计宣告破产，“立竿见影”也就无影无踪了。

总的来说，我这一年的教学生活很愉快。那班学生于1970年夏毕业，已分配在祖国各地。他们的俄语水平差些，但革命热情高昂，再说他们闹革命的经验也许会有助于未来的工作吧。分别之时，我们彼此已成了朋友。在后来的年月里，他们给我寄来许多热情洋溢的信。

三

1970年9月，山东大学文科各系迁往曲阜。曲阜是孔子的故乡，从这个小县城到济南要乘四个小时的火车。我们和曲阜师范学院合并。原山东大学理科各系仍留在济南，改名为山东科技大学。

我们并不想迁校。放弃条件良好的教室、阅览室，离开舒适的住房，跑到一个偏远的小县城，再说那里房屋缺少，设备也很差，自然人人都不情愿。迁校的理由只有一个：在大城市办大学文科，这岂不是笑话。

刚到曲阜的几个月，我们忙着在新地方安家，努力适应新的环境，准备迎接1971年春季的新生，再就是参加政治学习和农场劳动。

曲阜县城不靠铁路线，听说是怕修铁路会惊动孔子之灵。无论到什么地方去，都要先乘汽车到兖州，再换乘火车。

我渐渐地开始喜欢这个小城了。这里安谧宁静，古色古香，给我留下了这样一种印象：两千五百年前，孔子在这里生活、执教；两千五百年后，这里仍然没有多大的变化。城里仍有孔府孔庙，那是这位大哲学家居住和讲学的地方。城边有孔林，那里埋葬着孔老夫子的尸骨。城里小道纵横，两边是千年古树，残枝断土、盘根错节。整个小城古风犹存，令人肃然起敬。整个气氛静穆安然，生活的风风雨雨也没能把小城变个样。

曲阜师范学院就坐落在这个安静的小城城边。但在几年之前，革命烈火也在这所大学里熊熊燃烧起来。两派群众组织大动干戈，长矛利刃等武器都用上了。教师学生遭毒打、受折磨、被残杀。

北京来了位女学生领袖，在小城里宣传鼓动，并亲自组织了十万革命大军，大破名胜古迹。他们把一块块几吨重的大石碑拉倒，砸成几段。他们毁坏了一切能够毁坏的古迹。

在曲阜的第一个冬天过去了。虽说煤少天冷，我却十分愉快。我在曲阜师院交了些新朋友，他们有的不知道我曾是“牛鬼蛇神”，有的则对此根本不感兴趣。我还有工作——为新生编教材。

新学生和“文化大革命”前的学生大不一样。他们是从工农兵中选出来的学生，有实践经验，不用通过入学考试。后来，人们称他们为“工农兵大学生”。

工作很多，要从思想物质两方面为接待新生做好准备。思想方面的准备已在党总支书记对教师的讲话中包罗无遗。讲话的大意是，录取工农兵大学生是党的教育方针的一个重要方面，将有助于建立一支宏大的工人阶级知识分子队伍。这样一批工人阶级知识分子要为社会主义服务，要又红又专，要站在阶级斗争、生产斗争、科学实验三大革命运动的最前列，等等。然后这位书记又说新生的政治觉悟很高，当老师的必须小心谨慎，切不可“放毒”。否则学生可以在课堂上当面“批斗”教师。这些好心的警告是对着革命的青年教师发出的。接着他矛头一转，对着我们这些老家伙，这些昨天的“牛鬼蛇神”来了。书记叫我们不要忘了自己的身份，让我们“夹着尾巴做人”（与之相对的是“翘尾巴”）。这些“尾巴”词句到处滥用，依我看是既不应该，也无必要。最可气的是这些话竟出自这位书记之口。仅在一年之前，他和我们还是“同棚牛友”，被折磨得比我们更惨。这样一个人，如今的言辞语调竟和折磨他四年之久的那些人的言辞语调如出一辙，到底什么用心，真叫人不可思议。

我应该说一句，新生在校的三年半之中，从未在课堂上，也从未在其他场合“批斗”任何老师。恰恰相反，我发现他们对我始终非常尊敬。

思想方面的准备不外乎这些。至于物质方面的准备，那就是为学生安排整理宿舍，诸如安好双层床、铺上草垫子、摆上桌椅脸盆架、贴上必不可少的标语画像等。学生们三三两两地到了，我们到大门口敲锣打鼓热热闹闹地欢迎他们，帮他们扛行李。气氛是融洽、友好、欢快的。学生们为能有机会受高等教育而高兴，我们也为他们的高兴而高兴。

四

这届学生到了三年级，我才开始教他们。头两年我另有任务——办外语短训班，培养中学教师。

短训班设在山东西南端的菏泽地区。这个地区原先只有十五所中学，现在增加到了一百五十所。为此，我和五名教师，在五个月之内，要培训出八十名英语俄语中学教师。学员大都选自小学教师，文化水平低，没有外语基础，俄语更是一点儿也不懂，所以我们的任务相当艰巨。时间紧，手头又没有现成适用的教材，我们只好一边上课，一边自编教材。

我负责教俄语班，面临的困难比教英语的老师大得多。其他条件一样，我却还多了一项任务——帮助学生消除不愿学俄语的思想。

工作条件对我们十分不利，天气又湿又热，叫人难以忍受。伙食糟得咽不下去，寝室里蚊子臭虫上下夹击（我们给蚊子臭虫各赠雅号，一曰“飞机”，一曰“坦克”）。尽管如此，我们工作十分努力，我这许多年都没下这么大的功夫了。教学工作也颇有成效。有一天，地区领导突然决定不再开俄语班了，指示我们改教英语，我们只好服从。学员们在短短半年里，攻了两门外语，达到了教中学的程度，这不能不说是成效卓著。

当时特别强调“突出政治”，而不重视业务训练。

我还记得头一堂课。课前我先在黑板上用俄语写了一条毛主席语录——“教育要革命”。开始上课了，我把语录大声读了几遍，解释了生词，又让学生一个一个地把语录背熟。然后，我在讲台上站定，开始演说：“同志们，今天，我站在讲台上。心情十分沉重。大家一定会问为什么。因为，我看到全班有二十五位同学，个个年轻力壮，却个个戴着眼镜。也许不是全部，但至少是大多数同学都戴着眼镜。这是为什么？这是谁造成的？（说到这里，我略做停顿，这停顿可是意味深长）是资产阶级旧的教育制度使你们埋头读书，使你们脱离了阶级斗争、生产斗争、科学实验三大革命运动，脱离了现实生活的急风暴雨，把你们变为‘学术权威’的奴隶……”我就这样夸夸其谈了二十分钟。我不知学生会怎样评价这堂课，反正当时我自己认为很成功。

以后每天都是老一套：一条语录，一席汉语说教，外加一点儿俄语知识。

后来我常常扪心自问，当时这样干是否出自真心？我觉得当时确实是出自真心，而且还是认真严肃的，因为我认为自己是在履行一个教师的职责。

春耕时节，我们到附近人民公社帮助社员干农活儿。

我们只和社员在一起干了几天活儿。他们情绪不高，干劲儿也不大。有人告诉我们，这一带都是低洼地，十年九涝。还有一大灾害，就是领导班子不得力。多年来全靠“命令主义”办事，几个干部闭门造车，拟计划、定指标，无论大事小事，根本不下去调查研究，也从不和群众商量。结果是生产停滞不前，农民只好依赖国家的救济粮过日子。

我们在菏泽的那一年，地区领导决定大规模改种水稻。我们的活儿是插秧。活儿不太重，要插快插好，却需要点儿技巧。我想看看社员怎么干，谁知他们也没有多大把握。我还看见有些社员根本不下田，他们坐在树荫下抽烟。休息的时候，我尽量委婉地问他们为什么不下地干活儿。先是没人吱声，后来有人嘟囔了几句，大约是说我们把活儿干了，地里用不着他们。“要是我们不来呢?”“那解放军会来帮忙。他们年年都来。”我又提了几个问题，这下引出了真话：反正有国家的救济粮，不用担心饿肚皮。有个老农告诉我，他们觉得改种水稻这主意也不错，他们不反对。但为什么那些人——他不满地抬手一指——做出决定之前，就不和社员商量商量呢?

夏收到了，天开始下雨。一连几个星期雨脚不住，地里和场上的庄稼全泡在水里。一般都是夜里下大雨，早上就渐渐成了毛毛细雨。有时一阵风起，在灰蒙蒙的天上吹散一片乌云，太阳才隐隐约约露出无精打采的脸。可几分钟后，就又是大雨倾盆了。

1971 年春夏两季的菏泽没有使我产生好感。最近我听说这两年菏泽发生了可喜的变化，生产大踏步前进，农民的生活条件也有了很大的改善。

五

8 月，我们从菏泽回到曲阜，正赶上和俄语专业的师生们一起到农村去学农。(当时在三年的学习期间，第一年要去学农，第二年学工，第三年学军。每次活动一个月或再长一点)

我们选的地点叫爱国大队，离曲阜城六七百里路。爱国大队队长是全国劳动模范吕鸿宾，他女儿是我系的学生。从40年代中期闹土改开始，吕鸿宾一直领着乡亲们干，带头搞互助组、初级社、高级社和人民公社，在本生产队和整个地区享有很高的威望。他对我们的工作与学习给予大力支持和帮助。根据当时的条件，我们的一切都算很顺利。

当时我不上课，任务是编俄语教材。但我仍尽量和学生打成一片。身边没有学生，我一天也过不舒服。一有机会，我就和他们谈心。早晨上课前，我帮他们练口语，晚上他们从地里回来，满身汗、满身泥，我就为他们准备洗脸水。学生见我工作努力，对他们体贴入微，到大队不久就在黑板报上表扬了我。然而，他们与我都不知道，这点儿小事竟使党总支书记大动肝火——难道学生们不知道他们表扬的是何许人也？是想使他们脱离阶级斗争的“资产阶级知识分子”。后来他这些话也传到我的耳朵里，好几天都叫我心里憋得难受。学生们劝我别生气，说他们对我的看法没有变。

刚到爱国大队时，我住在当地中学的教室里。后来我坚持要搬到贫下中农家里，和其他师生住在一起。终于我挤进了一家老贫农的屋子，和两个学生同住。

我和房东一家以及左邻右舍都交上了朋友。他们住的房子全是又小又暗，满屋灰尘。冬天被子也不够用。他们手头几乎没有现金，不到万不得已，绝不敢花一分钱。房东的小女孩正上小学，她把一块石板、一支粉笔都视若珍宝。

早晨，我天不亮就起床，悄悄穿上衣服，蹑手蹑脚走出房门，忙着干起杂活儿来。先打扫院子，再从井里打上七八桶水灌满陶土大缸。然后又到左邻右舍和需要帮忙的人家去干这些杂活儿。干完杂活儿，我就扫街，从村这头一直扫到村那头。早晨真叫人喜欢，闪烁的星星就要在黛蓝的天空中隐去，周围一片安谧平静，时而传来妇女们手下的锅碗瓢勺声，偶然听到一个斜背粪箕的农民的招呼声。有时我还帮妇女们推磨轧碾。

要说棘手的事，也有一件，那就是从井里汲水。好几次我都把水桶掉在井里。汲水本不难，只消把桶钩在扁担的一头，摇晃几下，再把桶没在井里灌满水就行了。可我硬是掌握不了这门技术。不管怎样努力，一点儿不见起色。后来，一看到张着大口的井筒和闪闪发光的井底，我就又是怕又是恨，似乎井筒井底都在等着吞噬我的水桶。终于我不敢再试了。每天早晨我去打水，总先站在井边，等来一个社员或是学生，就请他们替我摇桶汲水。

有时我也下地干活儿。下地的人在街头集合，等人到齐了，队长就来分配一天的工作。等人的时候，我就席地而坐，和社员们聊天消磨时间。

我干活儿从不惜力，把一身的劲儿全使出来。有一次我用力过猛，竟把一把镢弄断了。镢是和我们一起劳动的解放军同志的。这可怎么办呢？有人说没关系，我用这把镢之前，柄上就有裂纹，断了也不怪我。可这件事叫我一整天没安下心来。第二天，我起了个早五更，赶到附近集上，选最贵的镢柄买了一把，送到部队驻地。战士们连声道谢，反而把我弄得挺不好意思。其实真没有什么可谢的。从参加革命队伍那天起，我就学会了这样做。

六

正是在学农的时候，我们听到了林彪于 1971 年 9 月 13 日坠机身亡的消息。

从林彪坠机到“四人帮”倒台，整整五年的时间。这五年，教育战线上波澜四起，奇事怪事不断发生，其目的何在，我真不能理解，可我也不想费力伤神去把这些事一一弄清。在“文化大革命”中我已养成了一个自我安慰的习惯，对那些不与自己直接有关的事，对那些不可思议的事，趁早别去费脑筋。

这里我想记述几件怪事。如若时间或细节有些差错，也请读者不要见怪，因为那些年我似乎就是生活在沉闷混沌之中。

1971 年，我们第一次听到“两个估计”或曰“两个评价”的说法。这“两个估计”是针对教育战线从新中国成立到“文化大革命”十七年的工作做出的。一个估计是，十七年来，毛主席的革命教育路线基本上没有得到贯彻执行，资产阶级专了无产阶级的政；第二个估计是，旧学校十七年来培养的学生大部分或绝大部分必须接受工农兵的再教育，彻底改造旧的资产阶级意识。“两个估计”实际上否定了新中国成立以来教育战线的工作，给“文化大革命”前毕业的大学生统统扣上了“资产阶级知识分子”的帽子。

无论是老的“资产阶级知识分子”，还是新加入这一行列的人，都无法接受“两个估计”。人们议论纷纷。当然，议论抱怨都只限于好友之间，因为“两个估计”显然是表达了官方的观点。“两个估计”犹如晴天霹雳，对所有从事教育工作的人都是一个毁灭性的打击。我们挨过辱骂（比如“臭老九”），我们任人摆布、欺负，但是辱骂、欺负，都没有“两个估计”更令人难以容忍。这意味着“文化大革命”之前我们所做的一切全错了。

1973 年春，校工宣队队长把我叫去，让我担任俄语教研室负责人。我从 50 年代初期一直担任俄语教研室主任，“文化大革命”时期自然就罢了我的官。现在又让我上台，这次不是主任，而是第一副主任，因为正主任必须是党员。我从亲身经历中体会到干这种差事没啥好处，就婉言谢绝。无奈工宣队队长硬是不同意，他又是劝，又是说好话，最后我只好上台了。

不久前，我整天听人家说："'资产阶级知识分子'统治我们学校的现象再也不能继续下去了。"可现在，却让我和一些老知识分子担任了重要职务，两三位老教授的照片还刊登在《光明日报》上，照片底下更有些赞扬之词（为了登报，也给我照了相，只是后来政治气候变了，我的照片也没登出来）。有些撤了职，挨了好几年批斗，受了好几年折磨的校级、系级党政领导干部也恢复了工作。山东大学渐渐地又开始像个教书学习的地方了。

我又成了"头头"。不过这个"头头"也只是挂名而已，一切重要的决定都是由党总支书记和他信赖的几个年轻教师去做。我发现事情复杂微妙，很难插手处理。首先，对我这个老知识分子来说，"突出政治"就不是件容易事。再说，"文化大革命"初期属于不同派别的老师之间；党员与非党员之间；干部与"文化大革命"中深受迫害的群众之间……各种关系，错综复杂，要在这种迷宫里开展工作，就更是难上加难了。

七

在爱国大队辛辛苦苦干了三个月，回到曲阜又勤勤恳恳地工作了一年半，到1973年，我们完成了编写俄语课本的任务。若以正常标准衡量，这套教材水平很差，全是东拼西凑而成。但是，教材却体现了"突出政治"这个高于一切的原则，故而不可说是劳而无功。

这套教材收集了赞扬毛泽东思想、赞扬"无产阶级文化大革命"伟大胜利、赞扬毛主席亲自树起的两面红旗——工业战线的大庆和农业战线的大寨等所有重要语录，包罗了批判帝国主义、修正主义的课文。教材中帮助学生掌握日常生活用语的材料寥寥无几，因为学生们根本不需要资产阶级市侩意义的那种生活。他们投身于高举毛泽东思想伟大红旗、进行阶级斗争、“反修防修”的事业。什么吃、穿、娱乐，根本无暇一顾。至于恋爱、结婚、生儿育女，就更是些低级趣味，自然使他们嗤之以鼻。

1973年至1974年，“开门办学”之风盛行。到农村、到工厂，和贫下中农、工人师傅一起干活儿做工。人到哪里，外语课随到哪里，教材也必须和当时干的活儿密切联系。于是学生们今天学“化肥”“耙地”“锄草”，明天学“电机”“车床”“生产成本”。这就是他们学的俄语单词。

我们每年到附近的生产大队去两次，帮助农民春耕秋收。我喜欢到农村去，和农民打交道比和知识分子容易得多，再说也叫人心里痛快。印象最深的还是在这混乱世事之中，独有农民清醒明智，脚踏实地。他们知道，人，要吃要喝，一天不吃也不行。因此，他们天天下地，一无抱怨，二不混天聊日，干活儿也从不半途而废。

当然，我最希望能把自己的时间、精力、知识全部用于学术研究。尽管如此，我从1947年开始，仍然感到在农村的劳动、和农民的接触丰富了我的思想，使我学到了许多重要的东西。

工业战线上一片混乱。口号是“抓革命，促生产”，实际上是既不抓革命，更不促生产。生产计划、成本核算、质量检查、花色品种、科学管理……诸如此类的东西都已不复存在了。

我们在一个国内数得着的大油田的附属柴油机厂劳动了一个月。我不知道该厂每月生产多少台柴油机，但许多出厂的柴油机只能使工厂赔本。因为出厂不久，这些柴油机就又被送回厂来调换或修理，其数量之多，令人吃惊。然而这种情况丝毫没有使厂方领导感到不安。

我们还在一个陶瓷厂劳动过二十天。这二十天没给我留下什么印象，唯一还能记着的是工人完成定额之后，就凑在一起聊天喝茶抽烟，一直混到下班，半点儿也不想多干。有个圆脸大嗓门儿的小伙子负责从一个车间往另一个车间运送成品——供出口的成套茶具。这小伙子活蹦乱跳，简直像只浑身是劲儿的小老虎。这可苦了那些倒霉的陶瓷茶具。顷刻之间，许多茶壶茶碗都在小伙子手下成了碎片。

1973 年出了一位“白卷英雄”。这位年轻人雄心勃勃，名叫张铁生。他考大学时交了白卷，同时附上一封给学院领导的信，批评考试的方法。谁知此信上了《人民日报》，还冠之以《发人深省的考卷》。张铁生进了大学，因为他有“极高的阶级斗争和路线斗争觉悟”，自然是完全合格。

此事的确发人深省。“文化大革命”之中，有多少次，我因为对我们崇高职业的污蔑歪曲而感到愤懑。张铁生进大学，我觉得这简直是对我这个教师的侮辱，是对我深沉情感的践踏。后来我听说包括张铁生那个学校在内的全国各大学师生都对这件事表示了极大的愤慨。

张铁生的“事迹”立刻掀起了波澜。结果之一就是大学生拒绝参加考试，我校也不例外。他们引用毛主席“现在的考试是用对待敌人的办法……”的语录，证明自己抵制考试是名正言顺的。学生们要学张铁生，老师们岂敢与之对抗。

大约与此同时，大字报突然贴满了山大校园，指责“走后门”上大学的歪风。许多大字报对走后门的学生和为其打通后门的家长（全是领导干部）指名道姓地进行了批判。当时走后门之风盛行，这是公开的秘密。不过使我吃惊的是炮火如此猛烈，如此集中，直对准我校的几个主要领导。点了名的学生也开始写大字报，批判其父母幕后策划的行为，表示决心离开大学，返回工厂农村。几位领导干部也写出大字报亮相表态，承认错误、支持子女从哪里来再回到哪里去。事情真有些不好收拾，幸好毛泽东主席说："走后门"上大学的不一定都是坏的，通过正当手续上大学的也不一定全是好的。这样才算把风波平息下去。

教育战线素来是灵敏的风向标，预示着国家政治风云的变幻。北京一发生什么事情（这些事当然不会告诉我们这些人），曲阜立刻就会动荡不安。一切我所记述的事情，还有许多我忘记了的事情，都意味着北京政治气候的变化。1974 年年初，北京的风又吹到了我们这个偏远的小城。

八

1974 年一开始，就掀起了"批林批孔"运动。从 1966 年以来，莫名其妙的运动一个接一个。这次的"批林批孔"运动，起码对我来说，又是难以理解。林彪和两千五百年之前的哲学家、思想家孔子又有什么关系？不久，解释来了。林彪死后，对其住宅进行了搜查，在他的笔记本里、书橱里和卧房的墙上发现了大量孔孟语录，大部分是治国治邦的，其中最引人注目的一条是"克己复礼"。孔子谓克己复礼不外是复辟奴隶制，而林彪谓克己复礼当然就是复辟资本主义。于是，一座长桥跨越几千个春秋，把林彪与孔子连在一起。这样"批林批孔"就算能说得过去了。

我没有积极参加"批林批孔"，一是因为对运动的解释叫人难以信服；二是因为孔老夫子的话多是文言文，我对古汉语一窍不通。虽然许多老学者在几个月中发表了许多文章说文解字，孔圣人的句句格言对我来说依旧犹如天书。南方一个大学教授深通此道，后来周游全国，演说讲学，批判林彪、孔夫子。他也到了曲阜，因为此地乃孔子的故乡。看来这位教授极力为运动的需要服务，因此他的讲学对我也无啥帮助。

1974 年 2 月正是全国大张旗鼓地开展“批林批孔”运动之时，我们得到了回迁济南的指示。几年前我们迁校曲阜，是因为在大城市办学是咄咄怪事。如今又要迁回济南，是因为孔子的故乡岂能办大学。尽管每次迁校都消耗大量资金、浪费大量时间，都要对学校财产造成无法弥补的损失，然而，两次迁校，无一不是合情合理，对人们不能不算是一种安慰。

人人都愿回济南。别的好处不说，起码消息灵通。从北京来的朋友会告诉我们首都的最新消息，当然这是不能声张的。很快，我们就知道了“批林批孔”运动的矛头是对准周恩来总理的。因为周总理是某个集团的眼中钉、肉中刺（当时，在关系极其密切的朋友之间，还提到了那四个人的名字）。后来大家又渐渐知道了，林彪死后，周总理在为大批老干部平反昭雪方面起了很大的作用。

1975 年，中国出现了一线希望：邓小平重新回到党政军领导岗位上。我们不敢推测这一事件究竟预示着什么，但总的情绪是欢乐的。看来，在 1974 年一系列不祥事件之后，形势开始转向了光明。“文化大革命”开始时，邓小平的名字总是和“党内最大的走资派”刘少奇的名字连在一起。邓小平在全国人民中一直享有崇高的威信。由他出面主持国家工作，会让人们感到放心。

邓小平果然气魄不凡，不久就采取了一系列有力的措施，目的是恢复军队和国民经济的秩序。他说了三个字“软、懒、散”，这就确切地总结了许多单位的状况，这三个字也成了家喻户晓的口头禅。种种迹象表明，各项工作日见起色，全国的政治、经济形势都在好转。

九

1976年似乎注定要在中国现代史上占有重要的地位。伴随这一年而来的，首先是“文化大革命”中的最后一个运动——所谓的“回击右倾翻案风”。据说“翻案风”是从去年夏天邓小平及其他“文化大革命”初期被打倒的党政军领导干部恢复工作时刮起来的。

报纸杂志开始连篇累牍地刊登文章，恶语詈言，蛊惑人心。读者不难看出新闻界是在某些别有用心的人操纵之下。革命老干部是党和国家的骄傲，而这些文章的炮制者却极力证明老干部参加革命时是“民主派”，现在又成了“走资派”，是“企图翻案的右倾势力”。

记得当时我们开会时讨论过一些文章，大家想弄懂某些莫名其妙的概念，例如“党内有一个资产阶级”等。可这些东西越看越叫人费解，越说越令人讨厌。

批判“以三项指示为纲”，也占去了我们不少时间。据说这是邓小平提出的修正主义的口号，目的是企图使全国放弃“以阶级斗争为纲”的原则。我们倒没有费神去分析邓小平的口号是不是修正主义的东西，但普遍的感觉是应该以“三项指示”为纲。为了避免政治经济的全面崩溃，我们的国家需要安定团结，需要促进国民经济的发展……我们不需要“阶级斗争”了，我们实在是斗争够了。

十

1976 年，三位伟人相继逝世：1 月，敬爱的周恩来总理与世长辞；7 月，敬爱的朱德委员长溘然长逝；9 月，敬爱的毛泽东主席也离开了我们。

在中国的历史上，也许在世界的历史上，从来也没有一个国家在同一年内失去了三位为这个国家的诞生与崛起做出最重大贡献的领袖。他们对中国的贡献是无法估量的。他们生前深受人民的爱戴，现在他们不幸去世了，人民深切、真诚地悼念自己的领袖。

周恩来总理的逝世，使那些铁了心要打倒邓小平的人能够为所欲为了。

根据总理的遗嘱，邓小平要在总理的追悼会上致悼词。虽然“四人帮”在追悼会上把邓小平挤到了最后边，但他仍然怀着深切的感情，以崇高的尊严，在追悼会上宣读了悼词。

不久之后，批判“死不改悔的走资派”邓小平的运动就大张旗鼓地开展起来。我们领到了印有邓小平各种“反革命修正主义言论”的文件，其中当然少不了那句“不管黑猫白猫，逮住老鼠就是好猫”的话。我们逐条读着这些言论，敷衍了事地说上几句批判的话，有的同志半真半假地说，这些言论中有许多都看不出有什么错误。

学校花了一万块钱，买来席子扎了大字报栏，还要求人人至少写一张大字报。省革命委员会那个“四人帮”在山东的代理人要来视察，还要把整个视察过程拍成电视。可这项工作并不顺利，没几个人尽心尽力去写大字报。因此，扎大字报栏的席子一直是干干净净。后来，有些会过日子的人把席子拿回家去，另派了用场。这场运动也就只好不了了之。

“文化大革命”中最后的事件是1976年4月5日的天安门事件。4月5日清明节，是中国人民传统祭奠亡灵的日子。

这天，人民群众来到天安门广场，把花圈放在人民英雄纪念碑前，悼念已经逝世的周恩来总理。“四人帮”纠集了成千上万名暴徒，疯狂镇压了送花圈的群众。清明祭节，人民群众的血洒在了天安门广场。

“天安门事件”的消息迅速传开了，全国笼罩在阴郁沉闷之中。我想，人人都已经感觉到，北京人民自发的革命行动。吓破了那一小撮人的胆。正是这几个家伙在总理逝世之前拼命反对总理，也正是这几个家伙最害怕革命的人民群众。

在济南，一切悼念活动都不准进行，一切正式追悼会都不准召开。清明节那天确实是“风平浪静”。但是，有谁不为敬爱的总理流泪，有谁不在心里祝愿“总理安息”，又有谁不在总理的遗像上挂一朵洁白的小花。

仅在两天之后，也就是4月7日，中央宣布解除邓小平的党内外一切职务。邓小平被指控为“天安门事件”的后台老板和挑动者。谁也不相信这种说法。这么快就解除了邓小平的职务，更使大家看清了一个事实：一切都是预谋策划的。

当时，“四人帮”也许为自己的赫赫战果而得意扬扬。殊不知“天安门事件”和解除邓小平职务这两件事，实际上加速了“四人帮”的垮台。1976年10月6日，王洪文、张春桥、江青、姚文元被逮捕了。

“文化大革命”结束了。

总结十年的教训自然是未来的任务。

人民的罪人四年之后受到了审判。

而在当时，我们的人民需要尽情地享受胜利的欢乐，需要轻松，需要愉快，需要把多年压在身上的负担卸下来。

人人在期待，到处是希望。也许，当时我们还无法意识到“文化大革命”的后果有多么严重，而克服眼前的重重困难又是一项多么艰巨、多么复杂、多么耗费时间的工作。

第十六章　光明未来

一

“文化大革命”给我们留下的是一片混乱，局面比最悲观的估计还要严重。国民经济濒于崩溃，在政治、思想、文化、教育以及我们工作生活的各个方面，都是矛盾重重，困难重重。

我觉得，最可悲的莫过于多少年来形成的社会正气，多少年来形成的对人对物对各种现象的态度，竟被人嗤之以鼻。对于某些人，特别是对于一部分年轻人，为人民服务、热爱党、热爱社会主义祖国、遵守纪律、忠诚老实、认真工作、爱护公物、互相帮助、艰苦朴素、文明礼貌、为祖国的未来贡献力量，这些概念似乎根本谈不得。一讲这些，就被说成老一套，就被看作出风头。从我参加革命的那一天起，就一直把这些传统看得无比神圣。而现在，每当我再提起这些传统，反倒觉得不那么自然了。真是自己落后于时代了吗？

然而，混乱毕竟正在得到澄清。当然，就自身而言，我是急不可耐，总觉得前进的步伐还不够快。是啊，拨乱反正，任务是何等艰巨，这需要广大党员群众无比的勇气、坚定的信念，这需要党中央明确方向，付出巨大的努力。现在，粉碎“四人帮”已经五年了。纵观形势，我感到喜悦。完成的工作不少了，等待完成的工作、等待克服的困难还有很多。但是，坚冰已经打破，道路已经开通，目标已经明确，这才是关键，这才是大局。

二

“四人帮”倒台五年了。前两年，由于局势动荡，“四人帮”的流毒影响没有得以彻底的肃清。只是在后三年中，才真正发生了可喜的变化。其中之一就是纠正50年代后期各项政治运动中的冤假错案。这件大事关系着各个社会阶层和成千上万的人。有些人摘了“帽子”，有些冤案平了反，许多与家庭出身、政治权利、社会地位有关的问题也分别得到了澄清。

这件大事关系到各级干部——1957年的“资产阶级右派分子”，1959年的“右倾机会主义分子”，等等。这些干部中许多都是有四十多年党龄的老革命。

这件大事关系到以前的资本家、商人、地主、富农，关系到他们的儿孙后代。现在承认这些人已不再从事剥削活动，他们已成为劳动人民，自食其力，用自己的劳动供养家庭。给他们改正错划“右派”是合情合理的。他们的子女长期受到歧视，而这些年轻人生长在新社会，完全不应该受到冷遇。

反右斗争的错误得到了纠正。对这些“右派分子”的情况，我特别关心。因为他们中许多人都和我一样，是知识分子。“右派分子”中有我从前的同事、学生、朋友。大多数“右派分子”和我一样，根本不是工人阶级和社会主义祖国的敌人。现在，看到问题解决了，我为他们感到高兴；听到他们对党的真诚感激、听到他们为党的事业更加努力工作的决心，我也深深地受到了感动。

“文化大革命”中，我也曾尝到过政治歧视和社会歧视的滋味，我理解这些不幸者从1957年至今二十多年里经历的痛苦艰辛。对他们的歧视株连到他们的家庭成员、远亲近戚，有的甚至影响到朋友。正因如此，有多少人，无论老少，不能入党入团，无法参军上学，晋级提干也与他们无缘，即便是勤勤恳恳工作，也无权享受表扬。

60年代初，大部分“资产阶级右派分子”因为“表现好”摘去了右派帽子。但与此同时，“摘帽右派”这顶新帽子，这顶同样耻辱的帽子又扣到他们头上。尽管他们在政治上已不再被划为敌人，但在社会上，他们所受的歧视并没有减轻多少。

“文化大革命”一开始，“右派分子”不管戴帽的摘帽的，都成了当然的“牛鬼蛇神”。那些日子可真够他们受的，不仅要重新交代1957年或以前的“反党反社会主义罪行”，还要坦白1957年至1966年的罪行，也不知这些大罪小罪是真的还是凭空捏造的。对那些“文化大革命”前，甚至新中国成立前犯有错误或罪行但已坦白并受过行政或刑事处分的人，也是同样处置——旧账是要重新清算的。

党中央纠正冤假错案的决定是具有重大意义的措施，这表明中国共产党不仅能够坚持正确的东西，而且还勇于承认错误、改正错误。这一决定使党在人民群众中的威望更高了。

粉碎“四人帮”后，文教战线的工作开始恢复正常。大学恢复入学考试就是一例。“文化大革命”中，上大学不用通过考试，只要“群众推荐”“领导批准”就足够了。最主要的标准，也可以说是唯一的条件就是“出身好”。这种推荐录取为“走后门”大开

“绿灯”。强调出身，不重视学业成绩，结果是高中水平和小学水平的学生同堂上课。我们那班学生的家长，这个是主任，那个是书记。这些学生也都是不错的青年人，只是他们的汉语水平并不比其俄语水平高多少。

一切都变了，现在的原则是择优录取。要上大学，就必须先参加入学考试。要想录取，考生几门考试（包括外语）的总成绩必须达到一定的标准，考生本人必须身体健康，必须符合基本的政治条件——热爱党、热爱社会主义祖国等。这样招收大学生公平合理，受到了广大青年和家长的欢迎。

我和妻子既是教师，又是家长。我们完全赞成这种新的招生制度。

1976 年，我的二女儿曾被群众推荐到一所师范学院上学，领导也批准了她的录取资格。当时她在兖州矿区一所学校教英语，热情的同事们为她开了欢送会。万事俱备，只待上学。可到了最后一刻，女儿才得知这个学上不成了。一个大官的女儿把我的女儿挤掉了。人家有个做大官的父亲，要得到各级标准，自然不费吹灰之力。我女儿不予录取，理由则是她父亲有海外关系。后来又加了一条理由，更叫人哭笑不得，说我女儿父亲母亲都在大学教英语，她再上大学当然大可不必。流泪、抱怨、抗议，一切都无济于事。

我们明白，这并不是单单对我来的，也不是只有我的女儿才会遭此横祸。之所以发生这种事情，祸根就是“四人帮”一手炮制的招生制度。这套荒谬绝伦的招生制度，把成千上万有才华的青年拒之于大学的门外。

翌年，也就是 1977 年实行了新的招生制度，我女儿重新获得了上大学的机会。她参加了入学考试，英语成绩名列全省第一，其他各科成绩也很好。由于“文化大革命”的影响还未完全肃清，录取时她仍旧碰上了不少麻烦。但是，她终于进了大学。一年半之后，她又到加拿大留学。从前，因为那位海外的亲戚，她被拒于大学门外；两年的留学期间，正是那位海外的亲戚经济上帮助了她，生活上照顾了她。现在女儿已经回国，正在尽心尽力地为她可爱的祖国，为祖国的社会主义现代化建设勤奋工作。

三

1978 年 12 月，党中央号召恢复实事求是的工作作风。实事求是是党的优良传统，恢复这一作风，是我党我国历史进程中的一个里程碑。虽然在这一方面还做得不够，但党正努力转变不正之风，要求以新的、健康的方法处理问题，要求脚踏实地地去想、去干。这就使人民充满了信心，同时也提高了党的威望，加强了党和群众的联系。

虽然和理想的标准还有很大差距，但是从许多方面，人们都可以感觉到作风在好转。最明显的是新闻界的报道。说句老实话，过去我对报纸电台的消息相信的少，怀疑的多。那些目标、成效、光明未来等，未免过于动听，反而使我对其真伪常常犯疑了。

现在，报纸上的文章不再像过去那样慷慨激昂，“最……最……”的字眼也不多见了。工作生活中的错误和不健康的倾向常常得以揭露、受到批评。多少年来，电视台第一次开始播放交通事故、火灾、犯罪行为。这是好事。这些现象是哪个社会都少不了的，只要以正确的方式告诉大家，就能起到教育人民尤其是教育年轻一代的作用。我们的党一贯赞扬社会的光明，也从不想隐瞒丑恶和阴暗。我感到自己又听到了党的声音，这使我无比高兴。

1979 年至 1980 年，党中央对国民经济进行了调整，1980 年 12

月又决定实行进一步的调整。这表明在经济发展方面已经和“左”的思想决裂了。

我们学习讨论了提出的计划和措施。我和其他知识分子一样，对政治经济学知之不多，有些调整还使我这个门外汉摸不着头脑。但是，不必非是经济学家，现在人人都可以看到这些计划措施是健康的，是切实可行的。

唯一使我感到不安的是农业。这里用“不安”有点儿欠妥，用“不清楚”似乎更确切。我从朋友同事那里知道了一些农村的情况，听说农村正在实行新政策。可我这些朋友同事大都和我一样，长年生活在城市，因此他们的说法也是含含糊糊，有时自相矛盾，有时又太笼统，叫人很难听出什么道道来。有人总结农村的形势，说：“好得不能再好。”有人说：“没有那么好。”还有的说：“不过如此。”让我也无所适从。说到新政策，他们又各执己见，互不相让。一个说：“只要新政策不变就好。”另一个说：“怎么，我们难道要后退到50年代初，后退到互助组不成？”还有一个说：“这些新政策，若是作为改善农民生活的权宜之计还可以，但长期实行，恐怕会冒很大风险，还会使合作化、机械化、社会主义统统告吹。”

听了他们的争论，我倒真希望能看看农村到底是一种什么景象。在中国，农村人口占全国人口的百分之八十。若是农民的方向正确，若是农民坚持社会主义道路，若是农民对新政策满意，那么，中国就一定会成为繁荣昌盛的社会主义现代化国家，除此之外，别无他法可想，别无他路可行。

我的经历就要讲完了。但在结束对自己在中国六十年生活的讲述之前，我感到，为了对自己、对读者负责，有一个问题需要澄清：中国农村当前的形势如何？怎样评价这种形势？

正当我反复考虑这些问题的时候，我偶然碰上了从前的学生吕明明。她父亲就是全国劳动模范、爱国大队党支部书记吕鸿宾。1971 年，我曾在爱国大队住过三个月。现在见了吕明明，我们俩都十分高兴。我问起她父亲的身体和村里的情况。她告诉我，父亲虽然上了年纪，但身体很硬朗。要说家乡的形势，那可真是棒极了。她说我要是再去，说不定会认不出它的模样。为什么我不到那里走一走，亲眼看一看呢？一提到爱国大队，吕明明又骄傲又兴奋，滔滔不绝。

于是，我决定亲自去一趟。中国有句谚言说得好，“百闻不如一见”。

我出发了，目的地是山东省东南部的爱国大队。

四

重访爱国大队，是我心血来潮的决定。我既没有专门准备，也没想过到了那里能看什么，想看什么。我的打算只有一个，不能想当然地把吕明明描绘的五彩画面信以为真。我要下去看一看，虽说少不了是走马观花，但毕竟用的是自己的双眼，然后再做出自己的结论。

我站在一座石头桥上，石桥紧连着爱国大队唯一的街。这条街，从这座十年前还未曾出世的石桥开始，延伸了二里多远，转了一个弯，消失在一望无际的麦田里。麦田碧绿，但眼看又要变成一片金黄了。

街两旁种了树。树还小，没有多少树荫。夏日的微风一吹，卷起阵阵尘土。这是条典型的乡村大街，这样的街，我在山东各地见过许多。这条熟悉的乡街，十年前我们就是朋友了，每天黎明，我都从一头扫到另一头。当时，晨光熹微，给万物蒙上了神奇的色彩；现在，太阳高照，使一切都清清楚楚，一切都不再迷离。

我沿街漫步，一一回溯那些随着时光流逝变得模糊了的记忆。我走过一堵长长的坯墙，墙上每隔一段，就突起一面山墙。坯墙大部分都是刚刚粉刷过的，街两边的房屋也是新刷的。远近的房屋，似乎都有点相似之处。噢，我明白了，屋顶都是一个形状：中间是一层厚厚的茅草，呈长方形；边上是大瓦（后来，我听说这种屋顶好处很多，比瓦房用梁少，而且冬暖夏凉）。

我这里站站，那里停停，追忆着往事。突然，一个热情的声音在喊“金大哥”。这使我从遐想中惊醒。顺着声音望去，见一位中年妇女，正站在门口对着我笑呢。我认出了这位妇女，她是十年前我在爱国大队交的朋友。我们握了握手，互相问候了几句。她说：“你显老了。”“是啊，刘大婶，”我笑着承认了，“都十年啦。”她把我让进堂屋，屋里平平常常，完全是庄户人家的样子。墙上贴着年画日历，挂着一家人的奖状，还有十几个镜框，里面是年轻人的照片，有单人的，也有年轻夫妇的合影。在旁边的一间屋里，有一台收音机和一架崭新的缝纫机。我们谈了几分钟。没话时也就不说，但这种冷场既没使她发窘，也没叫我尴尬。实际上，和农民谈话觉得自在，这也是原因之一：想什么，就说什么。没话就不说。不说大话，也不说闲话。

我们走到院子里。我站下，看了看这一家人的家务管理。院里有两只羊；十几只毛茸茸的小鸡在脚下活蹦乱跳地觅食；一头猪舒舒坦坦地哼哼着，在猪粪里拱前拱后。刘大婶自豪地说：“这猪足有一百七十斤，我这就要把它卖了。”嗯，这又是什么？原来院子中间安了一台崭新的手泵，我试了一下，挺灵便。刘大婶解释说：

“现在家家户户都有这玩意儿了。”她那漫不经心的口气，使我感到几分吃惊。记得1971年在爱国村，还有从1947年以来在许多其他地方，为了让房东和左邻右舍家里不缺水，每天早晨，我从井里提过多少桶水，我用肩膀又挑过多少担水！眼下这些手泵，可真是妇女的一大宝贝。

在回招待所的路上，长长的一排二层小楼吸引了我的注意。在农村，二层小楼还不多见。我在楼前转了几圈，从门缝里瞧，想看看里面是什么光景。门开了，一位年轻的妇女走出来。我一眼就把她认出来了，是小刘，是从城里来“接受再教育的知识青年”。十年前，她就住在这个村里。小刘告诉我，她已在爱国大队落户了，嫁给了一个普通社员，现在他们已有两个孩子了。她挺得意地领我参观她的房子：楼上一间、楼下一间，家具挺简单，但房子布置得挺舒适。桌上有一台收音机，自制的书架上放着一些科技书籍。她告诉我她和丈夫都在学习。厨房在院子里，大门边有个猪圈。他们还养了几只鸡和两只兔子，院里有一个鸡窝，一个兔舍。

这排小楼共八个相互分开的单元。每个单元有一个小院、一个大门。有些新婚夫妇家里房子不够，小楼就是专为他们盖的。我说：“你们真比城里人都强。在我们学校里，许多准备结婚和已经结婚的年轻人要等好几年才能分到一间房子。”

五

下午，我继续在爱国村的街上转来转去。

早上漫步时见过一个托儿所，这时就信步朝托儿所走去。进了门，来到一个大院子里。我停下脚步，高兴地看着五六十个小脸红形彤、衣服整整齐齐的孩子又笑又唱地做游戏。孩子们突然看见了我，就停下来站成一排。他们在老师带领下，高喊："老爷爷，您好!"对我表示欢迎。孩子们天真可爱，一点儿也不扭捏。老师是位二十二岁的年轻姑娘。她上前一步，热情地和我握手，同时做了自我介绍。原来她就是我十年前房东的女儿。我和她说了几句话，孩子们围着我们，既不拥挤，也没有不礼貌的言语。我转身要走的时候，他们又一齐高喊："老爷爷，再见。"

我又来到街上，走了一百多米，在一个小岔路口上停下来。这地方眼熟得很，但究竟是什么地方，一时却又想不起来。我四下看看，想找个路标，却发现地上有盘碾。各村各乡，这样的大碾有许许多多。1971 年，我就是常在这里帮农民碾玉米、轧高粱、推小米。现在，碾已没人用了。

辨明了方向，我记起一位老人的家就该在街对面。他是贫协[1]主席，十年前我就很喜欢他。我决定去拜访这位老人。地方错不了，我认识这门洞，只是房子变了样儿。现在这里有了个大院子，从粉刷过的墙头上可以看见不少人字形的房顶。稍一犹豫之后，我上前叩门。一位老太太开了门。这是贫协主席的老伴儿，我一眼就认出来了。

又见到我这位"老师"，她很是高兴。我问起她丈夫。她说老头子到另一个县看儿子去了。别的孩子也都不在家。老太太没忘十年前我对孩子们上学很重视，就骄傲地向"老师"汇报说，她有三个孩子上了大学。

她领我参观了新盖的房子。新房子共九间，差不多都是为儿女们成家立业、生儿育女准备的。

---

① 贫协：贫下中农协会的简称。——编者注

我们走到院里。院子扫得干干净净，也有个手泵，墙角是家家户户少不了的碾。这盘碾我仍记得清清楚楚。我也记得推碾转圈时微微的晕眩，推碾时下的死力，还记得每次和两个女学生一起推碾时，围着碾盘转了又转，好像永远也转不到头。

突然，我发现砖砌的碾座改成了鸡舍。我弯腰去看鸡舍，一群雪白的来克亨[①]叽叽喳喳地四下跑开了。

老太太说现在碾都用不着了。麦子不再各家各户分配，每个社员和城镇居民一样，有了自己的购粮证。用面粉的时候，只要每斤付一分钱的磨面费，就能直接领到面粉。

老太太滔滔不绝，我却自然而然地联想到一个比喻：农村妇女终于甩掉了压了她们几千年的碾盘。

真是奇迹处处有啊！

当天晚上，我躺在招待所的床上，辗转反侧，脑海里充满了一个又一个的印象，涌现出一个又一个的想法。

在爱国村的街上转了一天，看到的情景不断浮现在眼前。虽然我只不过浏览了这条街，看到了它的表面，可我觉得这条街反映了爱国村群众的生活。但是，表面之下，外层之后，又是什么呢？我决定明天一早就去问问吕鸿宾。

第二天见了吕鸿宾，他建议我去和社员谈谈，还提议我去访问一下十年前的房东。这户人家是我 1971 年认识的，我喜欢他们一家老小。当天晚上，我就登门拜访了。

一家人都已知道我要来，所以只要有空的都出来欢迎“老师”。

老汉是生产队的保管员。他有两个儿子，五个女儿，孙辈的也有十个，大都不住在一个村里。老汉、老伴加上一个儿子、两个女

---

① 来克亨，又称来航鸡，蛋用型鸡品种。——编者注

儿和几个孙子把一间屋挤得满满的。我们一起围着一张自制的小桌，在矮凳上坐下。桌上还特意为“老师”摆了一盘炒花生和一杯茶。

我没有连连提问，因为全家都知道我想了解一下他们工作、生活的大概情况。

老汉勾出轮廓，老伴、儿孙补充细节。

讲的人不慌不忙，我仔细听着，有时忘了记笔记，有时又不大懂方言，但主要的事实我都弄清了：

两个儿子，都已工作。每人每月工资四十五元左右。

五个女儿，三个已出嫁。已婚女儿的收入是婆家的事了，这里就没提她们的经济情况。

孙辈十个，四个在村里上学，五个上托儿所，还有一个仍在吃奶。“您昨天早晨一定看见上托儿所的五个孩子了。”四女儿插嘴说，她正是托儿所的老师。

全家有三个高中生。

去年，老汉和两个未出阁的女儿共收入现金四百七十元，每人分到粮食（小麦及杂粮）五百斤。

老伴养了两头猪和一群鸡，最近刚卖给队里，收入四百五十元。

这几年家里新添了两台缝纫机，两辆自行车。人口越来越多，就又盖了几间新房子。

回到招待所，我考虑着这一切，又把银行存款、大队仓库的余粮、小学初中免费教育、医疗服务等都算上。有了这些，生活虽还不能说十分富裕，但可以说是幸福的，即使遇上歉收之年，也不用再担心害怕了。

有两件事我认为非常有趣，也十分重要。一是老汉有七个孩子，孙辈孩子是十个，也就是说他已婚的两个儿子和三个女儿每人平均两个孩子。可见在农村实行一对夫妻一个孩子的计划生育政策有多么困难。二是虽然过去农村文盲多，老汉的孩子中却有好几个当老师。

告别老汉一家的时候，我问他对党在农村实行的新政策有什么看法。这位老汉说："我们就怕变，怕政策变了。要是政策稳稳当当的，我们就能富起来。"我反复对自己重复着这几句话。话，出自一个饱经风霜的老农之口，确实是很有分量的。

我决定立刻就去弄清楚农民害怕再变的新政策。

六

我又找到了吕鸿宾。他没有搬给我一大堆技术数字，知道这样反而会使我理不出头绪。因此，他只简单介绍了一下这个地区正在实行的新政策。一开始他就特别强调说，各公社、各生产大队，甚至各生产小队采取的方法都大不一样，县与县之间就更不用说了。

吕鸿宾告诉我，过去社员劳动不讲数量、不求质量。不管干不干活儿、出不出力，只要出勤，就拿工分。一般是成年男劳力拿十分，成年妇女拿八分，老年人拿六分。衡量干活儿的标准只有一个，那就是看你在地里待了多长时间。"干活儿时间到，个个瞎胡闹，人人少不了挣工分。"

新政策就是"生产责任制"，目的是让农民从物质利益方面关心其劳动的经济效果。现在农民各负其责，依工作数量和质量领取报酬。超过定额的按超产值分到奖金，完不成定额的，要自己对大部分欠产负责。这种政策激励了农民，使他们积极有效地劳动、想方设法降低成本、提高质量、增加数量。

吕鸿宾没有多讲，其余的等我到现场参观了新政策在实践中是如何发挥作用之后，就自会得到解释了。

吕鸿宾先带我去参观苗圃和果园。我们沿街走着，吕鸿宾不断向我介绍村里的社员、途中经过的地方和现在发生的一些事情。对村里的每一个人、每一件事，他都了如指掌。

他谈到小刘结婚的情况，说两人的事差点儿吹了，现在小两口儿日子很美满。他告诉我老贫协主席已经退休。他非常佩服老人的为人，对老人十分尊敬，说："老人德高望重，为这一带的农民费尽了力，操碎了心。"他还告诉我现在队里有二十八位老人享受劳保待遇。退休年龄并无一定，只要失去劳动能力就可以享受劳保待遇。劳保金从队里的福利金中提取。队里把总收入的百分之三留作福利金，去年队里总收入达四十三万元。

"在农村，吃劳保可是件大事。"吕鸿宾继续说，"自打人们记事起，就是儿子养老子。一半儿家务官司是从这里闹起来的。儿子不想养老子，养不起老子，老子也嫌儿子待自己不好。有的老人有好几个儿子，可个个都想甩包袱。现在，这种现象不见了。生产队挑起了照顾老人的担子。打架骂街的少了，和和睦睦的多了，小辈也知道尊重老人了。关键还是物质基础。"吕鸿宾说到这里快活地笑了。

吕鸿宾突然停住脚步，四下看了看说："这不是早先你们四小队集合出工的地方吗？1971 年那当儿，大家一早来这里集合，先要等人都到齐了，后要等队长来派活儿。"他一边说一边笑，"现在再也没有这种事了。人人都清楚自己的活，人人都明白自己的责任。没人再在这里闲等了。实行了新政策，根本就不用等。再说，一寸光阴一寸金嘛。"

一条田间小路，万顷绿色麦田。我们走在这条小路上。吕鸿宾估计今年小麦亩产少说也能达到八百斤。麦田的一边就是苗圃和果园。吕鸿宾和两个忙着修果树的小伙子打招呼。

“到了这里，你就能明白我说的话了。”他对我说，“苗圃和果园共占地六十亩。去年队里和一些社员订了合同，让他们管理树苗和果树。合同中款数总额定为六千五百元，其中交给队里的净利润定到一千五百元。这个数字是根据苗圃和果园多年的收入计算出来的，是合情合理的。只要订合同的社员下力干活儿，开动脑筋改进组织管理，再用上科学方法，保准能超产。现在管苗圃和果园的人已经从十一人减到六人，工作进行得照样很顺利。今年收成好赖，现在只能估个数。但他们都希望能保证质量，超过定额，这样他们就会拿不少奖金了。”

吕鸿宾又快活地笑了。他不仅负责队里的大事小事，而且也是队里的一员。每次胜利、每点进步，都给他带来喜悦。这就是他的笑，这就是他为什么要笑。

“新政策就是这样发挥作用的。不管什么事，先和生产定额、经济效果挂上钩，都由具体的个人和小组负责。农业是这么搞，副业也是这么搞。干部群众都一样。当然，工作不同、地方不同、条件不同，实行新政策的方法也会有差别。时间往前赶，新法子又来了。这也是新政策的一大好处——灵活性强。但总的思想原则没有变……现在，你明白了吧。”

是的，我现在明白了。我当然欢迎这种新政策，我感觉到了它的活力，也明白了为什么农民总是担心政策再变。

吕鸿宾又建议参观社办机械厂。

我还记着十年前这个机械厂的样子：两三间砖房的小破厂，几十个青年工人在老掉牙的车床前漫不经心地干活儿。如今，机械厂完全变了样，有七个车间，四十多台车床，一百四十来名工人，其中多是年轻人。我在一排排各式各样的车床间穿行，看着青年工人高效率的操作，心里又高兴又佩服。一个俊俏的姑娘正在开刨床。她身穿干净的工作服，头戴一条漂亮的围巾。我在她身旁停下来。

吕鸿宾问她月薪多少，女工眼不离刨床，随口答道："三十二元。"接着又加了一句："上月超产，我又拿了七十元奖金。"

我吃了一惊。一个青年工人一个月拿这么多钱，确实少见。起码我儿子不行。他在济南一个无线电厂工作，虽说是个能干的工人，可从没拿到这么多钱。

离开机械厂时，吕鸿宾告诉我，总的来说，不论社办队办的工厂企业，如磨坊油坊等，全和农业采用相同的原则。但不同的工厂，不同的工作，采用的形式又大不相同。实际上农业合同制也只是一种管理形式。对种庄稼的土地，就没有实行合同制。在特别贫穷偏远的地区，则采用了包产到户的办法。我问吕鸿宾，他说的原则是什么，他的回答很简单："社会主义。"

我乐意承认自己天性热情，也并不认为这是个缺点，甚至还有点偏爱自己的这一特性。只要不丧失理智，热情又有什么不好？

于是，当参观爱国大队归来，吕明明问我有何感受时，我便诚心诚意地回答："好极了，真是好极了。"

第十七章　珍贵纪念[①]

对于一个人来说，一年中有两三个值得纪念的日子，就可以算是幸福的人了。而我在 1984 年的一年之内却有六个值得庆贺的日子。为此，我便成为世界上最幸福的人！

一

1984 年 3 月 14 日是我到解放区参加中国革命的三十七周年纪念日。每一年的这一天都会使我思绪万千，因为这一天是我新生活的开端，是我怀着对未来的憧憬、向我向往的新生活迈进的第一步。“千里之行，始于足下”，从那以后我就在共产党领导的新中国工作。生活大半生的新的篇章，就是从这一天揭开了扉页。三十七年前的今天，面临着将导致我未来生活不同方向的选择，我做出了正确的决定——奔赴中国烟台解放区。这样，3 月 14 日不容分辩地成为我一生中值得纪念的光辉日子。

① 第十七章是作者特为中译本增写的。——编者注

二

6 月 24 日是我第二个纪念日。三十一年前我取得了中华人民共和国的国籍。从这一天起我作为国家的主人在中国工作、生活。回顾我走过的道路，我感到幸福。因为我在人生的十字路口做出了正确的选择，这才使我更多地了解中国、了解中国共产党、了解共产党所领导的解放区。我感谢党对我的培养和教育。我为自己能够成为这个伟大国家的公民而感到自豪；我为自己能够履行公民的义务感到自豪。这就是为什么每一年的 6 月 24 日，我总是把它作为纪念日来庆祝。

三

中国有句老话："人生七十古来稀。" 1984 年 9 月 21 日是我七十周岁生日。这一天，我的儿女、孙子孙女都来为我庆贺寿辰。餐桌上，我吹熄了生日蛋糕上燃烧的蜡烛，沉浸在美满家庭的欢乐和幸福之中。妻子的情，儿女的爱，孙子孙女的亲昵，大家周到的安排，使我尽情地享受了人生的天伦之乐。

这一天，我昔日的学生们，从全国各地发来了贺信和贺电。热情洋溢的话语、充满深情的祝愿，使我感到无比的欣慰。就像一个园丁在辛勤耕耘之后，看到了满园芬芳的花，看到了挺拔成材的树，喜悦的心情是难以用语言表达的。还使我高兴的是，在我校工作的外国专家和外籍教师也给我送来了生日礼物，并为我唱起了生日颂歌。我珍视这种超越国籍的真挚友谊，因为这歌声是他们发自心底的祝愿。尤其使我感动的是校党委副书记专程来我家，代表党委向我祝贺生日，祝我健康长寿、生活幸福。她对我在古稀之年、身体欠佳的情况下，仍为党和人民一如既往地工作表示感谢。她的登门祝寿及真诚祝愿温暖了我的心，也激励了我的情感。为了党的教育事业，我愿“鞠躬尽瘁，死而后已”。

四

10 月 1 日从电视上看到国庆节的游行队伍，使我追忆起 1949 年的 10 月 1 日。那一天，我同全国人民一道庆祝了中华人民共和国的诞生。我扛着写有“中华人民共和国万岁！”的大幅标语牌，走在游行队伍的前列。从此，每逢 10 月 1 日，我便情不自禁地把这一天当作我的生日来纪念。我总要习惯性地回顾一下我国广大人民做出的成绩和创造的奇迹。这时，我也回想起五年前——1979 年的 10 月 1 日，当举国上下热情地准备庆祝新中国成立三十周年的时候，我无法抑制内心的激动，曾欣然拿起笔抒发了自己的感想和激情。当时，我用英文写了题为“奔向未来的航程”的文章，接着译成汉语刊登在 1979 年 10 月 1 日《人民日报》副刊上。我不是作家，不会写作，但是，我认为我有义务，也有责任把自己耳闻目睹的事实写下来：写中国共产党的正确领导；写社会主义制度的优越性；写我们国家的光辉前景。我要向青年一代，向世界各国人民实事求是地讲讲我的祖国。

五

1984 年 10 月 23 日，我和我校一些老教师一道，被授予高教连续工龄二十五年的奖章和高教连续工龄三十年和三十年以上的奖状。我手捧奖章和奖状，思绪万千、情绪激昂。我衷心感谢党对我——一个外国出生、外国血统的知识分子的信任；感谢党交给我教育青年一代的崇高而光荣的任务。三十五年的教学生涯使我自己也学到了不少东西，在给学生传授知识的同时也积累了教学经验，更进一步理解了学无止境的深刻含义，提高了不断增长知识的自觉性。我与许多青年学生建立了深厚的友谊。奖状和奖章不过是一种鼓励，而且也只能说明昨天。我应当把授奖的这一天作为向新的目标奋进的起点、向新的高度攀登的开端。

六

1984 年 11 月 10 日是这一年，也是我一生中最值得纪念、最难以忘怀的日子。这一天实现了我在三十多年的岁月里朝夕思慕的夙愿——成为伟大、光荣、正确的中国共产党党员。在这之前，党委副书记和我谈了话，从那时起我便激动不已。11 月 10 日讨论我入党的支部大会终于召开了。会议开始时，我看了看到会的同志，有十六名党员和一些递交了入党申请书的非党员同志。支部书记庄严宣布大会开始，并宣读了会议议程。我多次参加过这种类型的支部大会，但是感到只有今天这次支部大会的气氛特别严肃庄重，会上没有一个人阅读报纸杂志，没有人窃窃私语，也没有人进进出出。

党支部组织委员介绍了我的履历。她的介绍充满了赞扬之词：我如何跟随党多年，如何积极要求参加党的组织，如何放弃多次出国过舒适富裕生活的机会，等等。接着我宣读入党申请书。这时，泪水模糊了我的双眼，激动的心情使我几分钟都难以开口朗读，勉强读出来也是不成声调。我只读了第一段便停下来。有人建议我让其他同志代读。代读完毕，会议转入一个更为重要的阶段：党员及党外同志发表对我的评议。同志们的意见是中肯的，态度是温暖的。他们的发言主要是谈我的优点，而且远远超出了我个人的估计。

大家发言之后，主席站起来，环顾会场后问道：“谁还有什么意见?”当他见没有一个人提出异议之后说：“那么，现在请大家表决，谁赞成接纳金诗伯同志入党，请举手。”全体党员一致举手。一致同意。“好，请放下手!”“现在请金诗伯同志发言。”当时，我很想谈谈内心的感受，但是泪水又使我哽咽不能成声。我极力克制，才吃力地说道：“同志们，谢谢大家对我的信任……”我没能把话说完。我知道，虽然我已经七十岁了，但在党的行列里，我还很年幼，完全处在孩提时代。我还需要努力向前迈进，使自己能够真正无愧于共产党员的光荣称号。这是我政治生命新阶段的开始，在党的领导下，我定要毅然决然地奋勇向前。因为，从现在开始，我不仅是一个中华人民共和国公民，而且是一个中国共产党党员，我要为共产主义事业的胜利尽己所能。我的一切都是党给予的，我应当报答党的恩情，履行入党时的誓言：为共产主义奋斗终生。

会议结束后，大家把我包围起来，热情地同我紧紧握手，表示着衷心的祝贺。大家都沉浸在幸福、欢乐的气氛中。党支部书记也走过来，紧紧握住我的手不放。这表达了他的心声。对他来说，这是一个很大的胜利，是战胜极“左”路线的胜利。

不久，我校校报以“一个外国出生的老知识分子实现了三十年的夙愿——七十岁高龄的金诗伯教授光荣加入中国共产党”为题报道了我入党的消息，并刊登了在支部大会上为我拍摄的照片。《人民日报》于12月19日也在《老树春深花愈香——山东大学教授萨姆·金诗伯入党记》的文章里介绍了我入党的情况，省市电台与报纸也相继做了报道。这一切使我备受鼓舞，也成为对自己耄耋之年的鼓励和鞭策。

七

亲爱的读者，我们就要分手了。我真不愿意向你们道别。尽管有时我文繁言赘，你们仍然不厌其烦地读完我这本长达几百页的传记。你们陪伴我走过了在中国六十年的生活历程，从哈尔滨出发，经过红色的海参崴，踏上旧中国的土地，最后又在新中国安家落户。

我力图真实地告诉你们，我在中国生活的道路上走过的崎径坦途，我力图在你们眼前展开中国人民克服重重艰难险阻，向社会主义奋勇前进的光辉画卷。

我的故事就要结束了。这是我在中国生活的第一个六十年。实际上，我现在已经开始了第二个六十年的航程。值此机会，我愿告诉你们，我盼着再活上六十年。我爱我的这个祖国。我深深地知道，祖国也爱我。我充满希望，十分乐观，我坚信我的祖国一定会继续赢得一个又一个的胜利。愿作家用他们的生花妙笔，去描绘祖国的未来、中国的明天。

后　记

不久前，我曾遇到一位在中国短期工作的美国副教授。他读过这本自传的手稿，非把我称为“传奇式”的作者不可，并希望能与我见面畅谈。我不准备细讲这位副教授属于哪一类美国人，也无意详述他对我个人、对中国的态度如何，而只是想探讨一下他向我提出的问题。这些问题有的直言不讳，有的旁敲侧击；有的委婉客气，有的刻薄无礼。

主要问题不外乎两个方面：一是我是否对1947年到解放区之举感到后悔；二是我对自己选择的第二祖国之前途有何看法。

“萨姆，请谈谈你是怎样在一生的十字路口上选择了中国？这值得吗？你后悔吗？”他还进而追问：“你真的不后悔吗？”

弦外之音，显而易见，他认为我的选择既不明智，也不合理。照他看来，我在一生的重大关口，自然应当选择美国。那我现在就是自由、民主、文明的美利坚合众国的公民，不但可以免受某些政治运动之苦，尤其是“文化大革命”之难，而且还会过着殷实富足、舒适高雅的生活。

虽然这位副教授并未明言，但他疑虑甚重，使人一眼可见。他认为不管我是否承认，我心中必然后悔自己的选择。他还觉得我是或多或少地受了别人的愚弄和欺骗。

我告诉这位副教授：后悔总意味着承认失败、承认失望、承认被希望所欺骗、承认因理想而受迷惑。然而，我在什么方面失败过？我又因什么希望、什么理想受到过欺骗？

我选择了这个美丽富饶、幅员辽阔的国家，将她作为我的祖国。她的土地，不是我出生的地方；她的河山，我未曾一一观赏；就连她的语言，也让我讲得洋腔洋调，一张嘴，别人就会知道这里不是我原来的祖国。但是，中国不嫌弃我，中国收养了我，中国的一切都在吸引着我，并且，随着岁月的流逝，这种吸引力日渐强烈。的确，中国不存在反犹主义。在当今的世界上，就连最先进的国家也未必敢这么说吧。但我为之吸引，并非由于这个因素。在这块土地上，我从未感到自己是个犹太人，我时时刻刻感到的是：自己是一名中国公民。因为我已不再像旧时代那样，只是环境、物质的奴隶；现在，我成了主人，我所有的一切都属于我。这个国家吸引着我，是因为她使我产生了这样一种感觉：我属于中国，我与中国人民同呼吸共命运；是因为她给了我职业，使我有了用武之地。

对我来说，热爱祖国的表现是具体的、明确的。看到天旱雨缺，我会为之而担忧；看到警察阻止车马行人，让队列整齐、身穿干净绣花兜肚的孩子们在老师带领下穿过马路，我会为之而感动；看到不该出现的垃圾堆，我会为之而气愤；看到年轻人在鼓鼓囊囊的口袋里装着半导体收音机，大清早沿街一面跑步一面听英语广播讲座，我会为之而振奋；看到令人起敬的老人在宅前楼旁打太极拳，我会为之而欣喜。这就是热爱祖国的含义。

我热爱我的人民。我热爱他们，因为长期以来，我与他们同甘苦、共患难；因为我既感到自己是一个独立的人，又感到自己是宏大社会中平等的一员；因为我意识到在这个社会里，一切都属于我，一切都与我休戚相关：还因为我亲眼看到、亲身经历了所有在祖国土地上发生的大事小事。

这位美国人对“热爱人民”的说法大有异议。他争辩说，你可以爱此人，因为他善良可亲；你可以爱彼人，因为他与你志趣相投；还可以爱另一个人，因为他才智过人；爱其他人，因为其他种种理由。但这位美国人断言，你无法爱人民，无法爱所有的人。任何社会，都存在着人民，不论数量多少，你不可能一一去爱。显然，我们各有所指：他谓“人民”，是指个人的总和；我谓“人民”，是指由共同理想、共同目标、共同命运有机地联系在一起的一个民族。于是，我们不再谈这个话题了。

我成为一个有用的人，这当然不会是叫人后悔的事。作为一个教师，每当学生取得进步、取得优秀成绩的时候，我就会想到自己所起的作用。也许，没有我的帮助，学生照样会取得优秀成绩，甚至会学得更为出色。但是，我深知自己确实尽了心、出了力，因而，我时时感到一种常留心头的欣慰和满足。

意识到（或者说希望）在学生的成功中有自己的一分力量，也就产生了对学生的爱；有了对学生的爱，就会全心全意地工作。努力工作、为年轻一代健康成长尽心尽力的机会，做好工作的技能专长——这就是祖国给予我的珍贵礼物之一。它远远超出了我原来的希望，为此，我永远感激不尽。

像中国无数知识分子一样，从1955年的肃反运动到1976年粉碎“四人帮”二十多年的时间里，我经受了磨难。在“文化大革命”中日子分外难熬。然而，正如俗话所说，这种情况是发生在“管理有素之家”，何况使人欣慰的是，即使身处逆境，也不会感到孤独。到处都有人们的同情和帮助。（前几天，我读过一位美国著名作家的近作，他在书中写道：“苦恼就是孤独。”）

看看现实吧。每次运动之后，大多数知识分子都振作精神，回到教室，回到实验室，继续工作，一如既往。这才是令人佩服的态度。即便我们对所受的冤枉有所抱怨，我想这也是情理之中的事。何况，一般说来，这种抱怨并不影响工作。

我发现那位美国副教授仔细审视我房间里的家具摆设，他的眼睛没有放过任何细节。

最后，他开口问道：“萨姆，你参加中国革命三十多年了，难道不该因此而享受比较优越的生活条件?”

我回答说：“我的生活条件可能无法与你们国家中一般教授相比，但要比中国普通知识分子强。日常生活和工作研究所需要的东西，我一样不缺。当然，我没有方便舒适的家用设施，没有私人汽车，但我照样生活得很好。我想，到我们实现了现代化之时，如果必需，这些东西我肯定会样样俱全。

“再说，你不能只看表面。比如说，我这套房子的房租只占我每月工资的二十分之一。你每月要付多少房租?

“现在你明白了吧，我无须后悔，无可遗憾。参加中国革命完全值得。我已经选择了正确的道路。要是能再活六十年，我一定会坚定不移地沿着这条道路走下去。”

这就是我对这位美国人第一个问题的回答。他有什么想法，我不知道。但看上去他似乎满意我的回答。随后，他又提出了第二个问题：“你对祖国的前途有何看法?”

“无限光明。”我毫不含糊地回答，“我们的前景从来没有像今天这样光明。”美国人微微一笑，好像在说我的答复早就在他的意料之中。他说他想得到的不只是一个笼统的回答，他要具体的、有说服力的事实。他想知道，我乐观的根据究竟是什么。

我乐观，首先是因为农村的大好形势。我已在本书中对此做过详细的叙述。这对我们中国人来说是件大事，也许你们美国人感到很难理解。要知道在美国，农业人口只占百分之五，而在中国，农业人口几乎占了百分之八十。只要农民能够富起来，我们的国民经济就会繁荣，人民的生活水平就会提高。

我乐观的第二个原因是，大多数年轻人正在健康成长。老一辈革命家渐渐退出工作岗位，正如我们常说的那样，“见马克思”的人越来越多。年轻一代成长起来，他们敢于独立思考，善于独立思考，渴求科学知识，精力充沛，生气勃勃。他们兴趣广泛、知识面开阔，是我们年轻时所不能比拟的；他们的思维也是切合实际、接近现实的。这些特点，我常有机会在我的学生身上发现。这就使我对祖国的未来与前途感到高兴、感到乐观。

最近，我偶然提及目前面临的困难，有个电子专业的学生回答说：“老师不必担心。再过十年、十五年，等我们接了班，一切都会好起来的。”我觉得他有点儿傲气，但又喜欢他那十足的信心和乐观的精神。他今天说的完全可能正是明天的事实。

还有一个原因，就是我们有一支优秀的知识分子队伍。

1955 年之前和粉碎“四人帮”以后，我国的知识分子表现了对党、对社会主义事业的无比忠诚。尽管常常是逆水行舟，他们仍以高度的爱国主义精神，以献身本职工作的干劲，为中国的现代化、为世界的科学技术发展做出了卓越的贡献。

看到知识分子积极、热情，不能不使我对祖国实现社会主义现代化的光明前景充满了信心。

我之所以充满信心，最重要的原因是：我们有党的领导。

新中国成立初期，我们高唱“没有共产党，就没有新中国”。这支热情洋溢的歌曲表明了中国共产党在 1949 年夺取全国胜利中所起的作用。今天，我们仍在唱这支歌，但有时，我觉得唱的“味儿”不够浓了。

今天，三十二年过去了。在三分之一个世纪里，我国人民在党的领导下，战胜了最严重的天灾，消除了最残酷的人祸。我们仍然完全有理由说：没有共产党，就没有新中国。没有共产党，就不能打倒“四人帮”，就不能改正“左”倾错误，中国就不能坚定不移地沿着新的征途，向现代化迈步。

当然，目前还有极少数人，总是抓住我们工作中微小的、暂时的缺点错误不放，诸如领导干部的官僚作风、旅馆饭店的不良服务态度、走后门现象、教育体制中的不足之处等，并因为这些不正之风而否定我们在党的领导下，在国内外一切领域中所取得的巨大成就。而一旦这些成就十分明显、不容否定时，他们又牢骚满腹。我相信这些人并非敌人，于是便称他们为“怨天尤人者”。他们只是不了解或是忘记了中国的现代历史，他们有意无意地忽视了一个事实：在过去的三十二年中，我们的党积累了宝贵的经验，最近又总结了这些经验，分析了错误的根源与影响，并以此为基础，制定了新的、切实可行的政策，这些政策也正在得到贯彻执行。

党的领导，无论过去、现在，还是将来，都是我们一切工作的根本。

目前，我们面临着巨大的困难。将来，我们也许会遇到更大的困难。但是，我们信心十足。在党的领导下，过去，我们闯过了多少险滩；现在，我们也必将战胜一切困难。

我与这位好奇心颇重的美国副教授的谈话就此结束了。

从某种意义上讲，我倒要感谢这位美国人。正是由于他的提问，我才具体地写下了这样一篇后记，这样一份对自己三十二年思想情感的真实小结。

1981 年 10 月于北京